高速铁路客运乘务专业系列教材
高等职业教育"十三五"精品教材

高速铁路动车组乘务实务

主　编　吴荣波　范先云　王志刚
副主编　魏鸿儒　孟毅军

西南交通大学出版社
·成　都·

图书在版编目（CIP）数据

高速铁路动车组乘务实务 / 吴荣波，范先云，王志刚主编. 一成都：西南交通大学出版社，2020.3
高速铁路客运乘务专业系列教材
ISBN 978-7-5643-7351-1

Ⅰ.①高… Ⅱ.①吴… ②范… ③王… Ⅲ.①高速动车 – 旅客运输 – 客运服务 – 高等职业教育 – 教材 Ⅳ.①U293.3

中国版本图书馆 CIP 数据核字（2020）第 016718 号

高速铁路客运乘务专业系列教材
Gaosu Tielu Dongchezu Chengwu Shiwu
高速铁路动车组乘务实务
　主编　吴荣波　范先云　王志刚

责 任 编 辑	王　旻
特 邀 编 辑	王玉珂
封 面 设 计	吴　兵
出 版 发 行	西南交通大学出版社 （四川省成都市金牛区二环路北一段 111 号 　西南交通大学创新大厦 21 楼）
发行部电话	028-87600564　028-87600533
邮 政 编 码	610031
网　　　　址	http://www.xnjdcbs.com
印　　　　刷	四川森林印务有限责任公司
成 品 尺 寸	185 mm × 260 mm
印　　　　张	13.5
字　　　　数	336 千
版　　　　次	2020 年 3 月第 1 版
印　　　　次	2020 年 3 月第 1 次
书　　　　号	ISBN 978-7-5643-7351-1
定　　　　价	46.00 元

课件咨询电话：028-87600533
图书如有印装质量问题　本社负责退换
版权所有　盗版必究　举报电话：028-87600562

前　言

我国高速铁路的迅速发展对人才的培养提出了更高的要求，本教材以培养合格的动车组列车乘务人员为目标，并参考现行教学计划和教学大纲编写而成。本教材内容涵盖认识高速铁路、动车组列车客运规章综合运用、动车组列车乘务管理、动车组列车安全管理、动车组列车服务、路风及服务质量监督等。本教材适用于高速铁路客运乘务专业学生及动车组列车客运岗位培训，也可作为相关技术人员的参考书。

参加本教材编写的工作人员分工如下：吉林铁道职业技术学院吴荣波编写项目一、项目二、项目三，范先云编写项目四的任务六、附录一、附录二、附录三，魏鸿儒编写项目五，新疆铁道职业技术学院孟毅军编写项目六，沈阳局集团有限公司吉林车务段王志刚编写项目四的任务一至任务五。

本教材在编写过程中得到了兄弟院校和有关站段的大力支持和帮助，在此表示诚挚的谢意。由于编者水平所限，书中难免有不妥和疏漏之处，恳请读者批评指正。

编　者

2020 年 2 月

目 录

项目一　认识高速铁路 ·· 1
  任务一　高速铁路认知 ·· 1
  任务二　动车组列车认知 ·· 3
  任务三　认识 CRH_5A 型动车组 ·· 7
  任务四　认识 CRH380B 型动车组 ·· 25
  任务五　动车组票价计算 ·· 37

项目二　动车组列车客运规章综合运用 ······································ 47
  任务一　车票的发售 ·· 48
  任务二　丢失实名制车票的处理 ·· 60
  任务三　不符合乘车条件的处理 ·· 62
  任务四　旅客携带品 ·· 67
  任务五　铁路乘车证管理 ·· 73

项目三　动车组列车乘务管理 ·· 86
  任务一　动车组列车乘务工作组织 ·· 86
  任务二　动车组列车作业标准 ·· 92

项目四　动车组列车安全管理 ·· 102
  任务一　动车组列车消防安全 ·· 102
  任务二　动车组列车禁烟管理 ·· 104
  任务三　乘降安全管理 ·· 106
  任务四　人身安全管理 ·· 108
  任务五　设备安全管理 ·· 108
  任务六　高速铁路客运非正常情况应急处置措施 ······························ 110

项目五　动车组列车服务 ·· 119
  任务一　动车组列车服务礼仪 ·· 119
  任务二　动车组站车客运人员服务质量规范 ·································· 132
  任务三　动车组列车客运英语 ·· 139

项目六　路风及服务质量监督 · 148

- 任务一　路风管理 · 148
- 任务二　铁路旅客运输服务质量监督监察 · 152
- 任务三　安全专业管理考核评价 · 159

附录一　列车移动补票机指导书（无线 POS 终端）· 163

- 任务一　列车移动补票机的构造及使用方法 · 163
- 任务二　出乘前的准备工作 · 164
- 任务三　身份认证 · 165
- 任务四　登录及补票、正常票的操作 · 166
- 任务五　变更座席 · 170
- 任务六　越　站 · 172
- 任务七　越站变席 · 174
- 任务八　减价不符 · 176
- 任务九　越　席 · 178
- 任务十　非本车票 · 179
- 任务十一　免签证 · 181

附录二　铁路客运站车无线交互系统手持终端机指导书 · 183

- 任务一　开关机及界面显示内容 · 183
- 任务二　登乘功能 · 183
- 任务三　数据下载及席位统计 · 186
- 任务四　席位管理 · 190
- 任务五　车次查询功能 · 193
- 任务六　查验车票 · 194
- 任务七　行程冲突 · 197
- 任务八　在线补签及余票查询 · 198
- 任务九　乘车证查询及重点人员 · 198
- 任务十　客运记录 · 200
- 任务十一　保险查询、席位置换和退乘 · 202

附录三　桑达 OPH-810R 作业手持台操作方法 · 204

参考文献 · 209

项目一　认识高速铁路

【项目描述】

　　高速铁路技术是当今世界铁路的一项重大技术成就，它集中反映了一个国家铁路牵引动力、线路结构、运行控制、运输组织和经营管理等方面的技术进步，也体现了一个国家的科技和工业水平；同时，高速铁路在经济发达、人口密集的地区具有突出的经济效益和社会效益。与公路、航空相比，高速铁路还具有速度快、安全性好、列车运行准点率高、输送能力大、环境污染小等优势。

　　本项目以高速铁路和动车组列车两个名词入手，以东北地区常见的 CRH_5A 和 $CRH380$ 为例，重点阐述车体外部结构、基础设施、服务设施、应急设施等设备；训练学生掌握动车组票价与普速列车票价确定的不同之处。

【教学目标】

1. 能力目标

　　掌握高速铁路的定义；了解高速铁路的发展历史和动车组的级别、分类；认识 CRH_5A 和 $CRH380$ 车型；掌握动车组车票票价的确定原则。

2. 知识目标

（1）了解《中长期铁路网规划》版本的变化。

（2）掌握动车组型号和编号规则。

（3）熟悉 CRH_5A 和 $CRH380$ 车型的车体外部结构、基础、服务、应急等设施设备。

（4）掌握动车组车票票面信息意义。

（4）掌握动车组票价与普速列车票价确定的不同之处。

任务一　高速铁路认知

一、高速铁路的定义

　　高速铁路是指基础设施设计速度标准高，可供火车在轨道上安全高速行驶的铁路系统。世界上第一条正式的高速铁路系统是 1964 年建成通车的日本东海道新干线，设计速度 200 km/h，所以高速铁路的初期速度标准就是 200 km/h。后来随着技术进步，火车速度更快，不同时代不同国家就对高速铁路有了不同定义，并根据本国情况规定了各自的高速铁路级别的详细技术标准，涉及的列车速度、铁路类型等就不尽相同。

　　国际铁路联盟（UIC）认为高速铁路的定义相当广泛，包含高速铁路领域下的众多系统。

高速铁路是指组成这一"系统"的所有元素的组合,包括基础设施(新线设计速度 250 km/h 以上,提速线路速度 200 km/h 甚至 220 km/h)、高速动车组和运营条件。

我国高速铁路的定义为:新建设计开行速度为 250 km/h(含预留)及以上动车组列车,初期运营速度不小于 200 km/h 的客运专线铁路。

二、我国高速铁路的发展历史

2004 年 1 月,国务院通过了《中长期铁路网规划》(以下简称《规划》),确定了"扩大规模、完善结构、提高质量、快速扩充运输能力、迅速提高装备水平"的铁路网发展目标。为了进一步适应国民经济发展的需要,于 2008 年对铁路网规划进行了调整,中长期铁路网规划(2008 年调整)规划到 2020 年,复线率和电化率分别达到 50% 和 60% 以上,主要繁忙干线实现客货分线,基本形成布局合理、结构清晰、功能完善、衔接顺畅的铁路网络,运输能力满足国民经济和社会发展需要,主要技术装备达到或接近国际先进水平。2004 年《规划》和 2008 年修编《规划》实施以来,我国铁路发展成效显著,基础网络初步形成,服务水平明显提升,创新能力显著增强,铁路改革实现突破,对促进经济社会发展、保障和改善民生、支撑国家重大战略实施、增强我国综合实力和国际影响力发挥了重要作用。铁路营业里程已达 13.2 万 km。

2016 年 7 月,国家发改委、交通运输部和中国铁路总公司联合印发了经国务院批准的新一版《规划》。规划期为 2016—2025 年,远期展望到 2030 年。到 2020 年,一批重大标志性项目建成投产,铁路网规模达到 15 万 km,其中高速铁路 3 万 km,覆盖 80% 以上的大城市,为完成"十三五"规划任务、实现全面建成小康社会目标提供有力支撑。到 2025 年,铁路网规模将达到 17.5 万 km 左右,其中高速铁路 3.8 万 km 左右,网络覆盖进一步扩大,路网结构更加优化,骨干作用更加显著,更好发挥铁路对经济社会发展的保障作用。展望到 2030 年,基本实现内外互联互通、区际多路畅通、省会高铁连通、地市快速通达、县域基本覆盖。

《规划》中的高速铁路网在原规划"四纵四横"主骨架基础上,增加客流支撑、标准适宜、发展需要的高速铁路,同时充分利用既有铁路,形成以"八纵八横"主通道为骨架、区域连接线衔接、城际铁路补充的高速铁路网。

截止到 2018 年底,中国高铁运营里程超过 2.9 万 km,占全球高铁运营里程的 2/3 以上,超过其他国家总和。

总的来说,我国高铁大致经过了以下几个阶段:

1. 预备阶段

1998 年 5 月,广深铁路电气化提速改造完成,设计最高速度为 200 km/h,为了研究通过摆式列车在中国铁路既有线实现提速至高速铁路的可行性,同年 8 月广深铁路率先使用向瑞典租赁的 X2000 摆式高速动车组。由于全线采用了众多达到 1990 年代国际先进水平的技术和设备,因此当时广深铁路被视为中国由既有线改造踏入快速铁路和高速铁路的开端。1998 年 6 月,韶山 8 型电力机车于京广铁路的区段试验中达到了 240 km/h 的速度,创下了当时的"中国铁路第一速",被视为中国第一种预备型高速铁路机车。

2. 过渡阶段

中国铁路高速化的过渡始于1999年兴建的秦沈客运专线，全长404 km，本线于2003年开通运营。秦沈客运专线是中国铁路的第一条客运专线，是中国铁路步入高速化的起点、中国铁路的里程碑式的建设线路，也是我国"八纵八横"高速铁路网的重要组成部分。2002年，我国自主研制的"中华之星"电动车组在秦沈客运专线创造了当时"中国铁路第一速"——321.5 km/h。

3. 快速铁路

2004年1月，国务院常务会议讨论并原则通过历史上第一个《中长期铁路网规划》，大气魄绘就了超过1.2万 km"四纵四横"快速客运专线网。同年，中国在广深铁路首次开行速度达160 km/h的国产快速旅客列车。广深铁路被誉为中国快速铁路成长、成熟的"试验田"。

2004年至2005年，中国北车长春轨道客车股份有限公司、中国北车唐山机车车辆有限公司、中国南车青岛四方机车车辆股份有限公司，先后从加拿大庞巴迪、日本川崎重工、法国阿尔斯通和德国西门子引进技术，联合设计生产高速动车组。

2007年4月18日，实施中国铁路第六次大提速和新的列车运行图，快速铁路达6 003 km，采用CRH动车组。繁忙干线提速区段速度达到200~250 km/h。这是世界铁路既有线提速的最高值。

4. 高速铁路

自2008年8月1日我国第一条350 km/h的高速铁路——京津城际铁路开通运营以来，高速铁路在中国大陆迅猛发展。按照国家中长期铁路网规划和铁路"十一五""十二五"规划，以"四纵四横"快速客运网为主骨架的高速铁路建设全面加快推进，建成了京津、沪宁、京沪、京广、哈大等一批设计速度为350 km/h、具有世界先进水平的高速铁路，形成了比较完善的高铁技术体系。

中国高铁具有三大优势：技术先进、安全可靠；价格低、性价比高；运营经验丰富，中国每建设一条铁路其标准至少保证20年不落后。

我国已经成功拥有世界先进的高铁集成技术、施工技术、装备制造技术和运营管理技术。列车覆盖速度200~380 km/h各个速度等级。

任务二　动车组列车认知

一、动车组列车定义

所谓动车组列车，就是指由若干带动力和不带动力的车辆以固定编组组成、两端设有司机室的一组列车。动车组编组中的车辆全部为动力车或大部分为动力车，即牵引力分散配置。高速动车组牵引动力的配置基本上有两种形式，即集中配置型和分散配置型。高速动车组车体通常采用铝合金和不锈钢材料制造，具有安全、高速、高效、便捷、环保等显著特点。

二、动车组列车三大级别

1. 低速动车组

低速动车组是我国研制动车组技术的探索品，数量较少，以先锋号动车组为代表，速度为 120～140 km/h。

2. 普通动车组

普通动车组是我国动车组的大多数，因为它运行的快速铁路远远多于高铁的里程，速度为 160～250 km/h，以 200 km/h 为主。车次标志是 D——D 字头列车。

3. 高速动车组

高速动车组速度在不同时代标准不同，我国的高速动车组列车速度不低于 250 km/h。车次标志是 G——G 字头列车。

三、动车组列车分类

1. 按照动拖比分类

按照动拖比可分为动力分散型和动力集中型。目前，世界高速动车组向动力分散型发展。

列车中，有动力的车轴所承载的车重与无动力的车轴所承载的车重之比称为动拖比。列车动拖比小于 1∶3 为动力集中；小于 1∶1 但不小于 1∶3 为弱动力分散；等于和大于 1∶1 为强动力分散。当列车编组中，动力车全部车轴均有动力、每节动力车轴数与非动力车轴数相同且轴重接近时，可以用动力车数量与非动力车节数之比粗略计算动拖比。一般列车用分散式。动力分散电动车组的优点是：动力装置分布在列车不同的位置上，能够实现较大的牵引力，编组灵活。由于采用动力制动的轮对多、制动效率高，且调速性能好、制动减速度大，适合用于限速区段较多的线路。动力分散型动车组列车的代表有：我国的 CRH 系列。动力集中的动车组其优点是动力装置集中安装在 2～3 节车上，检查维修比较方便，电气设备的总重量小于动力分散的动车组。其缺点是动车的轴重较大，对线路不利。动力集中型动车组列车的代表有：法国的 TGV 系列。动车组在两端都有驾驶室，列车掉头时无须先把机车在一端脱钩后再移到另一端挂钩，大大加快了列车运转的速度。同时也减少了车务人员的工作量并提高了安全性。机车也可以用推拉操作达到一样的效果。

弱动力分散系动车组相对多见，多用于城际和中长途线路。法国的 TGV、德国 ICE1 的 2 动车 10 拖车编组和 ICE2、美国的 Acela、瑞典的 X2000、我国的"中华之星""蓝箭""神州"等大多数推挽、推拉式动车组都是这样。

强动力分散系动车组最为常见，多用于通勤场合，但也常用于城际和中长途线路。地铁与轻轨中的动车组，法国的 AGV、TGV-V150，德国的 ICE3，我国的"春城""先锋""中原之星""长白山"以及 CRH 系列均属此列。

2. 按照用途分类

绝大多数型号和数量的动车组都被用于客运领域，少量动车组被用于货运，还有极少一部分用于轨道检测等特殊用途（如有些用于动车检修）。

3. 按照车辆转向架布置和车辆之间的连接方式分类

按动车组车辆转向架布置和车辆之间的连接方式，分为独立（转向架）式和铰接（转向架）式。

独立式动车组：是指传统的转向架与车体的连接方式，每节车的车体都由两台转向架支撑，车辆与车辆之间通过车端连接装置相连接，动车组解编后车辆可独立行走。

铰接式动车组：是指动车组车体与车体之间用弹性铰相连接，在两个车体连接处共用一台转向架，因此每节车辆不能从动车组中解编下来独立行走。

四、动车组编号规则

我国动车组的编号是由动车组简称、技术序列代码、制造序列代码和型号系列代码构成。

动车组的型号和列车编号构成：

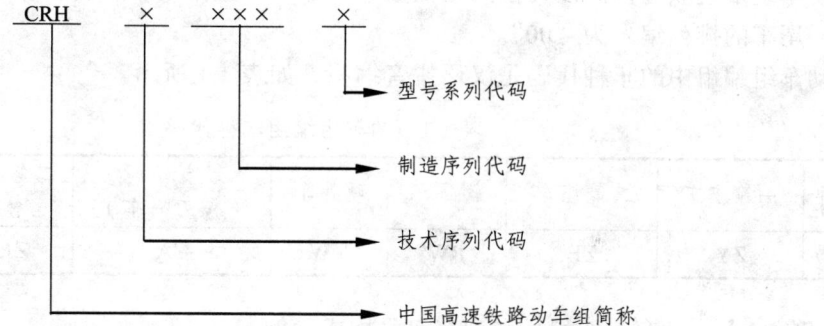

1. 中国高速铁路动车组简称

CRH 是中国高速铁路 China Railway Highspeed 的英文缩写。

2. 动车组的技术序列代码

各型动车组的技术序列代码由一位阿拉伯数字表示，分配如下：

"1"——青岛四方庞巴迪铁路运输设备公司，引进加拿大庞巴迪技术；

"2"——中车青岛四方机车车辆股份有限公司，引进日本川崎重工技术；

"3"——中车唐山机车车辆有限公司，引进德国西门子技术；

"5"——中车长春轨道客车股份有限公司（以下简称"长客股份"，引进法国阿尔斯通技术；

"6"——中车青岛四方机车车辆股份有限公司/中车南京浦镇车辆有限公司，是由国内自主研发的、适用于城际铁路运输的动车组平台；

"7"及后续数字：预留。

3. 动车组的制造序列代码

动车组的制造序列代码由 3 位阿拉伯数字表示，各型动车组的制造序列代码按不同的技术序列单独编排，顺序由 001～999 依次排列。

4. 动车组的型号系列代码

动车组的型号系列代码由一位大写拉丁字母表示，各型动车组的型号系列代码按动车组的速度等级、车种确定。对已有的动车组规定如下：

A——运行速度 200～250 km/h、8 辆编组、座车；
B——运行速度 200～250 km/h、16 辆编组、座车；
C——运行速度 300～350 km/h、8 辆编组、座车；
D——运行速度 300～350 km/h、16 辆编组、座车；
E——运行速度 200～250 km/h、16 辆编组、卧铺车（俗称"动卧"）；
F——运行速度 160 km/h、8 辆编组、城际动车组；
G——运行速度 200～250 km/h、8 辆编组、耐高寒座车；
J——综合检测动车组（由于综合检测动车组的车身主流涂装是黄色，通常被称作"黄医生"）。

5. 动车组编组顺位代码及车种代码

动车组编组顺位代码以两位阿拉伯数字表示，位置排列编号自首车起从"01"开始顺序排列，尾车的排列编号为"00"。

动车组编组中的车种代码是汉语拼音缩写，如表 1.1 所示。

表 1.1 动车组编组车种代码

车种	一等座车	二等座车	软卧车	硬卧车	餐车（含酒吧车）	二等座车/餐车	餐车卧车合造车
代码	ZY	ZE	RW	YW	CA	ZEC	CW

【例 1.1】 动车组的型号和列车编号构成示例

CRH$_5$-114A——表示为中国高速铁路动车组；技术序列为长客股份；制造序列为第 114 列；运行速度为 200 km/h，8 辆编组、座车。

【例 1.2】 动车组编组顺位代码及车种代码

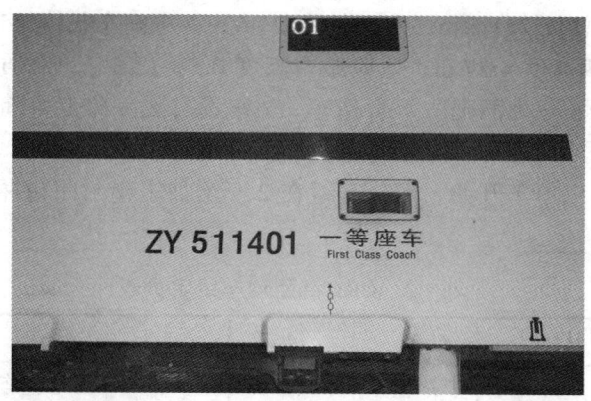

ZY511401——表示为一等座车；技术序列为长客股份；制造序列为第 114 列；列车编组顺位为首车。

任务三 认识 CRH$_5$A 型动车组

CRH$_5$A 型动车组是由长客股份与法国阿尔斯通公司合作生产的适合中国北方气候，速度为 200 km/h 的高速动车组，其车体结构采用芬兰 SM3 列车结构，外形采用意大利 ETR600（Pendolino）流线型设计。CRH$_5$A 型动车组第一单 1 号至 3 号车整车进口，4 号至 13 号由法国提供散件，长客股份进行组装，从 14 号之后部分配件由我国技术合作厂家生产，主要配件由法国提供，长客股份进行组装。第二单动车组从 61 号至 90 号，由长客股份面向世界自行采购配件。第三单动车组由 91 号至 110 号。第四单动车组由 111 号至 140 号。由于生产批次不同，车内结构及设置不完全相同。

一、CRH$_5$A 型动车组概况

1. CRH$_5$A 型动车组编组

CRH$_5$A 型动车组为 8 辆编组，可重联运行，最高运行速度 250 km/h。采用车顶单元空调系统，适用环境温度为 -40 ~ +40 ℃。采用 5 动 3 拖动力结构，1、2、4、7、8 车为动车，3、5、6 车为拖车，1、8 车设有司机室，受电降弓在 3、6 车顶部，如图 1.1 所示。

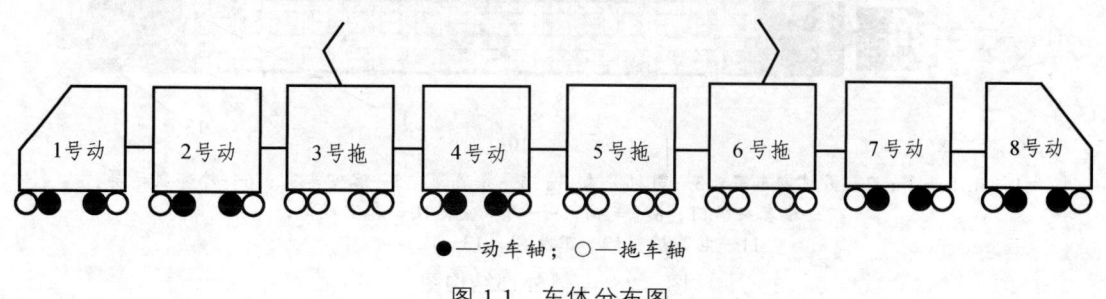

●—动车轴；○—拖车轴

图 1.1 车体分布图

2. CRH₅A 型动车组车体基本参数

CRH₅A 型动车组总长 211.5 m；头车长度 27.6 m；中间车长度 25 m；车体宽度 3.2 m；车体高度 3.73 m；车辆高度 4.27 m；适应站台高度 0.5~1.25 m；总质量 451 t。1~7 车为二等车，8 车为一等车，6 车为酒吧二等合造车，7 车设有无障碍卫生间。一等车采用 2+2 固定座椅布置，二等车采用 2+3 固定座椅布置。

总定员 586，自第二单车开始，部分车组在 2 车增加了半封闭包厢，定员变为 570。定员布置如表 1.2 所示。

表 1.2 CRH₅A 型动车组定员表

车号	1	2	3	4	5	6	7	8
车厢代号	驾驶动车	中间动车	带弓拖车	中间动车	中间拖车	酒吧拖车	中间动车	驾驶动车
车种代码（622）	ZE	ZE	ZE	ZE	ZE	ZEC	ZE	ZY
定员（622）	74	93	93	93	93	42	74	60
车种代码（586）	ZY	ZE	ZE	ZE	ZE	ZEC	ZE	ZY
定员（586）	56	90	90	90	90	40	74	56
车种代码（570）	ZY	ZYE	ZE	ZE	ZE	ZEC	ZE	ZY
定员（570）	56	74	90	90	90	40	74	56

二、车体外部结构

动车组的外部由开闭头罩、司机室车窗、司机登乘门、导流罩、客室车窗、外部显示屏、旅客乘降门、车钩、司机室、客室座椅、电茶炉、卫生间、连接处等组成，如图 1.2 所示。

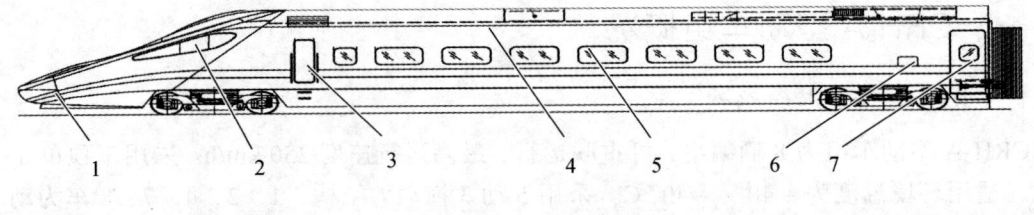
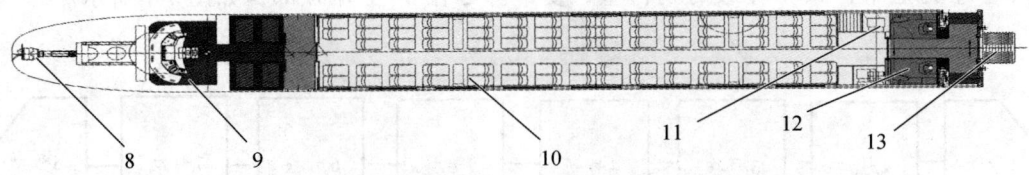

1—开闭头罩；2—司机室车窗；3—司机登乘门；4—导流罩；5—客室车窗；6—外部显示屏；
7—旅客乘降门；8—车钩；9—司机室；10—客室座椅；
11—电茶炉；12—卫生间；13—连接处。

图 1.2 车体外部结构图

1. CRH$_5$A 以座号区分车厢一位端和二位端

CRH$_5$A 以座号区分车厢一位端和二位端,以 5 车为例,1A~F 为一位连接处,15A~F 为二位连接处,相对应的 1A 对应一位车门,1F 对应二位车门,15A 对应三位车门,15F 对应四位车门,卫生间识别方法同上。

2. 动车组的车型

动车组的车型和车体号涂打在动车组首、尾车驾驶室外两侧侧墙上。

每车有两处编组顺位代码,以两位阿拉伯数字表示,一位头车至二位头车的代码依次为 01、02、03、…、00。车种代码是汉语拼音缩写,分别为一等座车 ZY,二等座车 ZE,餐车(含酒吧车)CA,二等座车/餐车 ZEC。

每节车厢外部设有显示屏,显示车厢号、车次、到发站名等。每节车厢设置 4 块显示器,位于塞拉门旁边,1 车、8 车、6 车只有两个塞拉门,仅设置两块外部显示器。外部显示器为发光二极管类型点阵结构,有 3 个单独的区域分别显示车厢顺号、运行车次和运行区间,运行区间为中、英文交替滚动显示,如图 1.3 所示。

图 1.3　车体外显示屏

每辆车均在二位端车下配有存放净水的净水箱以及存放污水的污水箱,净水箱、污水箱容积均为 600 L,配套的上下水管路注水口、上水口盖,以及显示当前水位状态的液位显示仪,车体外部水表及注水口,如图 1.4 所示。

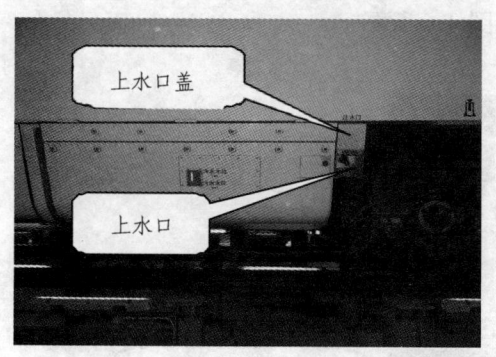 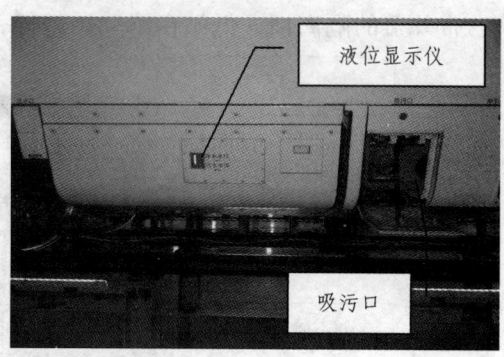

图 1.4　车体外部水表及注水口

三、基础设施

（一）车　门

CRH$_5$A 型动车组的车门分内部门和外部门。

1. 外部门及分布

CRH$_5$A 型动车组共设置有 3 种外部门，分别是供旅客乘降的塞拉门、供司机乘降的登乘门、供餐售人员搬运货物的上货门，如图 1.5 所示。外部门系统与牵引传动系统具有联锁控制功能，当外部门未正常关闭或外部门安全环路出现故障时，司机无法正常施加牵引开车。CRH$_5$A 型动车组的每节车厢均配有 4 个外部门。1、8 车一位端配 2 个司机服务门（登乘门），二位端配 2 个塞拉门，酒吧车一位端配 2 个塞拉门，二位端配 2 个餐车上货门，其余车配 4 个塞拉门。

塞拉门　　　　　　　登乘门　　　　　　　上货门

图 1.5　CRH$_5$A 3 种外部车门

1）塞拉门

（1）塞拉门结构。

CRH$_5$A 型动车组塞拉门为电控电动气动锁闭机械二级锁闭结构，在列车速度大于 5 km/h 时具备自动关门功能，速度大于 15 km/h 时自动锁闭，列车速度信号和门控器同时控制塞拉门的锁闭，以满足动车组高速运行的安全要求。

（2）塞拉门设施。

塞拉门门外部分主要有以下功能设施：高站台开门按钮、低站台开门按钮、外紧急解锁手柄、带外盖的隔离锁、低站台滑动踏板等，如图 1.6 所示。

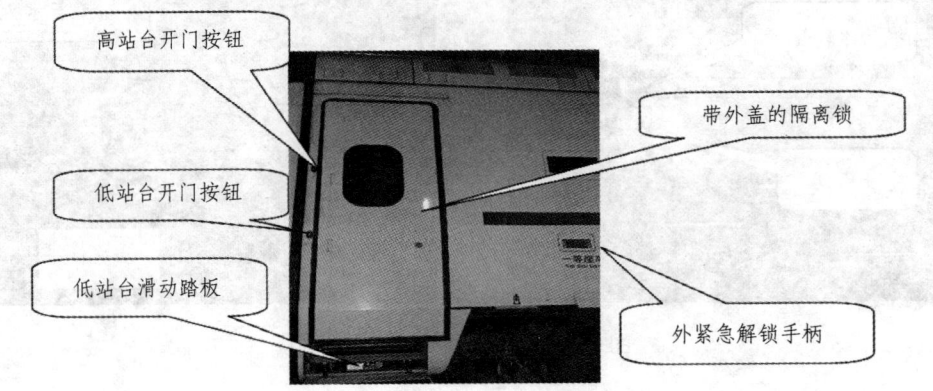

图 1.6　塞拉门门外部分设施

高站台开门按钮：高站台时在车外打开车门；
低站台开门按钮：低站台时在车外打开车门；
带外盖的隔离锁：用于在车外对塞拉门进行隔离解锁操作；
外紧急解锁手柄：非正常情况下在车外解锁塞拉门；
低站台滑动踏板：低站台模式下伸出，便于旅客在低站台乘降。

塞拉门门内部分主要有以下功能设施：车门状态指示灯、红色紧急解锁手柄、蜂鸣器、乘客紧急解锁按钮、列车长集控开关、隔离锁、向下锁闭限位开关、翻板锁闭三角锁、自动踏板隔离锁、翻板、向上锁闭限位开关、关门按钮、开门按钮、防挤压胶条等，如图 1.7 所示。其中，防挤压胶条具有防挤压及障碍物检测功能，安装在门扇关门侧边框上，内外双层敏感胶条在关门过程中遇有障碍物，敏感胶条轻微变形就会触发车门反向动作打开车门。有旅客站在黄踏板（低站台踏板）上或有行李放在车门处，关门过程中门控器检测到关门阻力，车门反向动作打开车门，避免意外伤害旅客。在非常情况下，可通过紧急装置实现对塞拉门的解锁，为救援工作争取时间，减轻人员伤害。塞拉门翻板锁逐个按规定位置锁闭后，司机可以进行高低站台集控转换。

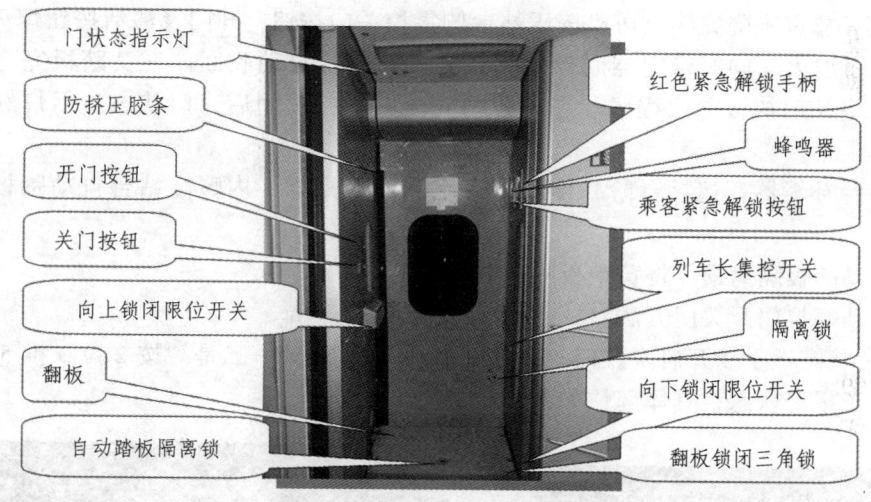

图 1.7 塞拉门门内部分设施

（3）塞拉门的指示灯作用。

"1"门状态指示灯：显示当前塞拉门的状态。其中：白灯——车门处于隔离状态；绿灯——车门正常关闭；红灯——车门打开或关闭故障；红灯闪烁——翻板未锁闭。

"2"开门按钮：在塞拉门激活状态下打开车门。

"3"关门按钮：在塞拉门打开状态下关闭车门。

塞拉门指示灯作用如图 1.8 所示。

图 1.8 塞拉门指示灯

（4）集控开关塞拉门方法。

① 低站台状态下开关门过程。

a. 开门。在停车前将所有站台侧踏板置于低站台位置并锁闭，列车运行至停车站停车时，司机在主控端司机室按压低站台侧集控开门按钮，开门及激活按钮同时点亮，塞拉门绿色开门按钮点亮，低站台踏板自动伸出，门状态指示灯绿灯熄灭、红灯点亮。在低站台踏板完全伸出后，蜂鸣器间歇蜂鸣报警，塞拉门执行开门程序，在塞拉门完全打开后蜂鸣停止。

b. 关门。旅客乘降完毕，司机按压站台侧集控关门按钮，开门及激活按钮熄灭，塞拉门绿色开门按钮熄灭，同时蜂鸣器间歇蜂鸣报警，塞拉门执行关门程序。在塞拉门完全关闭并锁闭后蜂鸣停止，低站台踏板自动收回。在踏板完全收回后，门状态指示灯红灯熄灭、绿灯点亮。

② 高站台状态下开关门过程，如图 1.9 所示。

a. 开门。列车运行至停车站停车时，司机在主控端司机室按压高站台侧集控开门按钮，开门及激活按钮同时点亮，塞拉门绿色开门按钮点亮，门状态指示灯绿灯熄灭、红灯点亮。蜂鸣器间歇蜂鸣报警，黄踏板自动伸出，塞拉门执行开门程序。

b. 关门。旅客乘降完毕，司机按压站台侧集控关门按钮，开门及激活按钮熄灭，塞拉门绿色开门按钮熄灭，同时蜂鸣器间歇蜂鸣报警，黄踏板自动收回。在黄踏板完全收回后，蜂鸣停止，塞拉门执行关门程序。在塞拉门完全关闭并锁闭后，门状态指示灯红灯熄灭、绿灯点亮。

"1" 站台补偿器：遮挡台阶，便于旅客在高站台乘降，内藏高站台自动踏板（俗称黄踏板）。

"2" 自动踏板隔离锁：将黄踏板隔离并锁闭。

（5）手动塞拉门开关门方法。

① 正常状态下手动开启塞拉门。一是"转 1 拉 3 推 5"，二是"按 2 拉 3 推 5"，两种方式均使 4 处于报警状态，具体部位如图 1.10 所示。

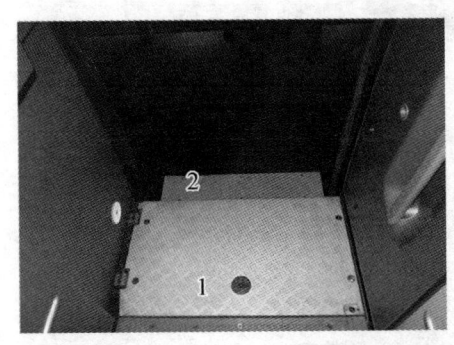
图 1.9 高站台开门状态

图 1.10 塞拉门解锁图

"1" 紧急解锁三角锁：用于非正常情况下激活塞拉门紧急模式，解除气动锁锁闭。

"2" 紧急解锁按钮：用于突发情况下激活塞拉门紧急模式。

"3" 红色紧急解锁手柄：非正常情况下解锁塞拉门的机械锁闭。

"4" 蜂鸣器：车门故障或非正常情况下报警提醒。

"5"防挤压胶条：检测关门过程中是否有旅客阻挡。

② 非正常状态下手动开启塞拉门。

a. 使用 S9 开门过程如图 1.11 所示。

司机在主控端司机室无法激活车门时，列车长逆时针旋转车长集控开关以激活站台侧车门，手动解锁本地车门引导旅客乘降。其他乘务人员按照分工按压开门按钮，手动打开车门引导旅客乘降。

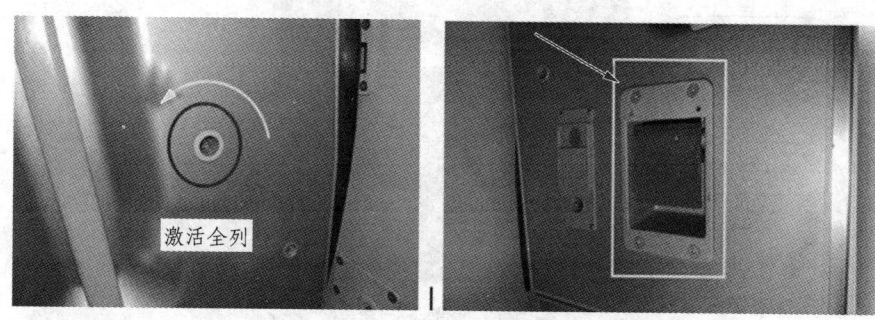

图 1.11 非正常状态下开门

b. 使用解锁把手开门过程。

在车长集控开关不作用的情况下，所有乘务人员按照分工顺时针转动紧急解锁三角锁，塞拉门气动锁解锁，蜂鸣器持续蜂鸣，手动拉下紧急解锁把手，接触车门机械锁闭，手动推开车门引导旅客乘降。反向旋转紧急解锁三角锁，蜂鸣停止，车门自动关闭。在列车外可直接手拉紧急解锁手柄以解锁车门。

c. 非正常状态下手动关闭塞拉门。

司机在主控端司机室无法集控关门时，列车长顺时针旋转车长集控开关，切断站台侧车门的激活状态以集控关闭其他车门并激活本地车门，按压关门按钮以关闭本地车门。

2）登乘门

登乘门内部，如图 1.12 所示。

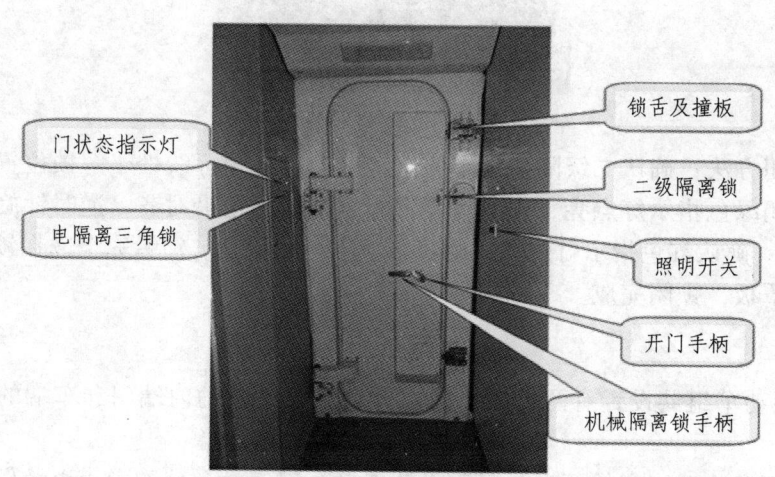

图 1.12 登乘门内部

登乘门外部，如图 1.13 所示。

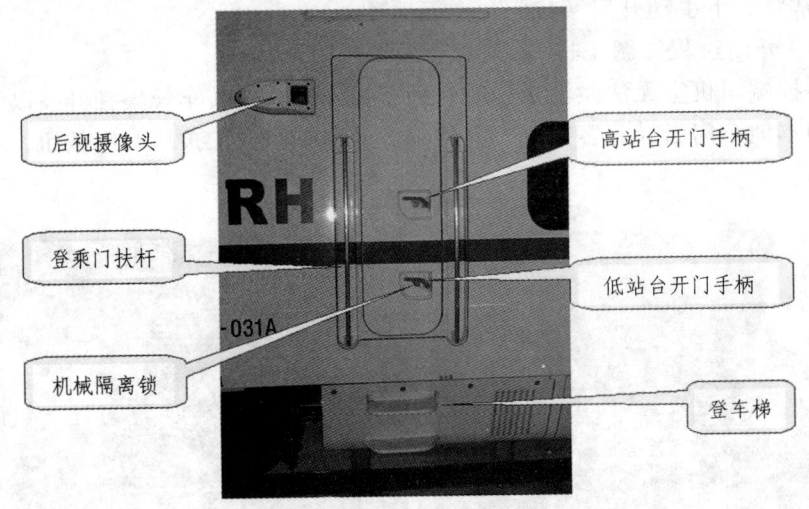

图 1.13 登乘门外部

3）上货门

上货门内部，如图 1.14 所示。

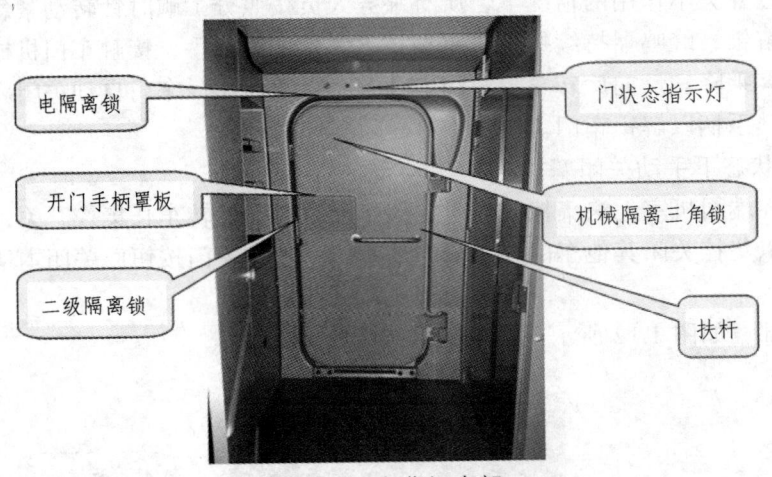

图 1.14 上货门内部

上货门锁闭方法：确认二级隔离锁未伸出，机械隔离锁标线处于解锁位置，将上货门关闭，确认门关闭绿色指示灯点亮，再确认锁舌标志与撞板边沿对齐，逆时针旋转机械隔离锁 90°至锁闭位置，确认红色指示灯熄灭，旋转二级隔离锁手柄，锁舌完全嵌在锁内，将门锁罩板锁闭，放下罩板，锁闭完成。

2. 内部门

CRH$_5$A 型动车组共设置有两种内部门，分别是客室端的内端门和车端的防火门（风挡门）。

（1）内端门安装于客室的两端，用于降低来自车门通过台处的噪声以及保持车内环境温度，如图 1.15 所示。

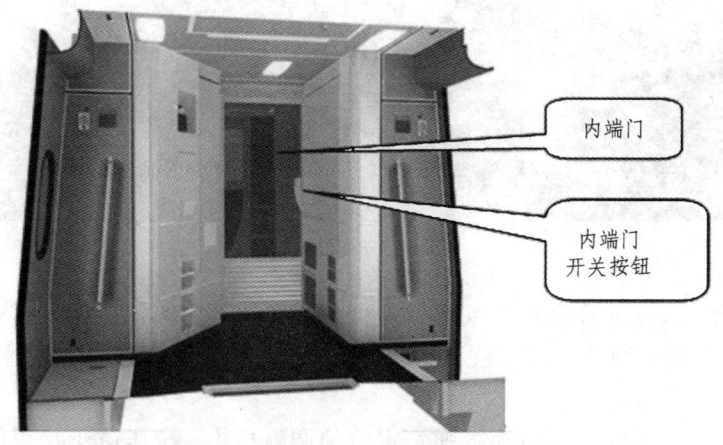

图 1.15 内端门

（2）防火门安装于车辆两端，用于隔绝车端连接处的噪声，保持车厢温度，在非常情况下延缓烟、火的蔓延速度，如图 1.16 所示。

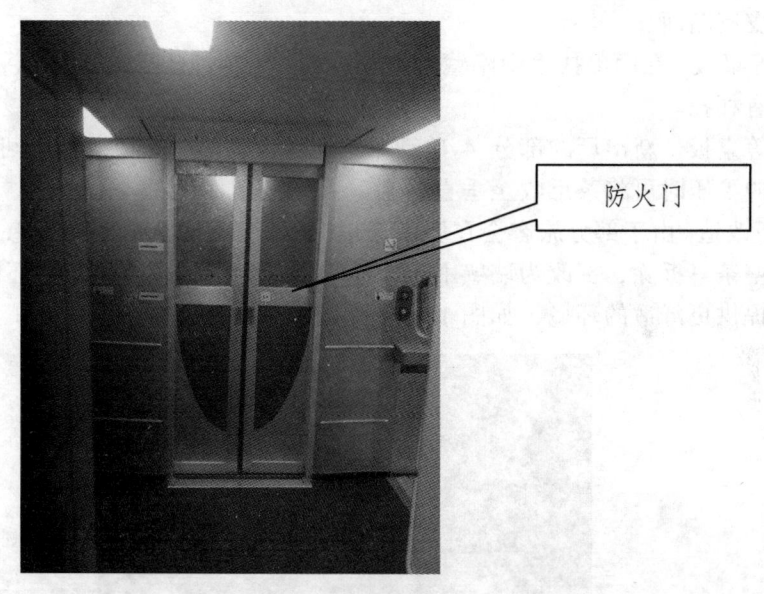

图 1.16 防火门

（3）内端门及防火门控制方法。内端门为电控电动结构，并具有防挤压功能。遇有障碍物阻挡，内端门可自行弹开。按压门扇上点亮的开门按钮，内端门自动打开，内显外罩上的红色电隔离按钮可切断供电，便于手动操作内端门。按标志方向操作位于门框上的机械隔离锁可将内端门隔离在打开或关闭位置。

（二）座　椅

CRH_5A 型动车组布置有固定座椅及旋转座椅两种，每种座椅又分一等、二等两种形式，外观形式如图 1.17 所示。

图 1.17 座椅

（1）二等座椅。二等旋转座椅为气弹簧定位的调整机构，按压位于扶手下部的调节按钮，靠身体带动靠背在 0°～24°进行调整，松开按钮后，调节位置固定。在两座椅中间设置可折叠的扶手。

（2）一等座椅。一等旋转座椅为气弹簧定位的调整机构，按压位于扶手侧面的调节按钮，靠身体带动靠背在 0°～25°进行调整，松开按钮后，调节位置固定。

（3）脚踏及桌板。二等座在靠背后部设置可翻转的茶桌，在茶桌下部设置有书报网，座椅底架处设置有棘轮控制的脚踏，可在打开与完全收回间调整。一等座脚踏可以翻转两次，分为布艺及皮制踏面。

（4）一等桌板。在两侧扶手中隐藏着折叠茶桌。翻转打开折叠茶桌后平置于两扶手之间，小桌表面带有杯托。

（5）二等桌板。新出厂的部分 4 单动车组还保留着墙壁茶桌，最大可承重 10 kg，超过质量或用力向下压时可将茶桌收至垂直状态。

（6）桌板改造。由于部分旅客会在墙壁茶桌上放置重物，造成安全隐患，沈阳局的 CRH_5A 动车组将墙壁茶桌拆除，更改为墙壁书报兜。采用一等旋转座椅的车辆还配置有墙壁固定脚踏，给旅客提供更舒适的环境，如图 1.18 所示。

图 1.18 改造后网兜

四、服务设备

1. 照明控制开关

CRH_5A 动车组客室照明可进行单车控制，也可进行集中控制，图 1.18 所示为 QRK 柜内的照明指令板，电视开关用于控制客室电视，下方为带自动复位功能的蓄电池关断开关。如

图 1.19 所示，1/2 照明开关，按下后按钮红灯点亮，本车仅车顶两排灯带点亮。集控开关，按下后按钮红灯点亮，再按 1/2 或 1/1 照明开关或 OFF 开关，全列车照明执行相应操作。全列车照明点亮或关闭后，集控按钮红灯熄灭。试验开关，按下后按钮黄灯点亮，本车应急照明点亮，如果是一等车，则点亮阅读灯。3 min 后，被试验的照明灯自动熄灭。试灯按钮，按下后本车处于试验状态的按钮灯点亮，如图 1.19 所示。

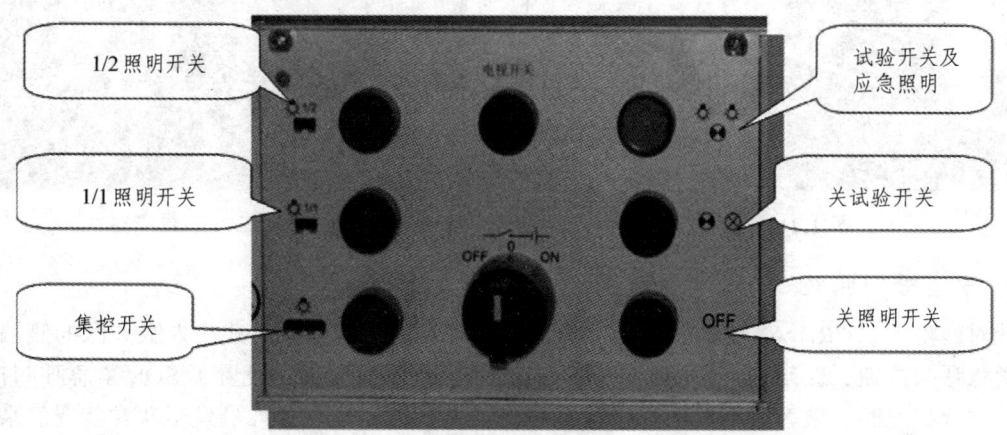

图 1.19 照明控制开关

2. 烟雾报警系统及空调控制

CRH$_5$A 型动车组在每辆车的配电柜（QEL）、客室、卫生间各设置 2 个，总共 6 个烟火报警器以预防火灾事故的发生。当列车发生火灾事故时，烟火报警系统启动，在司机室声光报警，在客室的 QRK 柜的烟火报警状态指令板上声光报警，如图 1.20 所示。

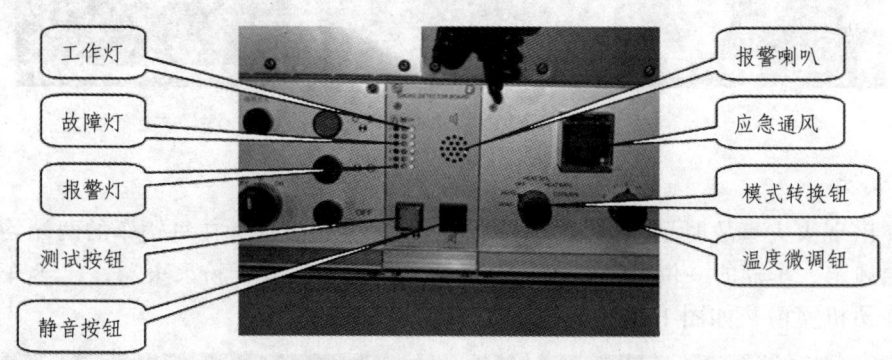

图 1.20 烟雾报警系统及空调控制调节

3. 水位显示

用于水位显示的液位仪如图 1.21 所示。

4. 车载广播

车载广播系统可实现乘务人员间的内部通信，也可通过扬声器和座席接收器进行公共广播。人工公共广播为第一优先广播，覆盖所有广播设备，手动广播为第二优先广播，均优先选择于自动广播。话筒下红色方键为"OK"键，如图 1.22 所示。

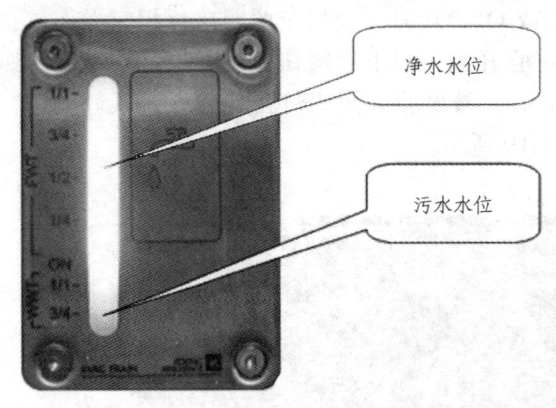
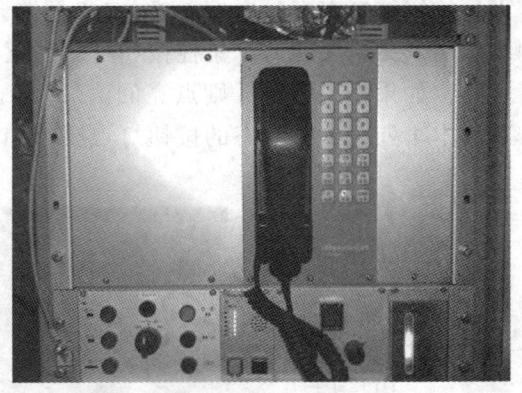

图 1.21　液位仪　　　　　　　　　　图 1.22　车载广播

5. 紧急呼叫系统

针对残疾人，CRH_5A 型动车组专门设置了残疾人报警设施。在残疾人服务区的侧墙上设置有紧急呼叫按钮，在残疾人卫生间内的门口内侧以及便器周围均设置了 SOS 紧急呼叫按钮。当出现非常状况时，乘客按下按钮，监控室声光报警，以提示乘务人员发生非常状况。乘务人员发现报警情况时，可先按蜂鸣切除按钮，避免刺耳的蜂鸣声造成旅客恐慌，然后处理非常状况。重新按压点亮的残疾卫生间 SOS 按钮，解除报警；按照残疾人服务区 SOS 按钮的标志旋转按钮，按钮自动弹起取消报警，报警取消后监控室的报警灯自动熄灭，如图 1.23 所示。

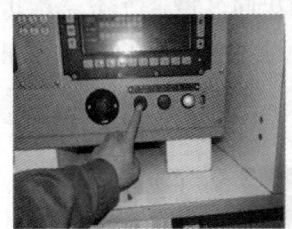

图 1.23　紧急呼叫系统

6. 灭火器

为了在出现火灾事故时尽快控制火情，防止火灾事态蔓延，在每辆车的两端均设置有灭火器，按照规定，车辆的一位端设置水雾灭火器，二位端设置干粉灭火器，1、8 车的水雾灭火器设置在司机室内，如图 1.24 所示。

图 1.24　灭火器

7. 紧急制动阀

CRH$_5$A 型动车组在每节车辆的两端均设置有乘客紧急制动手柄，监控室附加有车长紧急制动手柄，6 车的一个紧急制动手柄设置在吧区端墙上。正常情况下紧急制动手柄有外罩保护并施封，以避免旅客偶然拉动。当列车遇到非常情况，拆除或破坏外罩，向下扳动紧急制动手柄，司机室有声光报警，司机通过联控判断是否真实存在非常情况或是否需要减速停车，如果不危及行车安全，可在司机室取消报警，如图 1.25 所示。

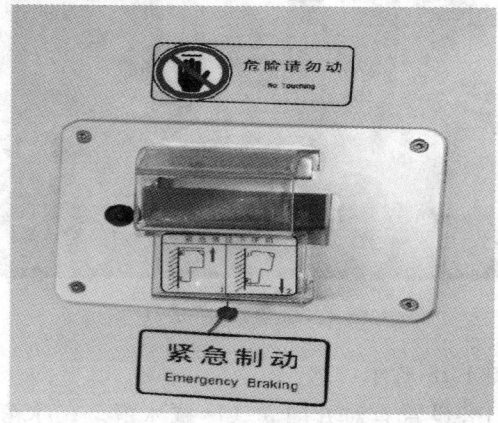

图 1.25 紧急制动阀

8. 安全锤及万向轴位置

每节车厢有 4 个安全锤，全列车共计 32 个安全锤悬挂在行李架底面，每个安全锤保险绳长 2 m 左右。使用时用尖部击打玻璃红色区，平面用于清理玻璃碎片。万向轴标志贴：在对应的地板下部，行走经过时停顿 3 s，如感到震动或有异响立即报告机械师。安全锤及万向轴标志贴如图 1.26 所示。

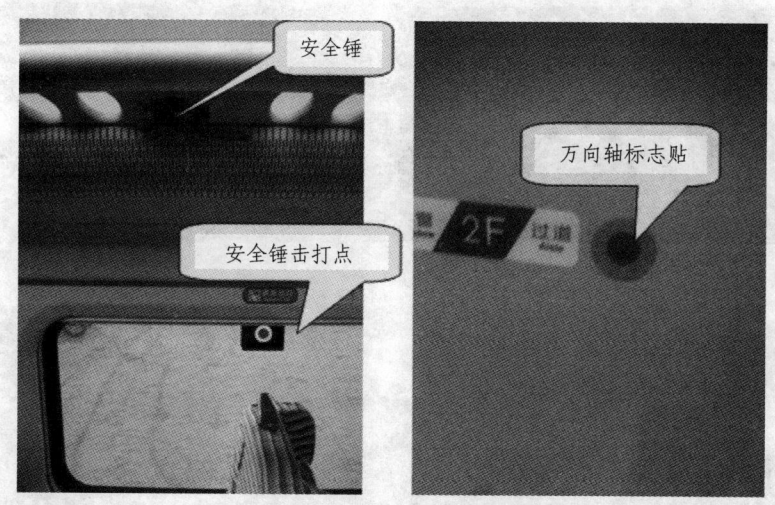

图 1.26 安全锤及万向轴标志贴

9. 酒吧车布局

（1）酒吧车前厅，如图 1.27 所示。

CRH₅A 型动车组在 6 车占用半节车厢的空间设置酒吧区，为长途旅行的旅客提供休闲活动空间，在用餐时间为旅客提供微波加热快餐。

图 1.27　酒吧车前厅

（2）酒吧车后厨，如图 1.28 所示。

推开后厨门，在上货门旁设置有对开门立式冷藏冰箱，在冰箱旁充分利用空间设置有 3 个不同尺寸的储藏柜，一般用来存放乘务人员私人物品。在后厨门上设置照面镜，便于乘务人员随时对个人仪容进行整理。在门与冰箱间设置吧台照明开关，贴近地板位置设置 220 V 插座与 2 单车不同，1 单车在走廊侧为 8 抽屉式冷藏冰箱，在车体侧墙处，设置单独的冷冻冰箱。在车体侧墙处，设置清洁洗手池与各种储物柜、储物抽屉。在吧台上设置吧区专用电茶炉，为旅客及乘务人员提供开水。微波炉功率单独使用为 2 900 W，两个共同使用时不超过 3 400 W，如图 1.28 所示。

(a)

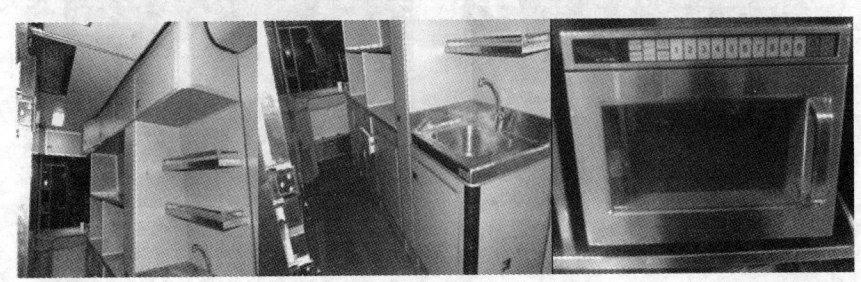

(b)

图 1.28　酒吧车后厨设备

10. 电茶炉水系统

（1）沸腾式电茶炉。

电茶炉可以为乘客提供加热到 95 ℃ 以上的开水，烧水箱和储水箱分开，生水与开水不混合。

（2）电茶炉指示灯，如图 1.29 所示。

动车组电茶炉表面有加热、热水、电源 3 个指示灯，正常工作时热水与电源灯点亮，当储水箱内没有足够的热水时，加热灯点亮表明正在加热过程中。

图 1.29 电茶炉

11. 卫生间

CRH_5A 型动车组每节车厢设置 2 个卫生间，一般为普通蹲式卫生间，6 车不设置卫生间，7 车设置带有坐便的残疾人卫生间，8 车一位侧设置坐便式卫生间，如图 1.30 所示。

图 1.30 卫生间

卫生间的冲洗：卫生间处于待机状态时，冲水按钮绿灯点亮。按下冲水按钮，冲水按钮绿灯闪烁，便器自动冲水，冲水量约 0.5 L，真空单元工作，在产生真空后将污物抽净再排至污物箱，便器再次自动冲水，以清洁可能留存于便器表面的污物。便器工作循环结束后，冲水按钮再次持续点亮处于待机状态。在洗手盆水满，真空单元工作时，冲水按钮同时处于闪亮状态。

12. 乘客信息系统（Passenger Information System，PIS）

监控室，如图 1.31 所示。

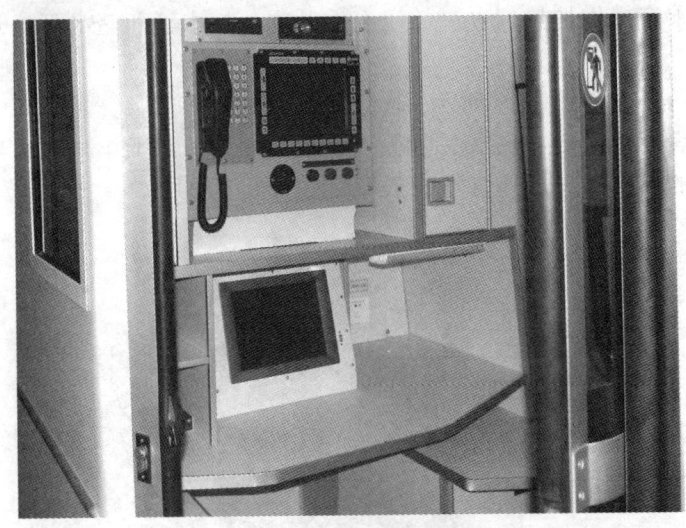

图 1.31 监控室

PIS 具有旅行信息显示、广播通告、内部通信以及娱乐服务等功能。

具体功能如下：

旅行信息显示：分为车内信息显示和车外信息显示，车内信息显示主要显示车内温度、当前速度、当前时间等；车外信息显示主要显示车次、车厢号、起点站和终点站。

广播通告：分为自动或手动触发式预录广播通告、全列人工广播通告。

内部通信：实现司机室之间、司机室和监控室之间、列车长和乘务员之间、乘务员和乘务员之间的通信。

娱乐服务：分为一等车音视频娱乐、二等车背景音乐和酒吧车音视频娱乐。

使用管理规定：

① 乘客信息系统启机由随车机械师操作。

② 乘客信息系统车次选择、广播通告和娱乐服务项目播放由客运乘务员负责。

③ 自动播报功能故障或播报错误时，由客运乘务员负责进行人工播报或更正。

客运乘务员使用 PIS 的步骤：

步骤 1：点击车次。

步骤 2：点击"车内外显示"。

步骤 3：点击"服务信息"。

步骤 4：点击需要播放的内容。

步骤 5：点击"包括语音播放"（如只需要在车内显示字幕时，则不需要点击"包括语音播放"）。

（1）PMU 界面，如图 1.32 所示。

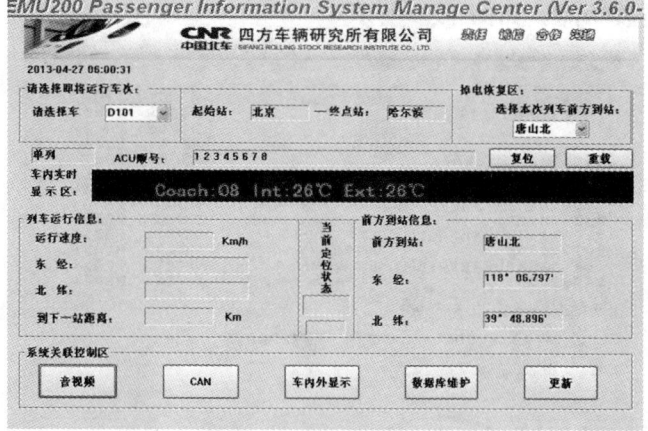

图 1.32　PMU界面

（2）选择车次，如图 1.33 所示。

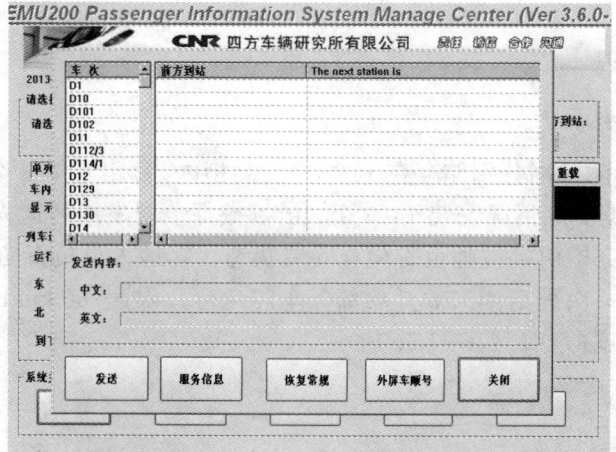

图 1.33　车次选择界面

（3）车内屏服务信息，如图 1.34 所示。

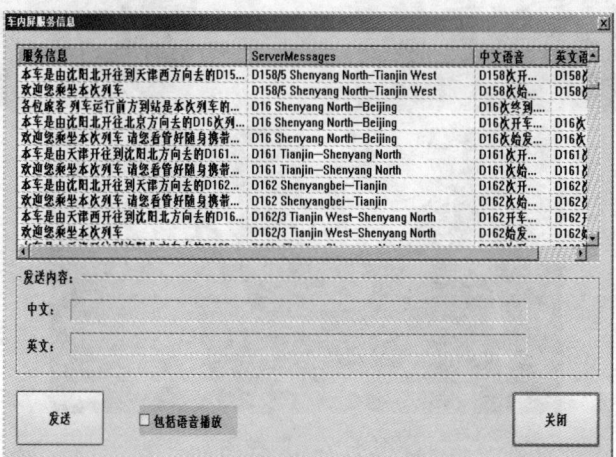

图 1.34　车内屏服务信息界面

(4)选择语音播放功能,如图1.35所示。

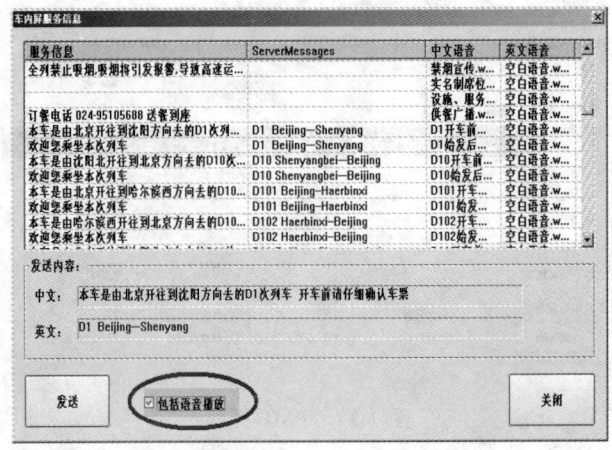

图1.35 选择语音播放功能界面

五、应急备品

1. 防护网位置及安装

CRH$_5$A型动车组防护网分别储存在1(9)车备品柜内,每组车体8个,当空调故障20 min需要通风时使用。根据实际情况安装1~8个,由机械师负责发给客运人员进行安装,应安装在非会车一侧,安装完毕由机械师负责检查安装状态,客运人员负责防护。列车调度员向沿途各站及司机下达"×次因空调失效开放部分车门运行,限速60 km/h(通过高站台时限速40 km/h运行)"的调度命令,如图1.36所示。

图1.36 防护网

2. 登顶梯

登顶梯储存在 6（14）车工具室内，供机械师登顶作业时使用，在登顶作业时，客运人员负责防护，如图 1.37 所示。

3. 接地杆

接地杆储存在 8（16）车备品柜内，机械师登顶作业前由机械师安装，客运人员负责防护，如图 1.38 所示。

图 1.37　登顶梯

图 1.38　接地杆

4. 列车超速防护控制系统（ATP）

列车超速防护控制系统，简称列控系统，其作用是防超速、防冒进，确保列车运行安全，同时记录司机操作过程，为事故分析提供依据。列车运行速度高于 160 km/h 时必须使用。

5. 列车运行监控记录装置（LKJ）

列车运行监控记录装置的作用是防超速、防冒进，确保列车运行安全，同时记录司机操作过程，为事故分析提供依据。

任务四　认识 CRH380B 型动车组

一、车体的组成

CRH380B 型动车组是长客股份在 CRH380BL 的基础上自主开发的适合东北地区气候条件的高速动车组列车，设计运营速度 350 km/h、动车组长度约 200 m、车体宽度 3 257 mm、车辆高度 3 890 mm、动车组定员 551 人、牵引功率 9 200 kW，适用环境温度 – 40 ~ + 40 ℃。

CRH380B 高寒动车组为 8 辆编组，4 动 4 拖，采用交-直-交传动方式，由两个牵引单元组成。动车组具有良好的气动外形，两端为司机室，列车正常运行时由前端司机室操控。CRH380B 高寒动车组由 1 辆一等头车、1 辆二等头车（观光区为一等座）、5 辆二等座车（其中 4 车带残疾人卫生间）和 1 辆餐车组成。其中座席引导标牌 A、F 为靠近车窗的席位，C、D 为靠近过道席位，B 为三排座席中间席位。1、4、5、8 车各有 1 个边座。车体分布如图 1.39 所示。

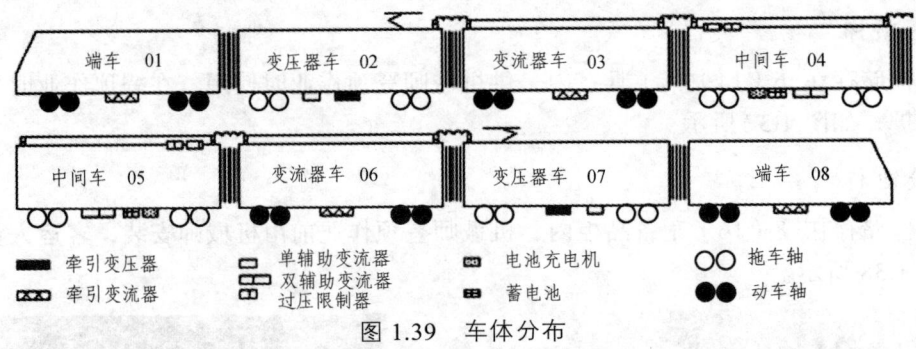

图 1.39 车体分布

定员分布如图 1.40 所示。

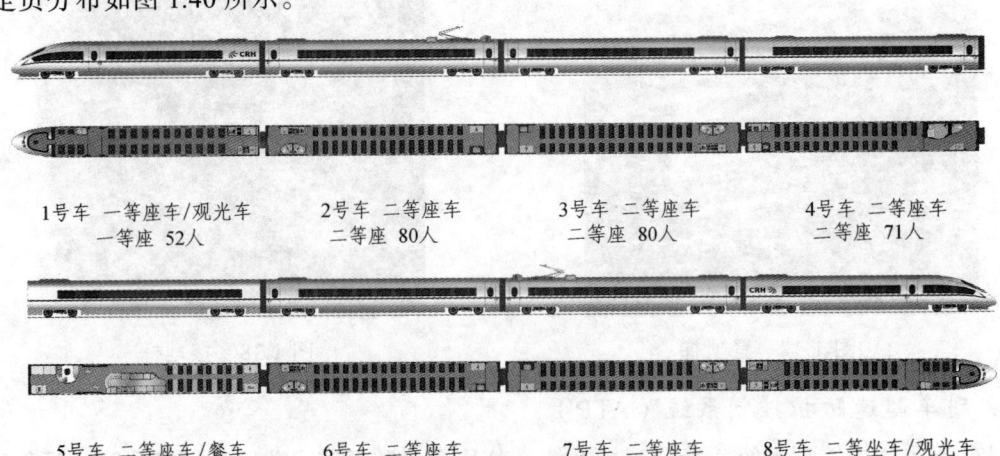

1号车 一等座车/观光车 　2号车 二等座车 　3号车 二等座车 　4号车 二等座车
一等座 52人 　　　　　二等座 80人 　　　二等座 80人 　　　二等座 71人

5号车 二等座车/餐车 　6号车 二等座车 　7号车 二等座车 　8号车 二等坐车/观光车
二等座 40人 　　　　　二等座 80人 　　　二等座 80人 　　　一等座 8人 二等座 60人

图 1.40 定员分布

二、车体外部结构

CRH380B 以座号区分车厢一位端和二位端，以 16 车为例：1A-F 为一位连接处，16A-F 为二位连接处，相对应的车门 1—1 车门、1—2 车门，16A 对应 2—1 车门、2—2 车门，卫生间识别为车内方向主卫、门口为辅卫，车体结构如图 1.41 所示。

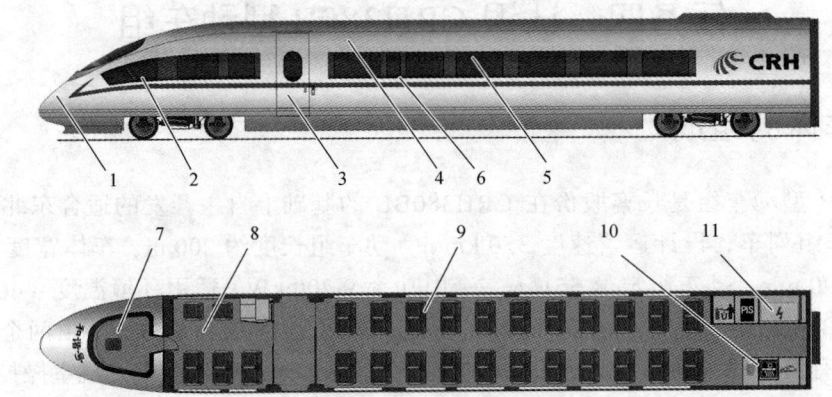

1—开闭头罩；2—司机室车窗；3—乘降门；4—导流罩；5—客室车窗；6—外部显示屏；
7—司机室；8—观光区；9—等座车；10—电茶炉；11—配电柜。

图 1.41 车体结构

- 26 -

车体外显示内容，如图 1.42 所示。

图 1.42　车体标记

三、基础设施

（一）车　门

1. 车门分布

CRH380B 型动车组车门可分为外部门和内部门两大类。外部门为塞拉门，是供旅客乘降的通道，全列共 22 扇塞拉门，1、8 车在车厢中部设置 2 扇塞拉门，4 车在车厢端部设置 2 扇塞拉门，其余车厢均在车厢端部设置 4 扇塞拉门。内部门是车厢内各部分之间的通道，根据安装位置及作用又可分防火门（风挡门）和内端门。CRH380B 型动车组塞拉门为电控电机驱动、电控气动锁闭结构，正常状态下由司机室集中控制，非正常状态下可在 1、8 车塞拉门处通过车长集控开关进行控制。当列车速度大于 5 km/h 时，塞拉门具有自动关闭功能，当速度大于 10 km/h 时，塞拉门自动锁闭。CRH380B 型动车组塞拉门仅适用于新建或改建车站的高站台，其站台补偿器为电控气动结构，在塞拉门打开约 150 mm 时自动翻转落下，填补车体与站台间缝隙。

2. 车门种类（见图 1.43）

对开式内端门

单开式内端门

对开式防火门

塞拉门

图 1.43　车门种类

3. CRH380B 型动车组塞拉门（见图 1.44）

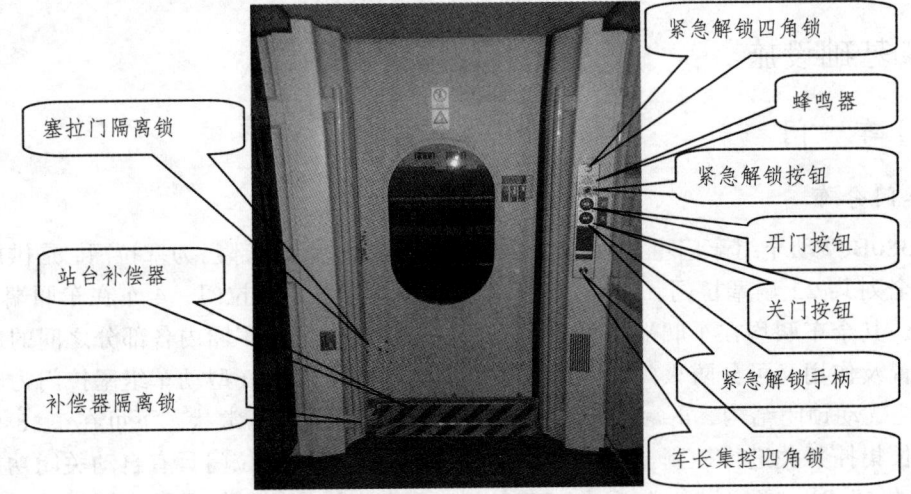

图 1.44　塞拉门内侧

（1）塞拉门正常开门程序，如图 1.45 所示。

图 1.45　开门图解

塞拉门开门按钮点亮，同时蜂鸣器间歇蜂鸣，塞拉门执行开启动作，在门扇打开约 150 mm 时站台补偿器自动翻转至水平位置，塞拉门完全打开后蜂鸣停止。

（2）塞拉门非正常开门程序——车长集控，如图1.46所示。

列车长在1、8车塞拉门处旋转车长集控开关，该侧全列塞拉门处于激活状态，绿色开门按钮点亮，手动按压开门按钮以打开车门引导旅客乘降。

图1.46 非正常开门图解车长集控

（3）塞拉门非正常开门程序——解锁，如图1.47所示。

使用四角钥匙旋转紧急解锁四角锁（左右均可），塞拉门气动锁解锁，蜂鸣器长鸣，用力向上拉起紧急解锁手柄，解除机械锁闭，手动推开车门引导旅客乘降。

图1.47 非正常开门图解解锁

（4）CRH380B动车组内端门，如图1.48所示。

图1.48 内端门

（5）防火门，如图 1.49 所示。

防火门设置于车厢连接处风挡位置，常被称为风挡门。1、8 车防火门为电控电动结构，同时兼有内端门功能，在断电状态下具有自动关闭功能。其他防火门为机械手动结构，平时处于最大打开位置，隐藏于车端间壁夹层内。

图 1.49　防火门

（二）座　椅

1. 座椅分布（见图 1.50）

一等客室采用红色基调 2+2 布置的旋转座椅，客室区域宽敞明亮。客室顶板设置有固定液晶电视，二位端间壁设置有墙壁固定电视。

图 1.50　座椅

一、二等座椅参数均符合或优于人体工程学推荐的参数值，如表 1.3 所示。

表 1.3　一、二等座椅的参数值

序号	参数	一等座椅	二等座椅	人体工程学推荐
1	座高/mm	430	430	360～480
2	座宽/mm	470	425/450	370～420
3	靠背倾角	5°～25°	5°～24.5°	5°～25°

2. 电源设置（见图 1.51）

一等、二等座席提供电源插座，供小功率用电设备使用。其中 1、8 车观光区内为 7+1

个，1车一等座为26+1个，2、3、6、7车为36+2个，4车为32+2个，5车为16+1个，餐车内6个，乘务员室内1个，8车二等座为28+1个，共计282个。全列除5车外，其余座席都可以调整方向。

图 1.51　座椅下电源

3. 车窗及窗帘（见图 1.52）

客室侧窗是由夹层中空玻璃和铝型材外框，通过胶粘接成一体，中空部分充惰性气体，并在侧窗外覆一层薄膜。车窗与内衬板间隐藏着窗帘，轻轻下拉即可使用。

图 1.52　车窗及窗帘

4. 观光区（见图 1.53）

位于司机室后部，前端玻璃隔墙为电控雾化玻璃，提供私密空间，休息、会议、观光兼用，适合商务、公务、团组旅行。

一等座椅　　　　　　　　　　　　　更衣柜

室内灯光单独控制

电控雾化玻璃

图 1.53　观光区

四、服务设备

1. PIS 系统

PIS 系统主要设在乘务室内，CRH380B 型动车组 PIS 系统由系统控制器（STC）、信息系统操作面板（ISOP）、音视频娱乐系统（VES）、娱乐系统操作面板（AVR）、内部通信站（HAS）、扬声器（SLS）、内部显示器（ICD）、外部显示器（ESD）、视频显示器、座椅音频娱乐单元（AEU MMI）等组成。

（1）ISOP 系统主界面，如图 1.54 所示。

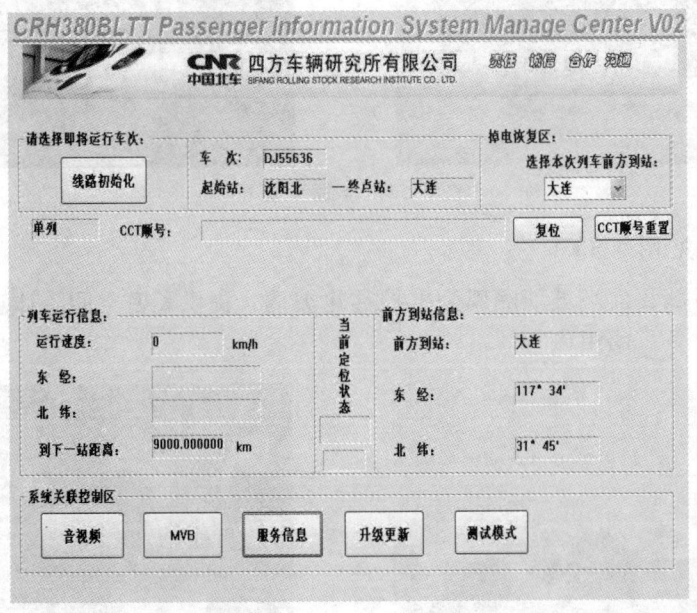

图 1.54　ISOP系统主界面

（2）与 CRH$_5$A 型动车组不同，播放列表无具体内容，仅有一条语音播报信息，如图 1.55 所示。

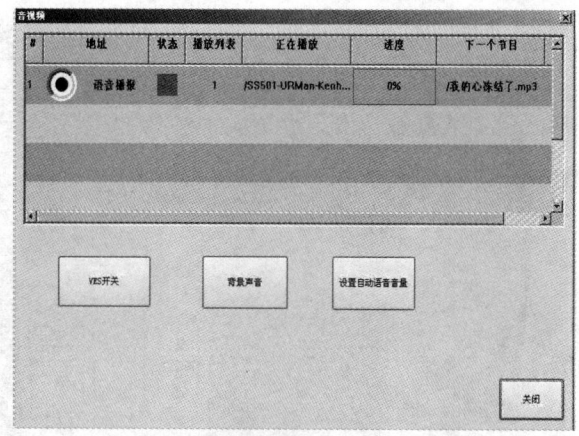

图 1.55 ISOP系统界面（一）

（3）设置自动语音音量，如图 1.56 所示。

从 0（静音）~100（最大）对自动语音广播及手动语音广播音量进行调节。

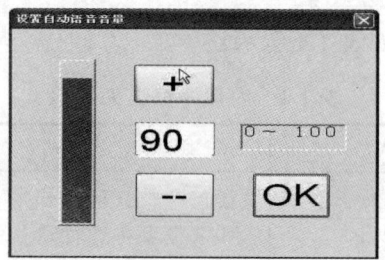

图 1.56 ISOP系统界面（二）

（4）主服务信息界面，如图 1.57 所示。

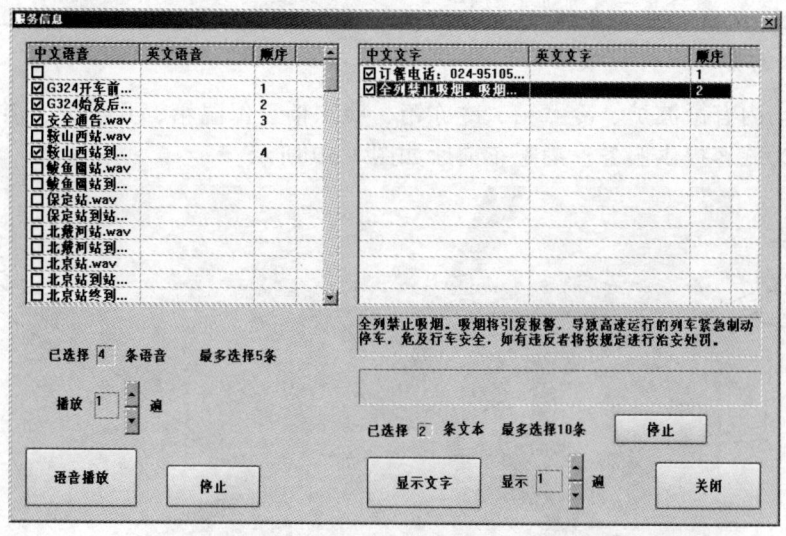

图 1.57 ISOP系统界面（三）

（5）内部通信电话，如图 1.58 所示。

图 1.58　通信电话

（6）内部通信优先等级，如表 1.4 所示。

表 1.4　内部通信优先等级

优先级	通信方式	备　注
1（高）	司机—司机	任何时刻只能两部电话之间进行通信；优先级高的通信可以将正在进行通信的优先级低的电话强行挂机。例如，司机与列车长正在通话时，此时另一端的司机室电话呼叫该司机，能把正在通话的两部电话强制挂机，被呼叫的司机室电话振铃响起，被呼叫的司机按接听键建立与另一司机之间的通信
2	司机—列车长	
3	司机—乘务员	
4	列车长—乘务员	
5（低）	乘务员—乘务员	

2. 酒吧车布局

（1）酒吧车内有微波炉、冷藏箱、冷冻箱、展示柜、保温箱、开水炉、消毒柜、电气柜等电器设备，为旅客提供服务。酒吧车前厅如图 1.59 所示。

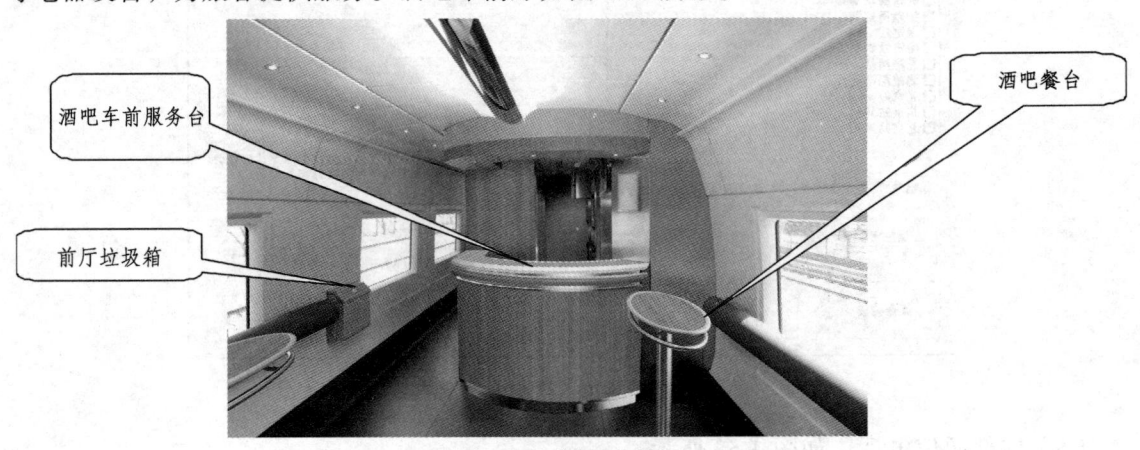

图 1.59　酒吧车前厅

（2）后厨设备有排水系统及微波炉。CRH380B 型动车组微波炉功率为 2 780 W，4 个微波炉可以同时使用，如图 1.60 所示。

图 1.60　后厨设备

（3）全列共设置 8 个电茶炉（又称开水器），采用按压式出水方式。该机具有缺水保护功能，开水器在列车运行过程中，所有控制自动进行，当机器出现故障或列车供水水箱缺水，干烧信号灯闪烁，开水器会自动停止烧水。烧水箱和储水箱分开，生水与开水绝无混合，提供纯正开水。当环境温度小于 5 ℃ 或大于 50 ℃，开水器自动处于保护状态，并停止工作。饮水机加装了除垢装置，延长了电热管及水箱的维修保养周期。开水器设置排水按钮，在列车到达终点后，按压按钮能自动打开排水电磁阀，水经底部水管流出。开水炉下部设置灰水收集箱，总容积约 20 L，且具有排水功能，当列车速度低于 5 km/h 时，电磁阀打开，开始排水；当速度高于 5 km/h 时，电磁阀关闭，停止排水。电茶炉如图 1.61 所示。

图 1.61　电茶炉

3. 卫生间及水箱

（1）CRH380B 型动车组根据各车用水的需要，在每车设置不同容量的净水箱组，如 1、8 车仅电茶炉用水，只设置了 160 L 的净水箱，在每车的车下设置了 450 L 的污物箱。通过卫生间内的液位仪查看当前车辆的水量状态。CRH380B 型动车组只在普通二等车设置 10 个卫生间，其中残疾人卫生间 1 个，标准卫生间 9 个，均采用坐式便器。卫生间如图 1.62 所示。

图 1.62　卫生间

（2）卫生间设备，如图 1.63 所示。

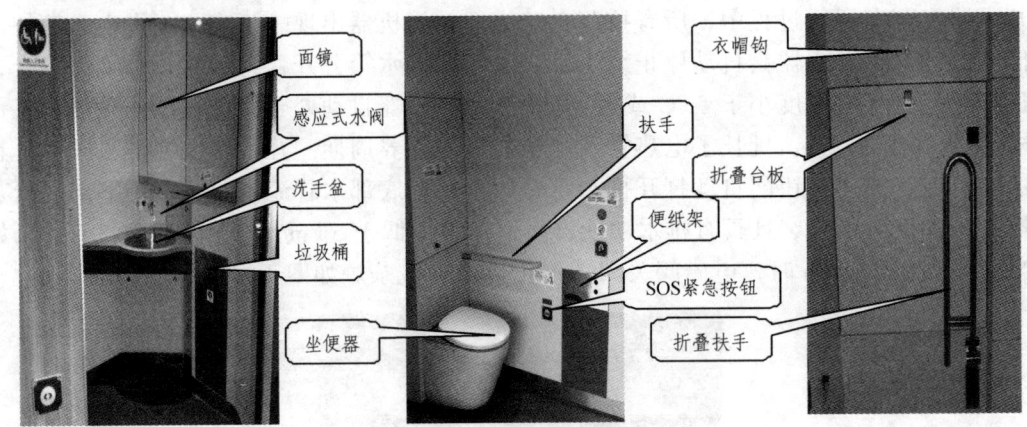

图 1.63　卫生间设备

4. 应急梯

CRH380B 型动车组配备 4 组应急梯，存放在 5 车备品柜内，可组成两个应急渡板或逃生梯，应急渡板不能同时通过超过 500 kg 的质量（约 3 人）。组装好的应急梯如图 1.64 所示。

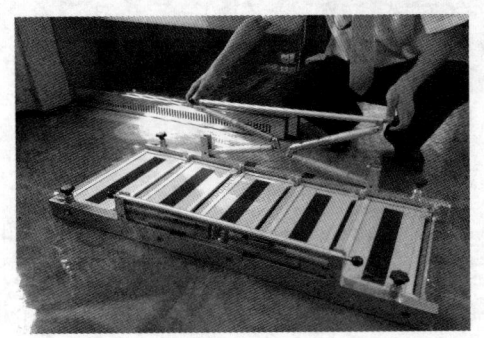 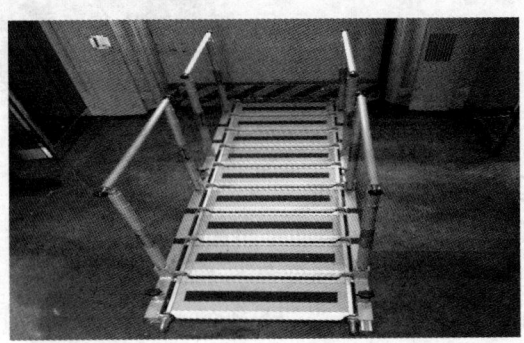

图 1.64　应急梯

任务五　动车组票价计算

一、车票票面信息

1. 票号及候检地点

（1）票号：票卷印刷，1个字母+6位数字，如："A123456"。部分路局字母前面印有窗口号或组号。

（2）候进检（最多打印15个汉字）：

① 异地候车地点，如："候车地点：琶洲B1厅"。

② 进站口，如："南广场进站"。

③ 检票口，如："检票口B13"。

④ 自定义，如："西站北广场候车"。

2. 车次及发到站

（1）发站站名（最多打印6个汉字），如："北京南站"。

（2）到站站名，如："北京南站"。通票的到站站名为票面标记车次的到站，通票的终到站标记在有效期区。

（3）站名拼音码，如："Beijingnan"。站名拼音按照《铁路客运运价里程表》执行，按照地名汉语拼音规则拼写。

（4）车次。车次按车次编码规则执行。

3. 乘车时间及席位

（1）乘车日期：年份（yyyy）+月份（mm）+日期（dd），如："2014年12月31日"。

（2）开车时间：时（hh）：分（mm）开，如："12:15开"。

（3）席位号：车厢号+双层车厢上下层+席位编号+铺别；无座票打印车厢号+无座或无座；如："加1车上001号下铺""12车001A""12车无座""无座"。席位编号按编号规则，铺别包括上、中、下铺。车厢席位号最长为：加1车上001号下铺

4. 票　价

（1）金额：人民币符号+票价总金额，如："¥9999.5元""¥1234.0元"。金额最长为¥9999.5元，金额保留一位小数。

（2）票种略语：

① 票种：孩（儿童票）、学（学生票）、军（残疾军人票）、探（探亲乘车证签证票）、半（省部级领导车票）、兵（军人票）、红（红色旅游学生团体硬座20%优惠）、学返（学生返程票）、团（全价票团体票）、团优（0票价团优票）、返（农民工返程票）。

② 售票方式：网（互联网售票/手机售票）。

③ 窗口POS支付打印字：工（工商银行POS刷卡支付车票打印字）、农（农业银行POS刷卡支付车票打印字）、中（中国银行POS刷卡支付车票打印字）、招（招商银行POS刷卡支付车票打印字）。

④ 网上（含手机）购买车票窗口改签打印字：建（网上建设银行购票窗口改签打印）、支（网上支付宝购票窗口改签打印）、银（网上银通卡购票窗口改签）。

⑤ 其他：赠（网上积分购票换票时打印）、补（进站补票打印）、专（残疾人专用票额车票打印）。

（3）折扣信息（最多打印 8 个汉字）：

① 港九车优惠信息：淡（淡季折扣标记）、旺（旺季折扣标记）、个（个人折扣标记）、团（团体折扣标记）、单（单程折扣标记）、往（往程折扣标记）、返（返程折扣标记）、5.5 折（5.5 折扣票价）；如："淡个单 8.5 折、旺团往 5.5 折、旺团返 5.5 折"。

② 其他折扣信息：折（折扣票打印）、企（动卧企事业单位优惠票打印）、返（动卧返程优惠票打印）。

（4）列车席位等级（打印空调特征+席别，动车不打印空调特征）：

① 空调特征：新空调（新型空调列车席位打印）、空调（空调列车席位打印）。

② 席别：棚车、硬座、软座、硬卧、软卧、包厢硬卧、高级软卧、一等软座、二等软座、商务座、高级动卧、混编硬座、混编硬卧、包厢软座、特等软座、动卧、二人软包、一人软包、一等双软、二等双软、混编软座、混编软卧、一等座、二等座、特等座、观光座、一等包座、硬卧代硬座、软卧代软座、软卧代二等座。如：新空调硬座、空调硬座、二等座等。

（5）中转签证：（新）空调+席别名称+与普客（普快）差。席别最多打印 13 个字。

5. 有效期

（1）直达票：打印"限乘当日当次车"。

（2）通票：由通票等级+径由+终到站名+有效期，如："普客经由郑良京沈哈至齐齐哈尔东站 13 日内到有效"。通票等级包括普客、普快、特快到底 3 种，最多打印 23 个字。

（3）铁路乘车证签证票：打印"随乘车证有效"。

（4）团优票：打印"随团体票使用有效"。

（5）补价票：打印"随原票使用"。

6. 签　证

（1）改签：打印"始发改签"，开车后改签的，打印"开车后改签不予退票"。

（2）变更到站：打印"变更到站"。

（3）通票中转签证：打印"中转签证"。

（4）铁路乘车证签证：打印"硬席乘车证签证"或"软席乘车证签证"。

（5）铁路电子车票乘车后换取报销凭证：打印"仅供报销使用"。

（6）挂失补办理：打印"挂失补"。

（7）已检车票换票：打印"已检"。

（8）补价：打印"补卧"（座席补卧）。

（9）应急换取乘车凭证：打印"应急乘车凭证"。

7. 身份信息

（1）有效身份证件号码：证件号码隐藏部分用*代替。对于 18 位二代身份证号码，隐藏表示出生月日的 4 位数字。对于其他证件，当证件号码长度小于 11 位时，隐藏最后 2 位；只有1位的隐藏1位；大于11位的，隐藏最后4位。调令证件类型的不隐藏证件号码。

（2）旅客姓名：打印前4个汉字或8个字符，后面用*代替。

8. 提示信息

（1）渡海列车提示：打印"温馨提示：本次列车途经琼州海峡，特殊季节遇台风、大雾等恶劣天气，轮渡可能停航，造成列车晚点或停运，敬请理解"。

（2）无旅行提示信息：打印"购票请到12306 发货请到95306 国铁集团祝您旅途愉快。"

9. 21位码及售票站

（1）21位码。

（2）售票站信息：如"北京站售"，最多打印10个汉字。

10. 二维码

二、动车组列车票价制定

按《国家计委关于高等级软座快速列车票价问题的复函》（计价管〔1997〕1068号）的规定，旅行速度达到110 km/h以上的动车组列车软座票价基准价：每人千米一等座车为0.3366元，二等座车为0.2805元，可上下浮动10%。按《国家计委关于广深铁路运价的复函》（计价管〔1996〕261号）的规定，广深线开行的动车组列车票价可在国铁统一运价为中准价上下浮动50%的基础上再上下浮动50%，由企业自主定价。

动车组票价可按公布票价打折，但应符合下列条件：

（1）根据不同区域、不同季节、不同时段的市场需求，实行不同形式的打折票价。

（2）二等座车公布票价打折后不得低于相同运价里程的新空调软座票价。在短途，公布票价低于新空调软座票价时，按公布票价执行。70千米及以下运价里程的动车组不进行任何形式打折优惠，一律按公布票价执行。

（3）经过相同径路、相同站间、相同时段，不同车次应执行同一票价。

（4）同一车次，各经停站的票价在里程上不能倒挂。

（5）一等座车与二等座车的比价在1∶1.2～1.25。

（6）动车组特等座、商务座、一等包座、观光座票价可按公布票价打折，但特等座折后票价不应低于一等座公布票价，商务座、一等包座、观光座折后票价不应低于特等座公布票价。

公布票价由中国国家铁路集团有限公司（以下简称国铁集团）决定。折扣票价由铁路运输企业决定，并在公布前3天报国铁集团备案，但下列情况铁路运输企业要在公布前10天报国铁集团备案：

（1）跨局开行的动车组列车。

（2）折扣率需低于6折时。

（3）铁路运输企业之间意见有分歧时。

公布票价的折扣率和折后票价由上车站所在铁路局提出车次别、发到站别的动车组列车点到点票价，报有关担当铁路局后，按管理权限执行。

按列车开行日期，至少提前 7 天在车站营业场所向旅客公布点到点公布票价，不公布票价率。实行打折优惠时，车站除公布票价外，另要及时公布车次别点到点票价的折扣率和折后票价。公布票价打折时，在票面打印"折"字。

（一）速度 200～250 km/h 动车组列车票价计算方法

1. 一等座车公布票价

一等座车公布票价=0.336 6 ×（1+10%）× 运价里程。

2. 二等座车公布票价

二等座车公布票价=0.280 5 ×（1+10%）× 运价里程。
广深线上的动车组列车公布票价由企业在规定水平内自行确定。

3. 软卧公布票价

软卧上铺公布票价=0.336 6 ×（1+10%）× 1.6 × 运价里程。
软卧下铺公布票价=0.336 6 ×（1+10%）× 1.8 × 运价里程。
动车组软卧票价可按公布票价打折，担打折后不得低于相同运价里程的新空软卧票价。

4. 高级软卧公布票价

高级软卧上铺票价=0.336 6 ×（1+10%）× 3.2 × 运价里程。
高级软卧下铺票价=0.336 6 ×（1+10%）× 3.6 × 运价里程。

5. 动车组软卧儿童票价

动车组软卧儿童票价=动车组软卧公布票价 – 动车组一等座公布票价/2。

6. 享受减价优待的票价

按《铁路旅客运输规程》等有关规定享受减价优待的儿童、学生、伤残军人乘坐动车组时，其票价均以公布票价为基础计算。

7. 特等座、商务座、一等包座、观光座票价

特等座公布票价=0.280 5 ×（1+10%）× 1.8 × 运价里程。
商务座公布票价=0.280 5 ×（1+10%）× 3 × 运价里程。
一等包座、观光座票价按商务座公布票价执行。

8. 动车组列车学生票票价

学生票可享受动车组列车二等座票价优惠。动车组列车学生票票价按二等座公布票价的 75% 计算。

9. 票价浮动计算

票价浮动时，动车组列车票价以公布票价、其他列车票价以《旅客票价表》公布的票价为基础，按下列公式计算：

浮动票价 = 公布票价 ×（1+α）。
其中 α 为上下浮动幅度，当下浮时，α 为负数。

（二）速度300~350 km/h动车组列车票价

速度300~350 km/h动车组列车实行试运行价，试运行价水平由各铁路局根据市场供求状况，充分考虑社会承受能力，合理确定试运行价，并体现优质优价的原则，报国家发改委和铁路主管部门备案。具体票价由铁路运输企业按规定向社会公布后执行。

动车组列车车票全部为直达票，有效期为当日当次。

【案例分析】

1. 售普通旅客一等座票（速度200 km/h）

×××年2月6日，一名旅客在长春站要求购买2月7日D×次（哈尔滨—北京）长春站—山海关站的一等座车票一张，有票额，问长春站如何发售？

处理依据：

一等座车公布票价=$0.3366 \times (1+10\%) \times$ 运价里程

处理过程：

应收票价：长春站—山海关站　　698 km

一等座车公布票价=$0.3366 \times (1+10\%) \times$ 运价里程

　　　　　　　　=$0.3366 \times (1+10\%) \times 698$

　　　　　　　　=258.44148

　　　　　　　　≈258.5（元）

实收票价：实行票价浮动时按浮动后的票价执行。

打印电子车票，如果售票机故障无法打印电子车票时，手工填发代用票。

2. 售普通旅客二等座票（速度200 km/h）

×××年2月6日，一名旅客在长春站要求购买2月8日D×次（沈阳北—北京）沈阳北站—北京站的二等座车票一张，有票额，问长春站如何发售？

处理依据：

二等座车公布票价=$0.2805 \times (1+10\%) \times$ 运价里程

处理过程：

应收票价：沈阳北站—北京站　　703 km

二等座车公布票价=$0.2805 \times (1+10\%) \times$ 运价里程

　　　　　　　　=$0.2805 \times (1+10\%) \times 703$

　　　　　　　　=216.91065

　　　　　　　　≈217.0（元）

核收5.0元异地购票手续费。

实收票价：实行票价浮动时按浮动后的票价执行。

打印电子车票，如果售票机故障无法打印电子车票时，手工填发代用票。

3. 售普通旅客软卧上铺票（速度200 km/h）

×××年2月6日，一名旅客在北京南站要求购买2月9日D×次（北京南—上海虹桥）北京南站—上海虹桥站的软卧车票一张（上铺），有票额，问北京南站如何发售？

处理依据：

软卧上铺公布票价=0.336 6×（1+10%）×1.6×运价里程

处理过程：

  应收票价：北京南站—上海虹桥站 1 318 km

  软卧上铺公布票价=0.336 6×（1+10%）×1.6×运价里程

        =0.336 6×（1+10%）×1.6×1 318

        =780.804 288

        ≈781.0（元）

实收票价：实行票价浮动时按浮动后的票价执行。

打印电子车票，如果售票机故障无法打印电子车票时，手工填发代用票。

4. 售普通旅客软卧下铺票（速度 200 km/h）

  ××××年2月6日，一名旅客在北京南站要求购买2月9日D×次（北京南—上海虹桥）北京南站—上海虹桥站的软卧车票一张（下铺），有票额，问北京南站如何发售？

处理依据：

  软卧下铺公布票价=0.336 6×（1+10%）×1.8×运价里程

处理过程：

  应收票价：北京南站—上海虹桥站 1 318 km

  软卧下铺公布票价=0.336 6×（1+10%）×1.8×运价里程

        =0.336 6×（1+10%）×1.8×1 318

        =878.404 848 24

        ≈878.5（元）

实收票价：实行票价浮动时按浮动后的票价执行。

打印电子车票，如果售票机故障无法打印电子车票时，手工填发代用票。

5. 售普通旅客高级软卧上铺票（速度 200 km/h）

  ××××年2月7日，一名旅客在北京站要求购买2月12日D×次（北京西—广州南）北京西站—广州南站的高级软卧车票一张（上铺），有票额，问北京站如何发售？

处理依据：

  高级软卧上铺公布票价=0.336 6×（1+10%）×3.2×运价里程

处理过程：

  应收票价：北京西站—广州南站 2 298 km

  高级软卧上铺公布票价=0.336 6×（1+10%）×3.2×运价里程

         =0.336 6×（1+10%）×3.2×2 298

         =2 722.743 936

         ≈2 722.5（元）

核收 5.0 元异地购票手续费。

实收票价：实行票价浮动时按浮动后的票价执行。

打印电子车票，如果售票机故障无法打印电子车票时，手工填发代用票。

6. 售普通旅客高级软卧下铺票（速度 200 km/h）

  ××××年2月7日，一名旅客在北京站要求购买2月12日D×次（北京西—广州南）北京西站—广州南站的高级软卧车票一张（下铺），有票额，问北京站如何发售？

处理依据：

  高级软卧下铺公布票价=0.336 6×（1+10%）×3.6×运价里程

处理过程：

  应收票价：北京西站—广州南站 2 298 km

  高级软卧下铺公布票价=0.336 6×（1+10%）×3.6×运价里程

        =0.336 6×（1+10%）×3.6×2298

        =3 063.086 928

        ≈3 063.0（元）

核收 5.0 元异地购票手续费。

实收票价：实行票价浮动时按浮动后的票价执行。

打印电子车票，如果售票机故障无法打印电子车票时，手工填发代用票。

7. 售动车组软卧儿童票（速度 200 km/h）

××××年2月7日，一名旅客在北京站要求购买2月12日D×次（北京西—广州南）北京西站—广州南站的高级软卧车票一张（下铺），有票额，问北京站如何发售？

处理依据：

  动车组软卧儿童票价=动车组软卧公布票价 – 动车组一等座公布票价/2

8. 售动车组儿童一等座儿童票（时速 200km/h）

××××年2月7日，一名旅客在吉林站要求购买2月12日D×次（吉林—北京）吉林站—沈阳北站的一等座票，并携带身高1.2米的儿童一名，有票额，问吉林站如何发售？

处理依据：

（1）一等座车公布票价=0.336 6×（1+10%）×运价里程。

（2）按《铁路旅客运输规程》等有关规定享受减价优待的儿童、学生、伤残军人乘坐动车组时，其票价均以公布票价为基础计算。

处理过程：

  应收票价：吉林站—沈阳北站 421 km

  一等座车公布票价=0.336 6×（1+10%）×运价里程

       =0.336 6×（1+10%）×421

       =155.879 46

       ≈156.0（元）

儿童票价：156.0×50%=78.0 元。

实收票价：实行票价浮动时按浮动后的票价执行。

打印电子车票，如果售票机故障无法打印电子车票时，手工填发代用票。

9. 售学生二等座票（速度 200 km/h）

××××年2月7日，一名学生持沈阳×大学的学生证（其学生证记载的区间是哈尔滨—沈阳），在哈尔滨站要求购买2月12日D×次（哈尔滨—北京）哈尔滨站—沈阳北站的二等座票，有票额，问哈尔滨站如何发售？

处理依据：

（1）二等座车公布票价=0.280 5×（1+10%）×运价里程。

（2）学生票可享受动车组列车二等座票价优惠。动车组列车学生票价按二等座公布票价的75%计算。

  处理过程：

    应收票价：哈尔滨站—沈阳北站 538 km

    二等座车公布票价=0.280 5×（1+10%）×运价里程

         =0.280 5×（1+10%）×538

         =165.999 9

         ≈166.0（元）

  学生票价：166.0×75%=124.5 元。

  实收票价：实行票价浮动时按浮动后的票价执行。

  打印电子车票，如果售票机故障无法打印电子车票时，手工填发代用票。

  10. 售残疾军人一等座票（速度 200 km/h）

  ××××年2月7日，一名持有"中华人民共和国残疾军人证"的人员，在北京站要求购买2月8日D×次（北京西—运城北）石家庄站—太原站的一等座票，有票额，问北京站如何发售？

  处理依据：

  （1）一等座车公布票价=0.336 6×（1+10%）×运价里程。

  （2）按《铁路旅客运输规程》等有关规定享受减价优待的儿童、学生、伤残军人乘坐动车组时，其票价均以公布票价为基础计算。

  处理过程：

    应收票价：石家庄站—太原站 232 km

    一等座车公布票价=0.336 6×（1+10%）×运价里程

         =0.336 6×（1+10%）×232

         =85.900 32

         ≈86.0（元）

  残疾军人票价：86.0×50%=43.0 元。

  核收 5.0 元异地购票手续费。

  实收票价：实行票价浮动时按浮动后的票价执行。

  打印电子车票，如果售票机故障无法打印电子车票时，手工填发代用票。

  11. 售残疾军人二等座票（速度 200 km/h）

  ××××年2月7日，一名持有"中华人民共和国残疾军人证"的人员，在北京站要求购买2月8日D×次（北京西—运城北）石家庄站—太原站的二等座票，有票额，问北京站如何发售？

  处理依据：

  （1）二等座车公布票价=0.280 5×（1+10%）×运价里程。

  （2）按《铁路旅客运输规程》等有关规定享受减价优待的儿童、学生、伤残军人乘坐动车组时，其票价均以公布票价为基础计算。

  处理过程：

    应收票价：石家庄站—太原站 232 km

    一等座车公布票价=0.280 5×（1+10%）×运价里程

$$=0.280\ 5 \times (1+10\%) \times 232$$
$$=71.583\ 6$$
$$\approx 71.5\ (元)$$

残疾军人票价：71.5×50%=35.8 元。

核收 5.0 元异地购票手续费。

实收票价：实行票价浮动时按浮动后的票价执行。

打印电子车票，如果售票机故障无法打印电子车票时，手工填发代用票。

12. 售普通旅客带儿童卧铺票（速度 200 km/h）

×××× 年 2 月 7 日，一名旅客携带一名儿童在北京站要求购买 9 日 D× 次（北京西—运城北）北京西站—运城北站的卧铺车票（上铺），经测量儿童身高 1.22 m，儿童单独使用卧铺下铺，有票额（上、下铺），问北京站如何发售？

处理依据：

（1）一等座车公布票价=0.336 6×（1+10%）×运价里程。

（2）软卧上铺公布票价=0.336 6×（1+10%）×1.6×运价里程。

（3）软卧下铺公布票价=0.336 6×（1+10%）×1.8×运价里程。

（4）动车组软卧儿童票价=动车组软卧公布票价 – 动车组一等座公布票价/2。

处理过程：

应收票价：北京西站—运城北站　　869 km

一等座车公布票价=0.336 6×（1+10%）×运价里程
$$=0.336\ 6 \times (1+10\%) \times 869$$
$$=321.755\ 94$$
$$\approx 322.0\ (元)$$

软卧上铺公布票价=0.336 6×（1+10%）×1.6×运价里程
$$=0.336\ 6 \times (1+10\%) \times 1.6 \times 869$$
$$=514.809\ 504$$
$$\approx 515.0\ (元)$$

软卧下铺公布票价=0.336 6×（1+10%）×1.8×运价里程
$$=0.336\ 6 \times (1+10\%) \times 1.8 \times 869$$
$$=579.160\ 692$$
$$\approx 579.0\ (元)$$

动车组软卧儿童票价=动车组软卧公布票价 – 动车组一等座公布票价/2
$$=579.0 – 322.0/2$$
$$=418.0\ (元)$$

成人软卧上铺卧铺票价：515.0 元。

儿童软卧下铺卧铺票价：418.0 元。

应收票价：515.0+418.0=933.0 元。

实收票价：实行票价浮动时按浮动后的票价执行。

打印电子车票，如果售票机故障无法打印电子车票时，手工填发代用票。

13. 售普通旅客带儿童卧铺票（速度 200 km/h）

××××年2月7日，一名旅客携带一名儿童在北京站要求购买9日D×次（北京西—运城北）北京西站—运城北站的卧铺车票（上铺），经测量儿童身高1.1 m，儿童单独使用卧铺下铺，有票额（上、下铺），问北京站如何发售？

处理依据：

（1）一等座车公布票价=0.336 6×（1+10%）×运价里程。

（2）软卧上铺公布票价=0.336 6×（1+10%）×1.6×运价里程。

（3）软卧下铺公布票价=0.336 6×（1+10%）×1.8×运价里程。

（4）动车组软卧儿童票价=动车组软卧公布票价－动车组一等座公布票价。

处理过程：

应收票价：北京西站—运城北站　869 km

一等座车公布票价=0.336 6×（1+10%）×运价里程

=0.336 6×（1+10%）×869

=321.75594

≈322.0（元）

软卧上铺公布票价=0.336 6×（1+10%）×1.6×运价里程

=0.336 6×（1+10%）×1.6×869

=514.809 504

≈515.0（元）

软卧下铺公布票价=0.336 6×（1+10%）×1.8×运价里程

=0.336 6×（1+10%）×1.8×869

=579.160 692

≈579.0（元）

动车组软卧儿童票价=动车组软卧公布票价－动车组一等座公布票价

=579.0－322.0

=257.0（元）

成人软卧上铺卧铺票价：515.0元。

儿童软卧下铺卧铺票价：257.0元。

应收票价：515.0+257.0=772.0元。

实收票价：实行票价浮动时按浮动后的票价执行。

打印电子车票，如果售票机故障无法打印电子车票时，手工填发代用票。

项目二　动车组列车客运规章综合运用

【项目描述】

本项目以《铁路旅客运输规程》《铁路旅客运输办理细则》《铁路客运运价规则》为主要依据编写，通过本项目的学习，使学生掌握综合运用规章处理问题的能力。

【教学目标】

1. 能力目标

（1）会判断不同种类的车票。

（2）会判断实名制售票有效身份证件并掌握售票与购票的相关规定。

（3）会进行旅客在检票进站前、列车上、出站前等不同情况下丢失实名制车票的处理。

（4）会处理主观不符合、客观不符合乘车条件的情况。

（5）能判断旅客携带品是否符合规定，并会处理违章携带品。

（6）能判断铁路乘车证使用是否符合规定，并会处理违章使用铁路乘车证的情况。

2. 知识目标

（1）掌握车票的作用及分类。

（2）理解售票与购票的相关规定。

（3）掌握不同情况下丢失实名制车票的补办流程。

（4）掌握不符合乘车条件的处理过程。

（5）掌握旅客携带品相关规定。

（6）掌握铁路乘车证相关管理办法。

3. 相关术语和定义

承运人：是指与旅客或托运人签有运输合同的铁路运输企业。铁路车站、列车及与运营有关人员在执行职务中的行为代表承运人。

旅客：是指持有铁路有效乘车凭证的人和同行的免费乘车儿童。根据铁路货物运输合同押运货物的人视为旅客。

托运人：是指委托承运人运输行李或小件货物并与其签有行李包裹运输合同的人。

收货人：是指凭有效领取凭证领收行李、包裹的人。

改签：是指旅客变更乘车日期、车次、席（铺）位时需办理的签证手续。

等级：同等距离以承运人提供的乘车条件不同确定。

动车组：是指由若干带动力和不带动力的车辆以固定编组组成、两端设有司机室的一组列车。

铁路客票代售点：是指由承运人授权并代表其销售的铁路旅客运输服务（产品）的客运销售代理人。

网站：是指国铁集团客户服务中心网站"www.12306.cn"及其手机客户端。

席别：是指含座别、铺别和相应的座位号、铺位号。座别指硬座、软座以及动车组列车商务座、特等座、一等座、二等座。无座指按所对应列车（车厢）座别但无座位号的硬座、软座、二等座。

客运杂费：是指在铁路运输过程中，除去旅客车票票价、行李包裹运价以外，铁路运输企业向旅客、托运人、收货人提供辅助作业、劳务及物耗等所收的费用。

代用票：是指在售票系统或设备故障而不具备使用计算机或列车移动补票设备条件的情况下，手工填制并出具的一种票据。

客运记录：是指在旅客或行李、包裹运输过程中因特殊情况，承运人与旅客、托运人、收货人之间需记载某种事项或在车站与列车之间办理业务交接的文字凭证。

任务一　车票的发售

一、车票的作用及分类

（一）车票的作用

车票是旅客乘车的凭证。

（1）车票票面（特殊票种除外）主要应当载明发站和到站站名，座别、卧别，径路，票价，车次，乘车日期和开车时分，乘车人姓名及身份证号等内容。

（2）车票是铁路旅客运输合同的基本凭证。

铁路旅客运输合同从售出车票时起成立，至按票面规定运输结束旅客出站时止，为合同履行完毕。旅客运输的运送期间自检票进站起至到站出站时止计算。

（二）车票的分类

1. 按性质分类

（1）客票：包括软座票、硬座票。

（2）附加票：包括加快票、卧铺票、空调票。附加票是客票的补充部分，可以与客票合并发售，但除儿童票外不能单独使用。

（3）铁路乘车证和特种乘车证。

① 铁路乘车证共分9种（将原定期通勤与通勤（学）乘车证归并为一个票种），均为单页。各种全年定期乘车证（除就医外）统一为横版，其他乘车证为竖版。版面颜色分3种：

a. 硬席全年定期乘车证（浅蓝色）。

b. 软席全年定期乘车证（浅粉色）。

c. 硬席临时定期乘车证（浅蓝色）。

d. 硬席乘车证（浅蓝色）。

e. 通勤乘车证（浅黄色）。

f. 就医乘车证（浅黄色）。

g. 便乘证（浅蓝色）。

h. 探亲证（浅黄色）。

i. 购粮证（用就医证代替）。

② 特种乘车证包括：

a. 全国铁路通用乘车证。

b. 中央和各省、市、自治区机要部门使用的软席乘车证（限乘指定的乘车位置）。

c. 邮政部门使用的机要通信人员免费乘车证，包括押运员、检查员（只限乘坐邮车及铁路指定的位置）。

d. 邮局押运人员免费乘车证（只限乘坐邮车及铁路指定的位置）。

e. 邮局视导员免费乘车证（只限乘坐邮车及铁路指定的位置）。

f. 口岸站的海关、边防军、银行使用的往返免费乘车书面证明。

g. 我国铁路邀请的外国铁路代表团使用的中华人民共和国铁路免费乘车证。

h. 用于到外站装卸作业及抢险的调度命令。

2. 按中转方式分类

（1）直达票：从发站至到站不需中转换乘的车票。

（2）通票：从发站至到站需中转换乘的车票。

3. 按形式分类

（1）卡片式：磁介质车票、铁路乘车卡等。

（2）薄纸式：包括电子售票机打印的软纸票以及根据需要填发的代用票。

（3）电子票。

二、售票与购票

（一）车票的发售方法

（1）为方便旅客，目前售票渠道主要有车站窗口售票、铁路客票代售处窗口售票、车站自助售票机售票、互联网售票、电话订票等，全部实行实名制购票。

车票应在承运人或销售代理人的售票处购买。在有运输能力的情况下，承运人或销售代理人应按购票人的要求发售车票。

承运人可以开办往返票、联程票（指在购票地能够买到换乘地或返回地带有席位、铺位号的车票）、定期、不定期、储值、定额等多种售票业务，以便于购票人购票和使用。

（2）有计算机售票设备的车站，除系统设备故障等特殊情况外，不得发售手工车票。发售车票按以下规定办理：

① 车站发售客票时，不能使用到站不同但票价相同的车票互相代替。

② 在软卧车有空余包房的条件下，车站可根据列车长的预报，发售软座车票。发站给中途站预留的包房，可利用其发售最远至预留站的软座车票，但涉及夜间（20：00时~07：00时）乘车，不得超过2 h。

（3）发售去边境地区的车票时，应要求旅客出示国务院铁路主管部门、公安部规定的边境居民证、身份证或边境通行证。

（二）车票发售的规定

1. 软座客票

发售软座客票时最远至本次列车终点站。旅客在乘车区间，要求一段乘坐硬座车，一段乘坐软座车时，全程发售硬座客票。乘坐软座时，另收软座区间的软硬座票价差额。

动车组列车车票最远只发售至本次列车终点站。

2. 加快票

旅客购买加快票必须有软座或硬座客票。发售加快票的到站，必须是所乘快车或特别快车的停车站。发售需要中转换车的加快票的中转站还必须是有同等级快车始发的车站。

发售加快票时，应在符合《铁路旅客运输规程》规定的前提下，其发到站之间全程都应有快车运行。如中间有无快车运行的区段时，则不能发售全程加快票。

3. 卧铺票

旅客购买卧铺票时，卧铺票的到站、座别必须与客票的到站、座别相同，但对持通票的旅客，卧铺票只发售到中转站。

4. 区段票

定义：区段票是在车站未备有卡片常备客票的情况下和列车在补收票价时使用的一种票据。

车站发售区段票时，应按下列规定办理：

（1）必须用墨汁、黑色墨水或圆珠笔填写，严禁使用红、蓝墨水。

（2）根据查出的运价里程，在里程栏相当里程下部沿横线剪断，将上部交给旅客，其余部分报缴铁路局。

（3）在剪断时，对半价票还应沿着有关栏的右方竖线向上端剪断，左上部交给旅客，其余部分报缴铁路局。

规格样式和印制方法：

区段票分为硬座区段票、普通加快区段票和硬座普快联合区段票3种。根据票价里程分组印刷，都为厚纸单页式。票面宽度为75 mm，长度为265 mm（在下端装订处留出适当长度，作统计划线用）。每组的顺序号码，自00001~100000号循环，每10万张附记汉语拼音字母A、B、C……符号。每50张订一册。硬座普快联合区段票和普通加快区段票应在旅客页正面年、月、日上部和报告页发到站名下部加印1 mm宽红色横线一条。

5. 代用票

定义：在售票系统或设备故障而不具备使用计算机或列车移动补票设备条件的情况下，手工填制并出具的一种票据。

规格和印制方法：代用票为甲、乙、丙3页无碳复写式，尺寸为120 mm×185 mm。甲、丙页为薄纸，乙页为厚纸。甲页存根，乙页为旅客用，加印浅褐色底纹，丙页报告。每50

组为一册，按甲、乙、丙顺序装订。顺序号由 00001~100000 号循环。每 10 万号附记汉语拼音字母 A、B、C……符号，以黑色印刷。

（1）在事由栏填写相应的略语：

① 客票"客"。

② 加快票"普快"或"特快"。

③ 卧铺票"卧"。

④ 客快联合票普快或特快分别为"客快"或"客特快"。

⑤ 客快卧联合票分别为"客快卧"或"客特快卧"。

⑥ 儿童超高"超高"。

⑦ 丢失车票"丢失"。

⑧ 变更座别、铺别、径路分别为"变座""变铺""变径"。

⑨ 无普快或无特快分别为"无快"或"无特快"。

⑩ 改乘高等级列车为"补价"。

⑪ 乘车日期、车次、径路不符"不符"。

⑫ 误撕车票"误撕"。

⑬ 不符合减价规定"减价不符"。

⑭ 有效期终了"过期"。

⑮ 退加快票"退快"。

⑯ 退卧铺票"退卧"。

⑰ 持站台票来不及下车"送人"。

⑱ 空调、包车、无票、越席、误售、误购、越站、分乘、团体按本项定语填写。

（2）原票栏按收回的原票转记。

（3）乘车区间栏填写发到站站名、经由、乘车里程。

（4）人数栏分为全价、半价、儿童，栏内用大写字体填写，不用栏用"#"划销。

（5）票价栏按收费种别分别填写在适当栏内。其他费用应在空白栏内注明收费种别和款额，卧铺栏前加"上、中、下"，不用栏用斜线划销，合计栏为收款总计。补收过程中有退款相冲抵时，退款金额前用减号表示。发生退款时在空白栏注明退款种别，在合计栏的金额数前用减号表示退款额。

（6）记事栏内记载下列事项：

① 发售学生票时，记载"学"字。

② 发售包车时，注明包车的车种、车号和定员数。

③ 办理团体票时，注明团体旅客证的起止号。

④ 在列车上发生退款时，应注明"到站净退××元"。

⑤ 其他需记载的事项。

（7）票面填写禁止涂改，乙联按合计栏款额在相应的剪断线剪断后交旅客，其余随丙联上报。

代用票样式如图 2.1 所示。

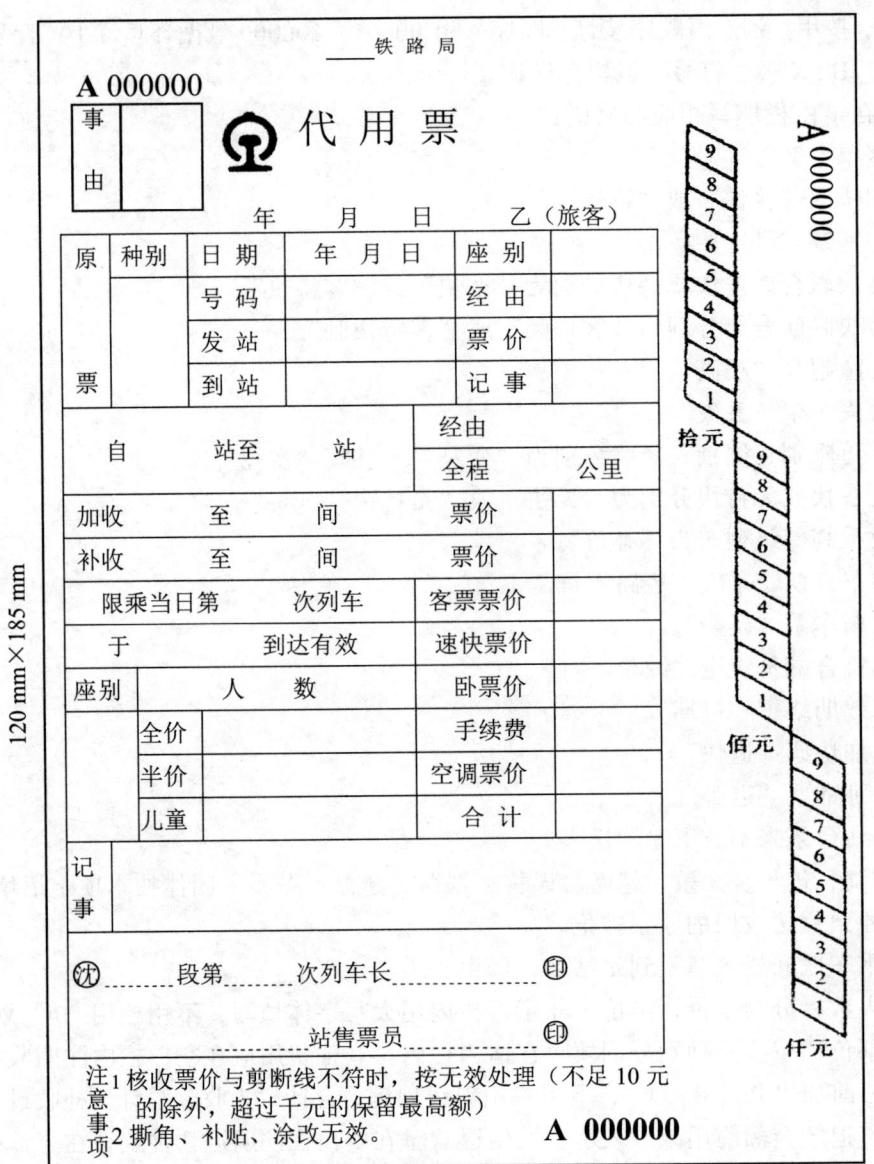

图 2.1 代用票

6. 儿童票

承运人一般不接受儿童单独旅行(乘火车通学的学生和承运人同意在旅途中监护的除外)。随同成人旅行身高 1.2～1.5 m 的儿童,应当购买儿童票。超过 1.5 m 时应买全价票。每一成人旅客可免费携带一名身高不足 1.2 m 的儿童,超过一名时,超过的人数应买儿童票。

儿童票的座别应与成人车票相同,其到站不得远于成人车票的到站。

免费乘车及持儿童票乘车的儿童单独使用卧铺时,应当补收票价差额。

7. 学生票

在普通大专院校(含国家教育主管部门批准有学历教育资格的民办大学),军事院校,中、小学和中等专业学校、技工学校就读，没有工资收入的学生、研究生，家庭居住地和学校不在同一城市时，凭附有加盖院校公章的减价优待证的学生证（小学生凭书面证明），每年可购买家庭至院校（实习地点）之间4次单程的学生票。新生凭录取通知书、毕业生凭学校书面证明可买一次学生票。学生票限于使用普通旅客列车硬座和动车组列车二等座，使用普通旅客列车硬卧时应当补收票价差额。

华侨学生和港澳台学生按照上述规定同样办理。

发售学生票时应以近径路或换乘次数少的列车发售。

下列情况不能发售学生票：

（1）学校所在地有学生父或母其中一方时。

（2）学生休学、复学、转学、退学时。

（3）学生往返于学校与实习地点时。

（4）学生证未按时办理学校注册的。

（5）学生证优惠乘车区间更改但未加盖学校公章的。

（6）没有"学生火车票优惠卡"，"学生火车票优惠卡"不能识别或者与学生证记载不一致的。

发售学生票除要求出示相应的证件外，还应按如下原则发售：

（1）普通大、专院校，中、小学和中等专业学校，技工学校是指符合政府教育部门所规定的年限、学期和课程等制度并经相应级别的教育机关注册的院校，不包括各类职工大学、电视大学、业余广播大学、函授学校。

（2）"没有工资收入的学生"，是指没有固定工资收入的学生。学生有无工资收入，由学校确定，铁路凭学校发给的减价优待证售票。如能够确认有工资收入的学生持减价优待证购票时，车站可以拒绝发售学生票，并通知学校处理。

（3）学生父、母都不在学校所在地，并分两处居住时，由学生选择其中一处，并登记在学生减价优待证上。如学生父母迁居时，根据学生申请，经学校确认，可将学生减价优待证上的乘车区间更改并加盖公章或更换新证。学生回家后，院校迁移或调整，也可凭学校证明和学生减价优待证，发售从家庭所在地到院校新所在地的学生票。

（4）学生每年仅限于购买4次单程减价票，当年未使用的次数，不能留作下年使用。

（5）学生票应按近径路发售，但有直达列车或换乘次数少的远径路也可发售。学生购买联程票或乘车区间涉及动车组列车的，可分段购票。学生票分段发售时，由发售第一段车票的车站在学生优惠卡中划销次数，中转站凭上一段车票售票，不再划销乘车次数。

（6）在乘降所上车的学生（其减价优待证上注明上车地点为乘降所），可以在列车上售给全程学生票，并在减价优待证相应栏内，由列车长注明"×年×月×日乘××列车"，加盖名章，作为登记一次乘车次数。

（7）减价优待证记载的车站若没有快车或直通车停靠时，离该站最近的大站（可以超过减价优待证规定的区间）可以发售学生票。

（8）乘车超过减价优待证上记载的区间时，对超过区间部分按一般旅客办理，核收全价。

（9）华侨学生和港澳台学生回家时，车票发售至边境车站。

（10）符合减价优待条件的学生无票乘车时，除补收票款外，同时应在减价优待证上登记盖章，作为登记一次乘车次数。

学生票可享受硬座客票、加快票和空调票的优惠，学生票票价按相应客票和附加票票价的 50%计算。持学生票乘车的学生使用硬卧时，应另收全价硬卧票价，有空调时还应另收半价空调票票价。

8. 残疾军人票

中国人民解放军和中国人民武装警察部队因伤致残的军人凭"中华人民共和国残疾军人证"、因公致残的人民警察凭"中华人民共和国伤残人民警察证"购买优待票（以下简称"残疾军人票"）。

"中华人民共和国残疾军人证"和"中华人民共和国伤残人民警察证"由国家有关部门颁发。持有其他抚恤证的人员，如"革命工作人员残废证""参战民兵、民工残废证"等，均不能享受减价待遇。

残疾军人票可享受客票和附加票的优惠，残疾军人票票价按相应客票和附加票票价的50%计算。

9. 站台票

到站台上迎送旅客的人员应买站台票。站台票当日使用一次有效。对经常进站接送旅客的单位，车站可根据需要发售定期站台票。随同成人进站身高不足 1.2 m 的儿童及特殊情况经车站同意进站人员可不买站台票。未经车站同意无站台票进站时，加倍补收站台票款。遇特殊情况，站长可决定暂停发售站台票。

为便于进站接送旅客，车站应积极发售站台票。对确有需要的单位，可发售定期站台票。定期站台票可按实际需要分为季度站台票和月度站台票。季度站台票的式样和价格由国务院铁路主管部门统一制定。月度站台票的式样和价格由铁路局自定，价格应不少于每日一次。

10. 团体旅客

20 人以上乘车日期、车次、到站、座别相同的旅客可作为团体旅客，承运人应优先安排；如填发代用票时除代用票持票本人外，每人另发一张团体旅客证。

有团体旅客乘车时，车站在编制旅客日计划时应优先安排。

（三）实名制售票相关规定

运输企业实行车票实名制时，请凭乘车人有效身份证件原件或复印件购买车票，并持车票及购票时所使用的乘车人本人有效身份证件原件进站、乘车，但免费乘车的儿童及持儿童票的儿童除外。

1. 实名制售票有效身份证件

（1）居民身份证。
（2）临时身份证。
（3）户口簿。
（4）中华人民共和国旅行证。
（5）中国人民解放军军人保障卡。
（6）军官证。

（7）武警警官证。
（8）士兵证。
（9）军队学员证。
（10）军队文职干部证。
（11）军队离退休干部证。
（12）按规定可使用的有效护照。
（13）港澳台居民居住证。
（14）港澳居民来往内地通行证。
（15）中华人民共和国来往港澳通行证。
（16）台湾居民来往大陆通行证。
（17）大陆居民往来台湾通行证。
（18）外国人居留证（含外国人永久居留证、外国人永久居留身份证）。
（19）外国人出入境证。
（20）外交官证。
（21）领事馆证。
（22）海员证。
（23）外交部开具的外国人身份证明。
（24）地方公安机关出入境管理部门开具的护照报失证明。
（25）铁路公安部门填发的乘坐旅客列车临时身份证明（以下简称"临时身份证明"）。
1.5 m以上16岁以下未成年人有效身份证件还包括学生证。

2. 临时身份证明

车站售票厅设置铁路公安制证口，为无法出示有效身份证件的旅客办理临时身份证明。办理时，须符合下列条件之一，并携带一寸照片一张：

（1）出具所在地公安机关的户籍证明信。
（2）学生旅客出具所在学校的证明信。
（3）中国人民解放军、武警部队现役军人持所在部队出具的证明信。
（4）外籍旅客持当地使领馆出具的证明信。
（5）凭其他有效证件购买车票的旅客持发证部门出具的证明信。
（6）通过其他方式能够证明本人身份。

证明信内容必须包括旅客姓名、性别、出生年月、籍贯、有效身份证件号码等信息，并加盖证明单位公章。购票后丢失有效身份证件的，证明信内容应与车票票面记载的旅客身份信息一致。

车站铁路公安部门办理的临时身份证明一式两联，载明持有人姓名、性别、年龄、身份证件号码，一联为公安留存，一联供旅客购票、退票、中转签证、验证检票以及乘车使用，由旅客自行妥善保管，站、车不予收回。

同城车站均实行实名制时，临时身份证明可以通用。

3. 实名制售票的其他规定

（1）购买实名制车票时，须凭乘车人有效身份证件购买车票，并持车票及购票时所使用的乘车人本人有效身份证件原件进站、乘车，但免费乘车的儿童及持儿童票的儿童除外。

车票实名制的实行范围、售票及验证检票方式以车站公告为准，但学生优惠票、残疾军人或伤残人民警察优待票、使用残疾人专用票额的车票均需乘车人的有效身份证件及规定的证件。

（2）购票人可以使用有效身份证件原件或复印件购买车票，也可以持乘车人的有效身份证件原件或复印件替乘车人代购车票。

电话订票仅受理的居民身份证、港澳居民来往内地通行证、台湾居民来往大陆通行证、按规定可使用的有效护照购票。

自助售票机仅受理使用二代居民身份证的购票和取票。

（3）一张有效身份证件同一乘车日期同一车次只能购买一张实名制车票。

（4）配备二代居民身份证识读设备的售票窗口，必须由系统通过二代居民身份证识读设备自动读取身份信息。遇二代居民身份证无法自动识读、识读设备故障或者使用其他有效身份证件购票时，在车站窗口和铁路局授权允许手工输入有效身份信息的代售点窗口，由售票员录入旅客身份信息。售票员应当认真核实旅客的有效身份证件，制票前应当提示旅客核实有效身份证件信息。

制票后交付时，旅客当场发现票面身份信息有误时，售票员收回作废、另发新票。旅客未当场核对票面信息，过后提出票面信息与有效证件信息不符的，自行负责。

（5）须凭证购买的学生、残疾军人（警察）等减价优惠（待）票，在出示有效身份证件的同时，还应出示符合规定的减价优惠（待）凭证原件，经核实后，方可购票、乘车。学生票按规定核减次数。

（6）实名制车票办理始发改签、中转签证时，无须出示有效身份证件；办理退票时，需核实车票及其票面所载明信息与有效身份证件的一致性；票、证一致方予办理。

（7）非实名制通票中转签证实名制车票时，按实名制售票办理。

（8）实名制车票票面标明旅客有效身份证件号码，持二代居民身份证所购车票票面还标明旅客姓名。

（9）旅客购票后应当妥善保管车票，保持票面信息清晰、可识读，并妥善保护票面身份信息。

（10）旅客须持车票和与票面所载身份信息相符的本人有效身份证件原件方可进站、乘车。

（11）车站客运和公安人员对旅客、其所持车票和票面所载的有效身份证件信息进行查验。票、证、人不一致或无法出示有效身份证件原件的旅客，不得进站乘车。其中，无法出示有效身份证件原件的旅客，应到车站铁路公安制证口，确认人、票信息一致并办理临时身份证明之后，方可进站乘车。

列车验票时，同时核对旅客、其所持车票及票面所载的有效身份证件原件。票、证、人不一致的，按无票处理。

成年人持儿童票的，视为票、证、人不一致。

（四）互联网售票相关规定

铁路互联网售票是指通过国铁集团客户服务中心网（www.12306.cn，以下简称"12306.cn网站"）销售铁路电子客票及进行改签、退票等业务。

铁路电子客票是以电子数据形式体现的铁路旅客运输合同，与纸质车票具有同等法律效力。在 12306.cn 网站购买铁路电子客票时，应当注册并准确提供乘车人的有效身份证件信息。

（1）在 12306.cn 网站购票可使用的有效身份证件包括：

① 中华人民共和国居民二代身份证。

② 港澳居民来往内地通行证。

③ 台湾居民来往大陆通行证。

④ 按规定可使用的有效护照。

（2）在 12306.cn 网站购票后，遇以下情形，应当在购票后、开车前换取纸质车票后进站乘车：

① 使用二代居民身份证购票但乘车站或下车站不具备二代居民身份证检票条件的。

② 使用二代居民身份证购票但进站检票时无法出示二代居民身份证原件或二代居民身份证无法在自动检票机上识读的。

③ 使用二代居民身份证以外的其他有效身份证件购票。

④ 使用同行成年人有效身份证件信息购买儿童票的。

⑤ 购买学生票、残疾军人票的。

⑥ 按所购车票的乘车日期、车次在中途站进站乘车的。

旅客换取纸质车票后，不能再在 12306.cn 网站办理改签、退票手续，应凭纸质车票办理检票、验票、改签、退票等手续。

（3）换取纸质车票时，按如下规定办理：

① 使用二代居民身份证购票的，可凭购票时所使用的乘车人有效二代居民身份证原件到车站售票窗口、铁路客票代售点或车站自动售票机上办理换票手续。

② 二代居民身份证无法自动识读或者使用二代居民身份证以外的其他有效身份证件购票的，需出示购票时所使用的乘车人有效身份证件原件和订单号码，到车站售票窗口或铁路运输企业授权的铁路客票代售点，由售票员录入证件号码和订单号码并核实后办理换票手续。

③ 学生票凭购票时所使用的有效身份证件和附有学生火车票优惠卡的学生证（均为原件）到安装有学生火车票优惠卡识别器的车站售票窗口或铁路客票代售点办理。

④ 残疾军人票凭购票时所使用的有效身份证件和"中华人民共和国残疾军人证""中华人民共和国伤残人民警察证"（均为原件）到车站售票窗口办理。

⑤ 有效身份证件信息、订单号码等经核实一致的，予以换票；不一致的，不予换票。学生票、残疾军人票同时核对减价优惠（待）凭证。学生票还应核减优惠乘车次数。

（4）购票后、换票前，有效身份证件丢失的，乘车人本人应到乘车站铁路公安制证口办理临时身份证明，并按第（3）项办理换票手续。办理临时身份证明时，须符合下列条件之一，并提供一寸照片一张：

① 出具所在地公安机关的户籍证明信。

② 学生旅客出具所在学校的证明信。

③ 中国人民解放军、武警部队现役军人持所在部队出具的证明信。

④ 外籍旅客持当地使领馆出具的证明信。

⑤ 凭其他有效证件购买车票的旅客持发证部门出具的证明信。

⑥ 通过其他方式能够证明本人身份。

前款证明（信）的内容应包括旅客姓名、性别、出生年月、籍贯、身份证件号码等信息，与购票所使用的有效身份证件信息一致，并加盖证明单位公章。车站铁路公安部门办理的临时身份证明一式两联，载明旅客姓名、性别、年龄、有效身份证件类型和号码等内容，一联为公安部门留存，一联供旅客换票、改签、退票、验证检票以及乘车使用，由旅客自行妥善保管，站、车不予收回。

（5）列车验票时，应核对旅客所持的二代居民身份证原件及车票等信息；经确认没有旅客车票信息的，应当先行补票。旅客因二代居民身份证丢失、补票后，又找到二代居民身份证的，列车确认后开具客运记录交旅客，旅客持客运记录和二代居民身份证原件到下车站退票窗口退还后补车票，不收退票费。

客运记录应填写旅客二代居民身份证号码、姓名、席位等有关内容。

（6）互联网售票的其他规定。

① 购买儿童票的乘车儿童没有办理有效身份证件的，应当使用同行成年人的有效身份证件信息。

② 一张有效身份证件同一乘车日期同一车次只能购买一张车票，但购买儿童票的乘车儿童没有办理有效身份证件的，应当使用同行成年人的有效身份证件信息的除外。

③ 在12306.cn网站购买学生优惠票（以下简称"学生票"）、残疾军人或伤残人民警察优待票（以下简称"残疾军人票"）时，应符合规定的减价优惠（待）条件。

④ 在12306.cn网站购票应当在车票预售期内且不晚于开车前2 h，并在规定的支付时间内完成网上支付。

⑤ 12306.cn网站确认购票交易成功后，根据购票人提供的手机、电子邮箱将所购车票信息以短信、电子邮件的方式通知购票人。购票人应及时通知乘车人，并妥善保管有关信息。

⑥ 纸质车票票面载明购票时所使用的乘车人有效身份证件号码和姓名，并标记"网"字。

⑦ 旅客乘车后需换取纸质车票的，不晚于自车票所载乘车日期之日起31日，逾期不予办理。换取的纸质车票仅作报销凭证。

⑧ 使用二代居民身份证作为乘车凭证的旅客，在车站、列车发生意外伤害事故的，站、车工作人员应当在客运记录中记录其居民身份证号码等身份信息，事故案卷中应附有居民身份证复印件。

⑨ 铁路电子客票可以在12306.cn网站或车站售票窗口办理改签、退票手续。

⑩ 旅客在12306.cn网站购票后，尚未换取纸质车票的，可以在12306.cn网站办理铁路电子客票改签、退票手续，但不晚于开车前2 h；已经换取纸质车票的，只能在车站办理改签、退票手续。

在12306.cn网站办理退票手续后、需退票费报销凭证的，应当凭购票时所使用的有效身份证。

（五）电话订票

（1）电话订票是铁路拓宽售票渠道，分流窗口压力，方便旅客购票，开展客运营销所采取的一种售票方式。

（2）电话订票系统接入电话：95105105。辽宁、吉林省全境及内蒙古自治区的沈阳铁路局管内地区旅客直拨此号码只收取普通市话费。电话订票系统开放时间为每日7：00－23：00。

（3）电话订票系统目前办理全价票、儿童票、学生票（规定时期）、伤残军人（警察）优待票的预订，不办理其他票种的预订业务。

（4）电话订票系统实行实名制订票，旅客应准确输入每个乘车人身份证件号码。一张有效身份证件同一乘车日期同一车次只能预订一张车票，同一证件每天订票不超过3张；拨打一次电话可订同日期、同车次、同席别的车票不超过5张。电话订票系统中使用的旅客身份证件为中华人民共和国二代居民身份证、港澳居民来往内地通行证、台湾居民来往大陆通行证、按规定可使用的有效护照。

（5）订票成功后，按如下规定办理取票：

① 订票后可在营业时间内到全国任一车站窗口或代售点取票。

② 旅客持二代居民身份证原件取票，在窗口安装的识读设备正确读取二代居民身份证信息取票；其他情况，须凭订票时所使用的乘车人有效身份证件原件（或复印件）和订单号取票。

③ 学生票还需凭附有学生火车票优惠卡的学生证原件到安装有学生火车票优惠卡识别器的车站售票窗口或铁路客票代售点办理，核减优惠乘车次数。

④ 残疾军人票凭订票时所使用的有效身份证件和"中华人民共和国残疾军人证""中华人民共和国伤残人民警察证"（均为原件）到车站售票窗口办理。

⑤ 有效身份证件信息、订单号等经核实一致的，予以取票；不一致的，不予取票。

（6）旅客可以通过电话订票系统取消订单，取消订单后系统将自动核减旅客当日的已订次数。

（7）订票后、取票前，证件丢失的，应到乘车站铁路公安制证口办理临时身份证明后再办理取票。

（8）代售点办理电话订票取票业务时，应严格按国家计委、铁道部《关于规范铁路客票销售服务收费有关问题的通知》（计价格〔2000〕146号）的规定收取客票销售服务费。

在车站窗口取票时，除异地票按规定收取异地售票手续费外，其他车票不得在票款外加收任何费用。

（六）检票、验票和收票

（1）车站对进出站的旅客和人员应检票，列车对乘车旅客应验票。对必须持证购买的减价票和持有各种乘车证的旅客应当核对相应的证件，验票应打查验标记。

车站应当在开车前提前停止检票，但应当在本站营业场所通告停止检票的提前时间。

（2）车站的检票口、出站口应有明显的标志。车站对进站人员持用的车票、站台票经确认后加剪（市郊定期客票、卧铺票不剪）。计算机票、代用票、区段票应销角后交给旅客。出站人员的站台票应将其副券撕下。误撕车票时，应换发代用票。

（3）列车车门口验票由列车员负责，列车内的验票工作由列车长负责组织实施，由乘警、列车值班员等有关人员配合。验票原则上每 $400~\text{km}$ 一次，运行全程不足 $400~\text{km}$ 的列车应查验一次，特殊区段由列车长决定查验次数的增减。

（4）铁路稽查执行任务时，应事先与列车长取得联系，特殊情况下可先执行任务。列车长、乘警及其他列车工作人员对稽查的工作应予以配合。铁路稽查人员凭稽查证件、佩带稽查臂章可以在车内验票。

任务二　丢失实名制车票的处理

一、丢失实名制车票的补办流程

1. 旅客在检票进站前丢失实名制车票的补办流程

在 12306.cn 网站使用居民身份证购票,且在具备条件的车站使用居民身份证通过自动检票机（闸机）直接检票乘车的,在列车上因居民身份证丢失、无法确认车票信息的,请先行补票。旅客补票后,又找到居民身份证的,列车长确认后开具客运记录交旅客,旅客持客运记录和居民身份证原件到下车站退票窗口退还后补车票,不收退票费。

（1）丢失车票的旅客,须在车票票面发站停止售票前,到车站售票厅指定窗口办理挂失补办手续。办理时,须提供购票时使用的有效身份证件原件、购票地（取票地）车站名称、乘车日期、车次、发到站信息。

（2）经车站售票厅指定窗口确认旅客身份、车票等信息无误后,按原车票车次、席位、票价重新购买一张新车票。新票票面信息与原车票一致,并加注"车票丢失"字样。票样如图 2.2 所示。

（3）"挂失补车票"仅限于乘坐原乘车日期、车次和席位的列车,只能办理一次,且不能改签、变更到站。原车票已经退票的不能挂失;原车票已经改签的,只能对改签后的车票办理挂失;出具"挂失补车票"后,原车票失效,不能作为实名制验票、改签、变更到站、退票及乘车的凭证。"挂失补车票"的退票手续应在票面列车的发站、到站或经停站办理。

（4）持"挂失补车票"的旅客上车后,须主动向列车工作人员声明（乘坐动车组时向列车长声明,乘坐普速客车时向本车厢列车员声明）。经列车核验"挂失补车票"、购票时所使用的有效身份证件原件与乘车人一致并在到站前确认未发现原车票被他人使用后,列车长开具客运记录,与"挂失补车票"一并作为退票的凭证。

（5）旅客须在到站后 24 h 内办理退票手续。办理时,凭客运记录、"挂失补车票"和购票时所使用的有效身份证件原件退回"挂失补车票"票款,不收退票费,核收 2 元手续费,并收回"挂失补车票"和客运记录。

2. 旅客在列车上丢失实名制车票的补办流程（列车上查询到购票信息）

（1）旅客应主动向列车工作人员声明（乘坐动车组时向列车长声明,乘坐普速客车时向本车厢列车员声明）。

（2）经列车查验乘车人、购票时所使用的有效身份证件原件、购票信息一致后,列车长方可办理挂失补办手续,核收 2 元手续费,票面标注"车票丢失"字样。到站前核验席位使用正常后,开具客运记录交旅客。票样如图 2.3 所示。

图 2.2　车站挂失补办车票票样

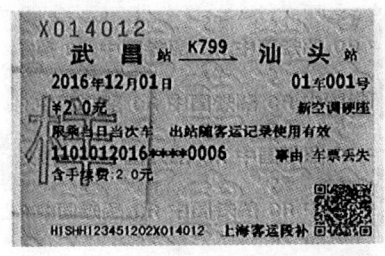

图 2.3　列车挂失补办车票票样

（3）旅客到站后，须主动向车站出站口工作人员声明，配合工作人员进行查验。凭票面标注"车票丢失"字样车票、客运记录和购票时所使用的有效身份证件原件办理出站检票手续，车站收回客运记录，列车收取的2元手续费不予退还。

3. 旅客在列车上丢失实名制车票的补办流程（列车未查询到购票信息）

（1）旅客应主动向列车工作人员声明（乘坐动车组时向列车长声明，乘坐普速客车时向本车厢列车员声明）。

（2）如列车未查询到旅客的购票信息，按规定先办理补票。到站前核验席位使用正常后，开具客运记录交旅客。

（3）到站后，须主动向车站出站口工作人员声明，配合工作人员进行查验。并于24 h内，凭客运记录、后补车票和购票时所使用的有效身份证件原件，到退票窗口，经车站核实身份信息及乘车日期、车次等原票、后补购票信息，确认有购票记录及已购车票有效后，退还后补车票与原票乘车区间一致部分的票价和列车补票手续费，车站收取2元手续费，收回客运记录。

4. 在出站检票前丢失实名制车票的补办流程

（1）须主动向车站工作人员声明，并配合工作人员进行查验。

（2）经车站核查，有购票记录，已购车票有效，乘车日期、车次相符，票证人一致，实际乘车区间未超过已购车票乘车区间，并且没有出站检票记录的，办理挂失补办手续，核收2元手续费，票面标注"车票丢失"字样。旅客凭该车票和购票时所使用的有效身份证件原件出站。经核查不符合上述条件的，须按规定补票后出站。

5. 不予办理实名制车票挂失补办手续的情况

铁路部门建立丢失车票旅客信息库，声称丢失车票的旅客，具有以下情形之一的，发站不予办理挂失补办手续，列车和到站按无票处理，并登记其身份信息。

（1）不能提供购票时所使用的有效身份证件原件的。

（2）没有购票记录的。

（3）所购原票已经失效、退票或有出站检票记录的。

（4）证、人、购票记录不一致的。

（5）乘车日期、车次不符的。

（6）实际乘车区间超过所购车票乘车区间的。

二、挂失补票客运记录填写模板

（1）正常到站的挂失补客运记录：

"×年×月×日，××次列车××站开车，旅客×××，身份证号××××，持车票××××（"挂失补"票票号），席位使用正常，可办理退票。"

（2）越站时，列车应按规定办理越站手续，并开具客运记录：

"×年×月×日，××次列车××站开车，旅客×××，身份证号××××，持车票××××（"挂失补"票票号）自××—××区间席位使用正常，可办理退票；自××—××区间越站乘车，车票号×××。"

（3）旅客挂失补办后持"挂失补"车票乘车，如中途下车时，列车长应在下车前开具客运记录交旅客。下车站核实客运记录、"挂失补"车票、购票时所使用的有效身份证件。

三、注意事项

（1）客运记录中填记的"挂失补"车票票号，必须按旅客手持的"挂失补"票票号填记，不得按站车交互系统设备中查询到的挂失补车票信息中的票号填记，因该界面查询到的票号是被挂失的原票票号。

（2）列车填记客运记录时，一定要注明"席位使用正常，可办理退票"字样。

【例2.1】 ××年4月10日，D5012次从吉林开车后，一名持吉林—长春的二等座挂失补车票7车6A（票号A009867）的旅客找到列车长，说先前遗失的车票已找到，问列车长如何处理？

处理方法：到站前列车长确认该席位使用正常的，开具客运记录交旅客作为到站退票的凭证，如客运记录第3号，如图2.4所示。

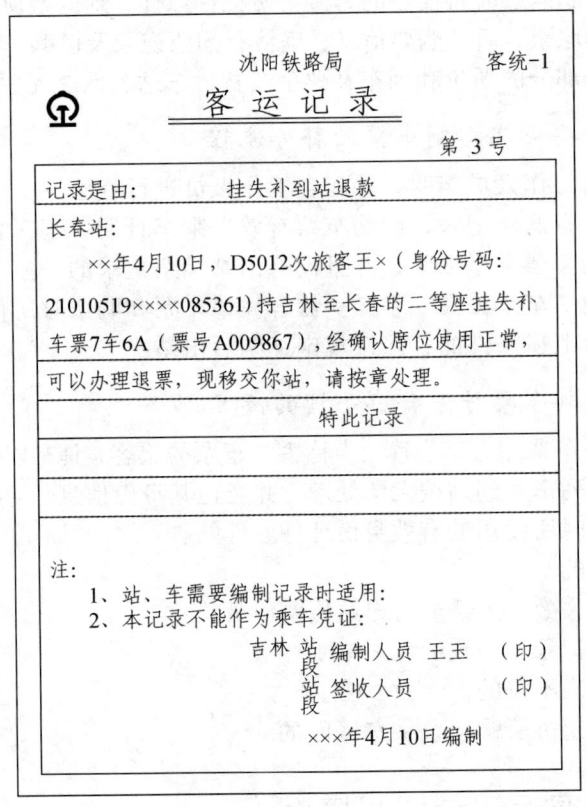

图2.4 客运记录

任务三 不符合乘车条件的处理

一、有下列行为时，除按规定补票、核收手续费以外，铁路运输企业有权对其身份进行登记，并须加收已乘区间应补票价50%的票款

（1）无票乘车，补收自乘车站（不能判明时自始发站）起至到站止车票票价。持失效车票乘车按无票处理。

（2）持用伪造或涂改的车票乘车，除按无票处理外并送交公安部门处理。

（3）持站台票上车并在开车 20 min 后仍不声明，按无票处理。

（4）持低等级的车票乘坐高等级列车、铺位、座位，补收所乘区间的票价差额。

（5）旅客持儿童票、学生票、残疾军人票没有规定的减价凭证或不符合减价条件，按照全价票价补收票价差额。

【例 2.2】 2019 年 4 月 10 日，D5009 次列车（长春西—吉林）龙嘉站到站前，在 6 号车厢通过台连接处发现一名无票人员乘车，列车有能力安排 6 车 9A，问列车如何处理？（按折扣票价执行）

办理方法：无票乘车，补收自乘车站（不能判明时自始发站）起至到站止车票票价，核收手续费。铁路运输企业有权对其身份进行登记，并须加收已乘区间应补票价 50% 的票款。

票价计算：

无票：长春—吉林 111 km

   二等座票价：31.50（元）

加收：长春—龙嘉 32 km

   二等座票价：8.50 × 50% = 4.50（元）

   手续费：2.00 元

   合计：31.50 + 4.50 + 2.00 = 38.00（元）

填发代用票，如代用票 A 000002，如图 2.5 所示。

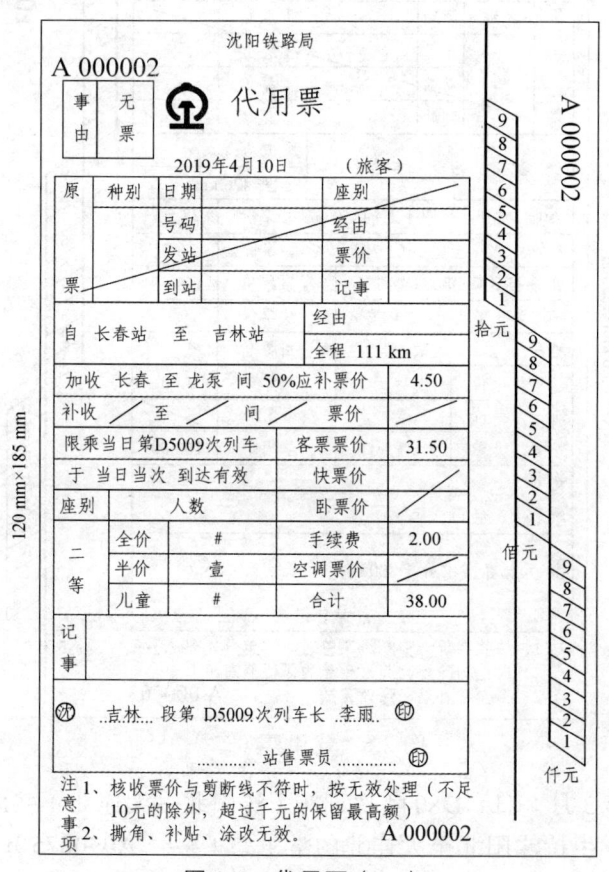

图 2.5 代用票（一）

【例2.3】××年4月10日，D8003次列车（大连北—吉林），四平东站到站前，在5号车厢发现一旅客持沈阳至吉林的二等座车票（票号A090234），车票为伪造，问列车如何处理？（按现行票价执行）

办理方法：持用伪造或涂改的车票乘车，除按无票处理外并送交公安部门处理。另须加收已乘区间应补票价50%的票款。

票价计算：

伪造：沈阳—吉林 426 km

　　　二等座票价：129.50（元）

加收：沈阳—四平东 185 km

　　　二等座票价：56.50×50% = 28.25 ≈ 28.50（元）

　　　手续费：2.00（元）

　　　合计：129.50 + 28.50 + 2.00 = 160.00（元）

填发代用票，如图代用票A000003，如图2.6所示。

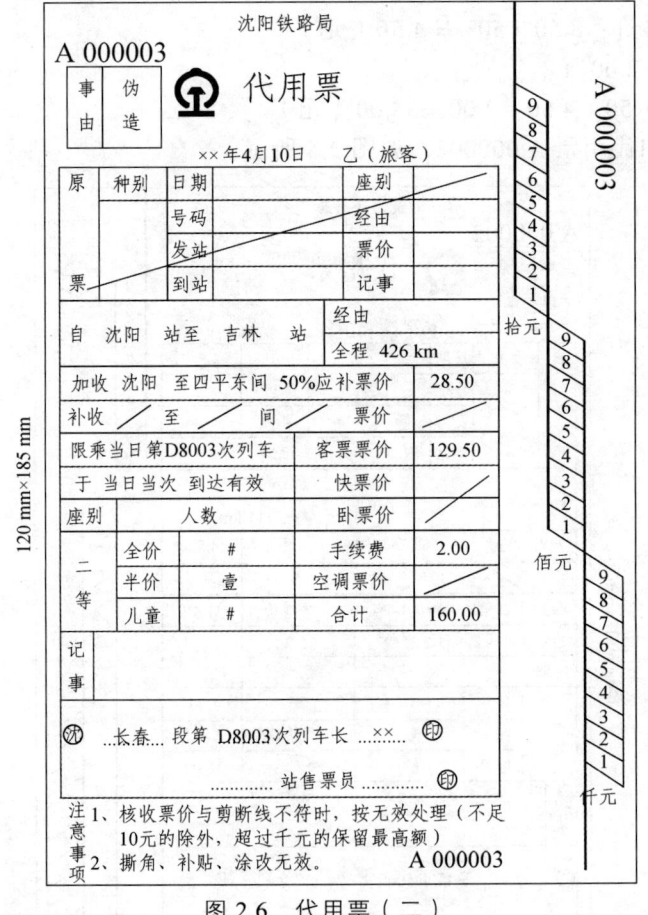

图2.6 代用票（二）

【例2.4】××年3月8日，D8044次列车（沈阳北—大连北）鞍山西刚开车验票，在2号车厢7A发现一名学生持沈阳北至大连北的学生票（票号A090875），无学生证，问列车如何处理？（按公布票价执行）

办理方法：旅客持学生票没有规定的减价凭证或不符合减价条件，按照全价票价补收票价差额，核收手续费。铁路运输企业有权对其身份进行登记，并须加收已乘区间应补票价 50% 的票款。

票价计算：

减价不符：沈阳北—大连北 383 km

全价二等座票价：175.50（元）

75%票价：175.50×75% = 131.625 ≈ 131.50（元）

差额：175.50 – 131.50 = 44.00（元）

加收：沈阳北—鞍山西 100 km

全价二等座票价：45.50（元）

75%票价：45.50×75% = 34.125 ≈ 34.00（元）

差额：45.50 – 34.00 = 11.50（元）

加收 50%票价：11.50×50% = 5.75 ≈ 6.00（元）

手续费：2.00（元）

合计：44.00 + 6.00 + 2.00 = 52.00（元）

填发代用票，如代用票 A 000004，如图 2.7 所示。

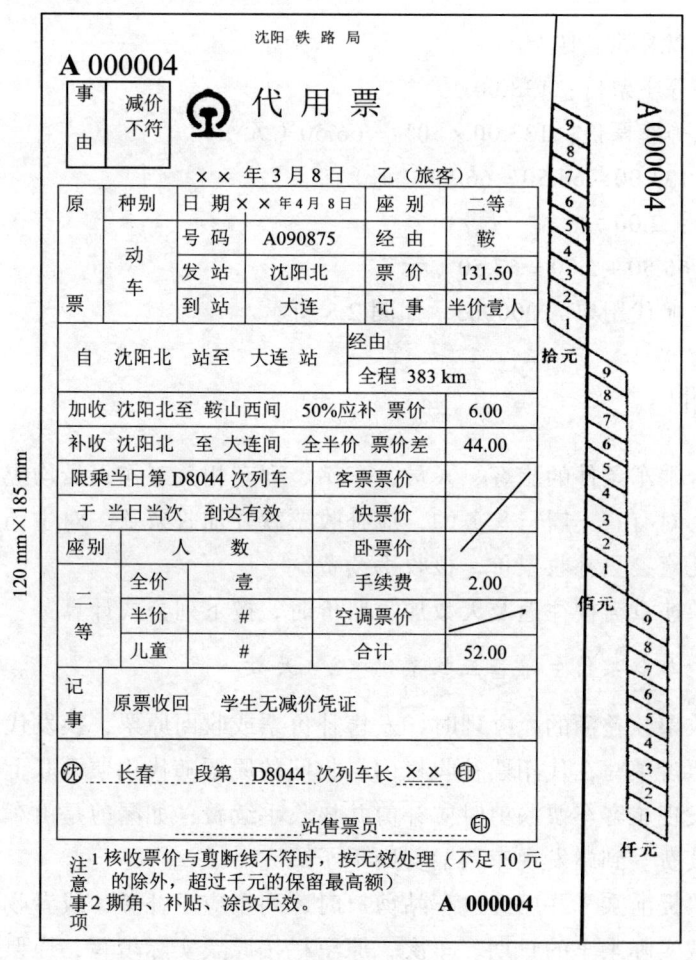

图 2.7　代用票（三）

二、有下列情况时补收票价，核收手续费

（1）应买票而未买票的儿童按规定补收票价。身高超过 1.5 m 的儿童使用儿童票乘车，应补收儿童票价与全价票价的差额。

（2）持站台票上车送客未下车但及时声明，补收至前方下车站的票款。

（3）主动补票或者经站、车同意上车补票的。

下列情况只核收手续费，但已经使用至到站的除外：

（1）旅客在票面指定的日期、车次开车前乘车的，应补签。

（2）旅客所持车票日期、车次相符但未经车站剪口的，应补剪。

（3）持通票的旅客中转换乘应签证而未签证的，应补签。

【例 2.5】 ××年 4 月 8 日，D74 次列车（吉林—北京），长春开车后验票时，在 3 车 6B 发现一名身高 1.55 m 的儿童持长春至沈阳北的儿童票（票号 W 023456），问列车如何处理？（按现行票价执行）

解：（1）办理方法：身高超过 1.5 m 的儿童使用儿童票乘车时，应补收儿童票价与全价票价的差额，核收手续费。

（2）票价计算。

超高：长春—沈阳北 310 km

全价二等座票价：133.00 元

半价二等座票价：$133.00 \times 50\% = 66.50$（元）

差额：$133.00 - 66.50 = 66.50$（元）

手续费：2.00 元

合计：$66.50 + 2.00 = 67.50$（元）

填发代用票，如代用票 A 000005，如图 2.8 所示。

三、其 他

（1）对不符合乘车条件的旅客、人员，车站、列车相关工作人员均应了解原因，区别不同情况予以处理。对有意不履行义务的，应补收票款并加收票款。对主动补票并经站、车同意上车的人员和儿童，只补收票价，核收手续费。

对持定期客票违章需按往返及天数加收票价时，按下列公式计算：

$$加收票价 = 单程应收票价 \times 2 \times 天数$$

（2）对需补收票款差额的，办理时，发售补价票或收回原票，换发代用票。换发代用票时，补收的差额票价填写在代用票补收栏内，收回的原票随代用票丙联上报。

（3）列车内发现旅客车票漏剪时应补剪并核收手续费；如漏剪是由车站责任造成的，则列车补剪不收手续费。到站发现车票漏剪则不予追究。

（4）旅客持票提前乘车并已经过车站剪口时，列车应予补签，或者收回原票、换发代用票。代用票上记载实际乘车的日期、车次，原票栏按原票实际填写，原票随丙联上报。

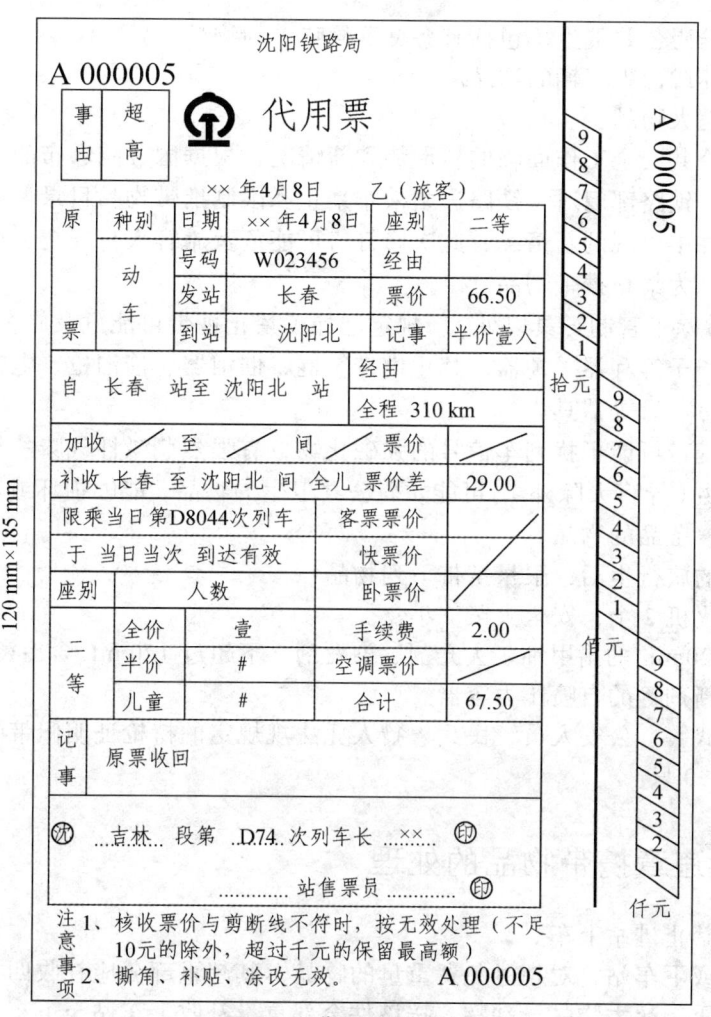

图 2.8 代用票（四）

任务四　旅客携带品

一、旅客携带品的质量及体积

旅客携带品由自己负责看管。每人免费携带品的质量是：成人旅客 20 kg，儿童旅客（含免费儿童）10 kg，外交人员（持外交护照）35 kg，新老兵运输期间新老兵 35 kg。体积：长、宽、高之和不得超过 160 cm；杆形物品不超过 200 cm；乘坐动车组列车旅客携带品每件物品的外部尺寸，长、宽、高之和不超过 130 cm。

二、不得带入车内的物品

（1）国家禁止或限制运输的物品。
（2）法律、法规、规章中规定的危险品、弹药和承运人不能判明性质的化工产品。

（3）动物及妨碍公共卫生（包括有恶臭等异味）的物品。
（4）能够损坏或污染车辆的物品。
（5）超重、超大物品。

为适应铁路公共安全工作面临的新形势和新情况，根据国务院颁布的《铁路安全管理条例》等法律法规，铁路部门对《铁路进站乘车禁止和限制携带物品目录》做了修订，针对近年来旅客伤害事件中出现的新情况，此次修订将可能危及旅客人身安全、存在重大安全隐患的利器、钝器等列为禁止携带物品。

与以前比较，除了管制刀具以外，新规定增加了禁止携带可能危及旅客人身安全的菜刀、餐刀、屠宰刀和斧子等利器、钝器；禁止携带警棍、催泪器、催泪枪、电击器、电击枪、射钉枪、防卫器、弓、弩等器具。

同时，禁止携带可能干扰列车信号的强磁化物，有强烈刺激性气味的物品，有恶臭等异味的物品，活动物（导盲犬除外），可能妨碍公共卫生的物品，能够损坏或者污染车站、列车服务设施、设备、备品的物品。

为方便旅客的旅行生活，限量携带下列物品：
（1）气体打火机2个，安全火柴2小盒。
（2）不超过20 mL的指甲油、去光剂、染发剂。不超过120 mL含冷烫精、摩丝、发胶、杀虫剂、空气清新剂等的自喷压力容器。
（3）军人、武警、公安人员、民兵、猎人凭法规规定的持枪证明佩带的枪支子弹。
（4）初生雏20只。

三、旅客违章携带物品的处理

（1）在发站禁止进站上车。
（2）在车内或下车站，对超过免费重量的物品，其超重部分应补收四类包裹运费。对不可分拆的整件超重、超大物品、动物，按该件全部重量补收上车站至下车站四类包裹运费。
（3）发现危险品或国家禁止、限制运输的物品，妨碍公共卫生的物品，损坏或污染车辆的物品，按该件全部重量加倍补收乘车站至下车站四类包裹运费。危险物品交前方停车站处理；必要时移交公安部门处理。对有必要就地销毁的危险品应就地销毁，使之不能为害并不承担任何赔偿责任。

没收危险品时，应向被没收人出具书面证明。
（4）如旅客超重、超大的物品价值低于运费时，可按物品价值的50%核收运费。
（5）补收运费时，不得超过本次列车的始发和终点站。

动员旅客将随身携带品放在行李架上和座位下面，并做到平稳牢固，不妨碍其他旅客乘坐或通行。

对旅客按《铁路旅客运输规程》规定携带少量带有危险性质的物品或佩带枪支、子弹乘车时，应告之妥善保管，避免发生意外。

发现旅客违章携带物品（包括几人同时携带一件超重或超大物品）时，在车站，应拒绝进站或动员旅客办理托运；对已带入车内的，应补收运费，妥善安排，必要时可放入行李车内。

对已带入车内的猫、狗、猴等宠物，应安排在列车通过台由旅客自己照看，宠物发生意外或伤害其他旅客时，由携带者负责。

（6）对违章携带的物品补收运费时，一律填写客运运价杂费收据，注明日期、发到站、车次、事由、件数、重量。具体处理过程中，应本着实事求是的态度，区别不同的违章情况，妥善处理。对携带品超重不足 5 kg 时，应免收运费。

三等及其以上车站应设携带品暂存处。暂存处应公布收费标准和注意事项。暂存物品需包装良好，箱袋必须加锁，包装不良的，不予存放。办理暂存手续时，必须填写暂存票，注明品名、包装、日期、件数等。提取时还应注明提取日期、寄存日数和核收款额，并在暂存票乙票上加盖戳记后交给旅客。暂存票应按顺号装订，保管一年。

客流量较大的车站应开展旅客携带品搬运业务。搬运员必须穿着统一制服，佩戴标志。搬运车辆应有明显标记，易于识别。收费时应给旅客收费凭证。搬运服务不得违反铁路规章。车站对非车站人员进站经营搬运业务的应予以制止和清理。

【例 2.6】××年 4 月 10 日，D8002 次列车（长春—大连）沈阳北站开车后，在 3 号车厢大件行李存放处发现一件重 27.9 kg 的行李，经查是 12B 座席处旅客携带的，持长春至大连的车票，问列车如何处理？

办理方法：旅客携带品由自己负责看管。每人免费携带品的质量乘坐动车组不超过 20 kg。在车内或下车站，对超过免费质量的物品，其超重部分应补收四类包裹运费。

运费计算：

应补区间：长春—大连 710 km

应补质量：$27.9 - 20 = 7.9$（kg），按 8 kg 计算

应补运费：$1.243 \times 8 = 9.944 \approx 9.90$（元）

填写《客运运价杂费收据》，如客杂 A000001，如图 2.9 所示。

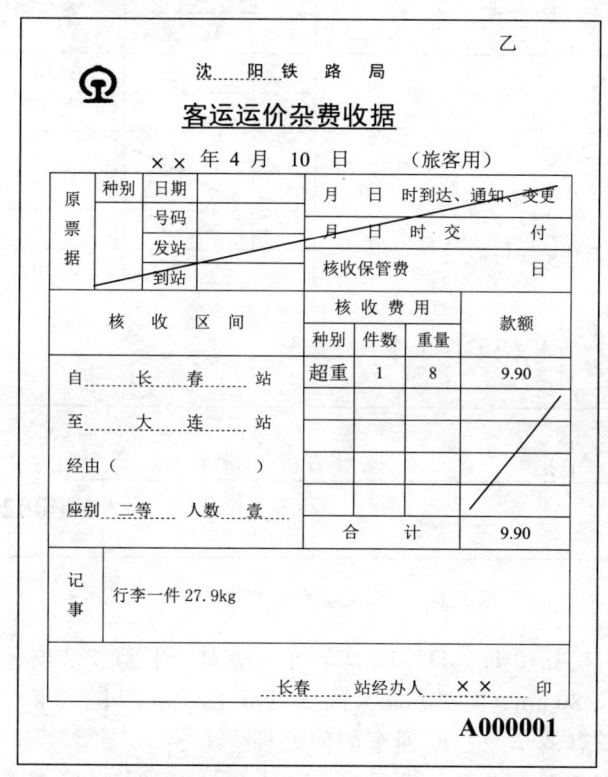

图 2.9 客运运价杂费收据（一）

【例2.7】 ××年4月10日，D8007次列车（大连—吉林）鞍山西站开车后，在6号车厢大件行李存放处发现36.1 kg的机械零件1个，经查是12A座席处旅客携带的，持大连至沈阳的车票，问列车如何处理？

办理方法：旅客携带品由自己负责看管。乘坐动车组每人免费携带品的质量不超过20 kg。对不可分拆的整件超重物品，按该件全部质量补收上车站至下车站四类包裹运费。

运费计算：

应补区间：大连—沈阳 395 km

应补重量：36.1 kg，按 37 kg 计算

应补运费：$0.759 \times 37 = 28.083 \approx 28.10$（元）

填写《客运运价杂费收据》，如客杂 A000002，如图2.10所示。

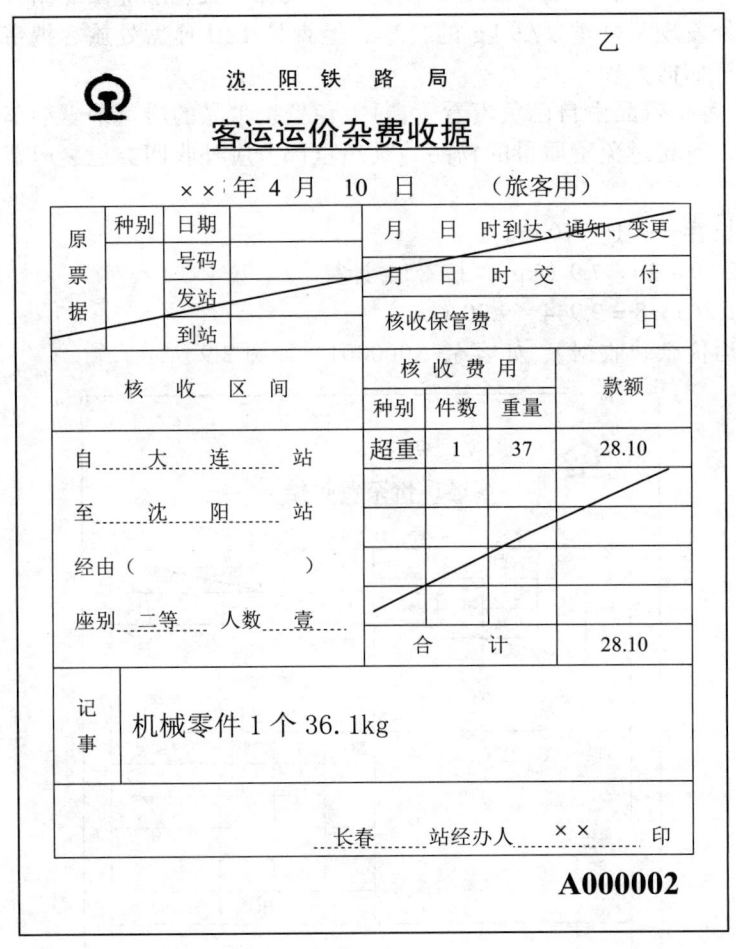

图2.10 客运运价杂费收据（二）

【例2.8】 ××年4月10日，D5012次列车（吉林—长春）吉林站开车后，在6号车厢大件行李处发现一件长80 cm×宽60 cm×高30 cm的纸箱，重20 kg，经查是7A座席处旅客携带的，持吉林至长春的车票，问列车如何处理？

办理方法：旅客携带品由自己负责看管。每人免费携带品的质量和体积，乘坐动车组列

车时每件物品的外部尺寸，长、宽、高之和不超过 130 cm；质量不超过 20 kg。对不可分拆的整件超大物品，按该件全部质量补收上车站至下车站四类包裹运费。

运费计算：

应补区间：吉林至长春 111 km

应补重量：20 kg

应补运费：$0.217 \times 20 = 4.34 \approx 4.30$（元）

填写《客运运价杂费收据》，如客杂 A000003，如图 2.11 所示。

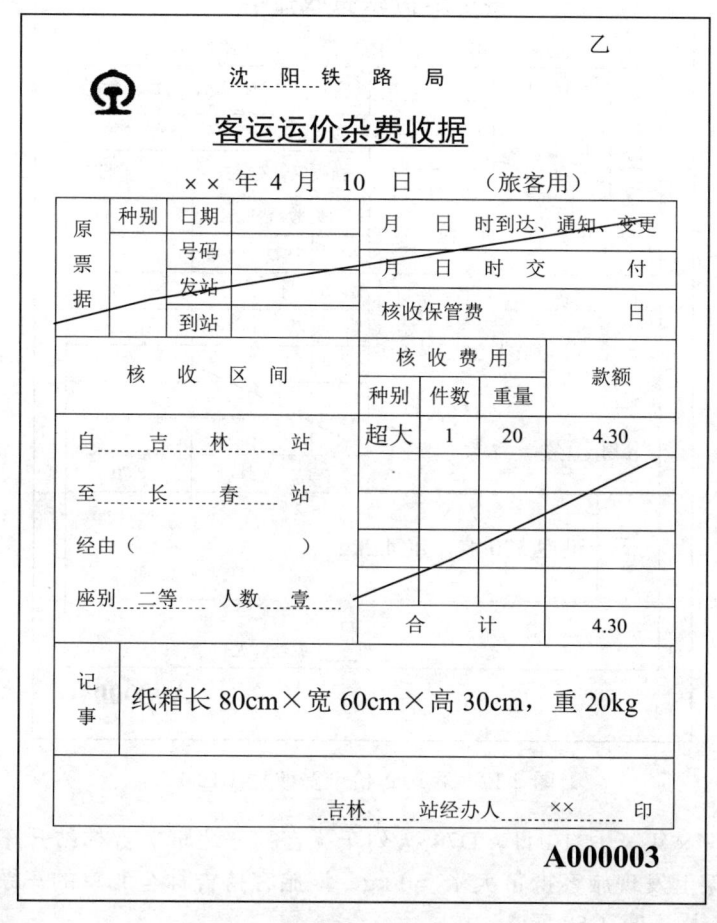

图 2.11 客运运价杂费收据（三）

【例 2.9】××年 4 月 10 日，D22 次列车沈阳北站开车后，在 7 号车厢 10A 座席处行李架上发现旅客携带背包内有 500 响鞭炮，重 4.2 kg，该旅客持长春至盘锦的车票，问列车如何处理？

办理方法：鞭炮立即浸水处理；发现危险品按该件全部质量加倍补收乘车站至下车站四类包裹运费。危险物品交前方停车站处理；必要时移交公安部门处理。对有必要就地销毁的危险品应就地销毁，使之不能危害并不承担任何赔偿责任。没收危险品时，应向被没收人出具书面证明。

运费计算：

应补区间：长春—盘锦北 464 km

应补重量：4.2 kg，按 5 kg 计算

应补运费：0.865 × 5 × 2 = 8.65 ≈ 8.70（元）

填写《客运运价杂费收据》，如客杂 A000004，如图 2.12 所示。

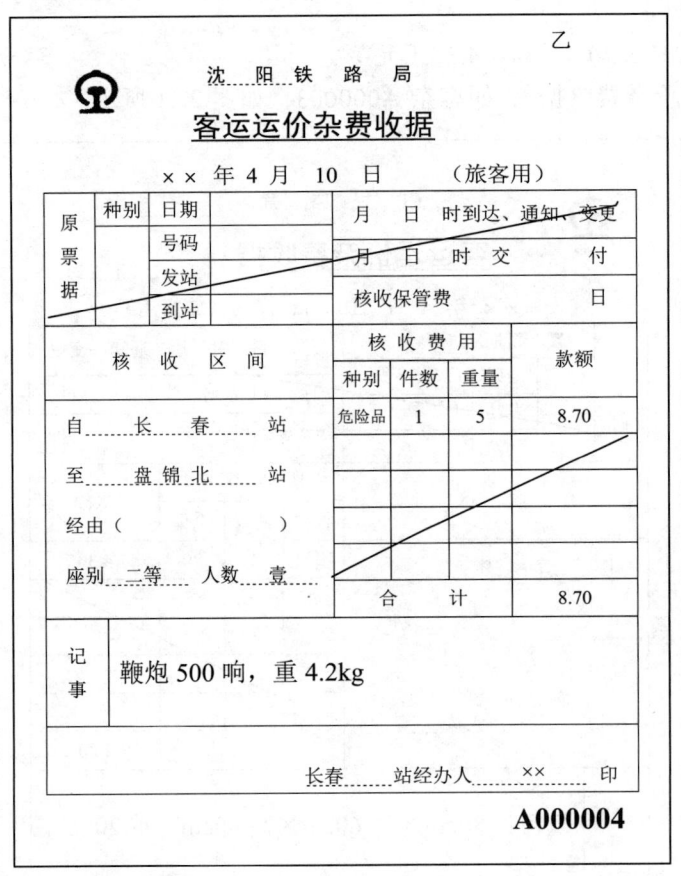

图 2.12　客运运价杂费收据（四）

【例 2.10】　××年 4 月 10 日，D74 次列车（吉林—北京）吉林站开车后，在 5 号车厢 11A 座席处行李架上发现旅客携带大米 50 kg，该旅客持吉林至北京的车票，问列车如何处理？（当地大米价格 1 kg 1.50 元）

办理方法：如旅客超重、超大的物品价值低于运费时，可按物品价值的 50% 核收运费。

运费计算：

应补区间：吉林—北京 1 124 km

应补重量：50 − 20 = 30（kg），按 30 kg 计算

应补运费：1.890 × 30 = 56.70（元）

当地大米 1 kg 1.50 元，30 × 1.50 = 45.00（元）

45.00 元 < 56.70 元

$$45.00 × 50\% = 22.50（元）$$

填写《客运运价杂费收据》，如客杂 A000005，如图 2.13 所示。

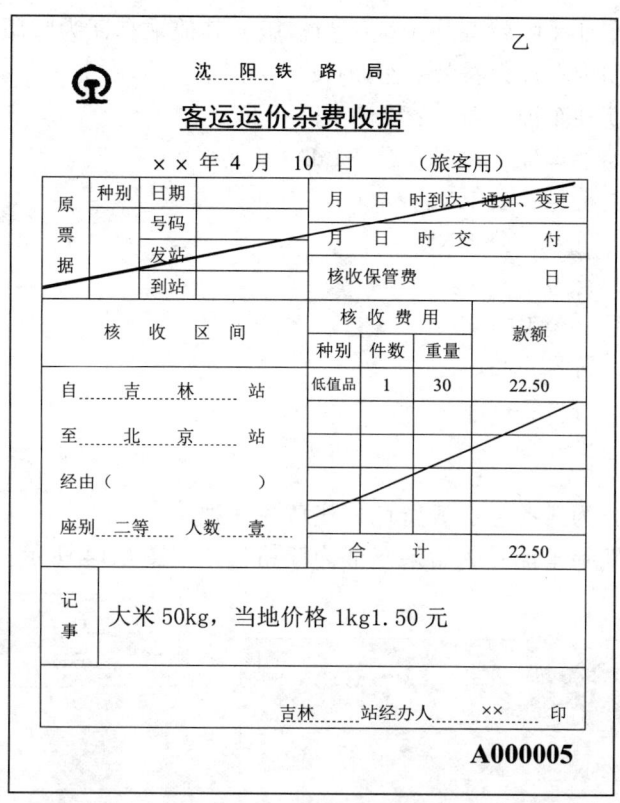

图 2.13 客运运价杂费收据（五）

任务五　铁路乘车证管理

一、制定乘车证管理办法的目的

为适应铁路点多线长、流动分散的生产特点，便利铁路职工在铁路沿线进行生产、工作和生活的必要乘车，本着强化管理，严格控制，方便工作，杜绝流弊的精神，特制定铁路乘车证管理办法。

二、使用乘车证人员的范围

使用乘车证人员范围为铁路职工和符合铁路乘车证管理办法规定可以使用铁路乘车证的其他人员。

三、铁路乘车证种类及颜色

1. 铁路乘车证种类

新版铁路乘车证共分 9 种[将原定期通勤与通勤（学）乘车证归并为一个票种]，均为单页。各种全年定期乘车证（除就医外）统一为横版，其他乘车证为竖版。

（1）软席全年定期乘车证，符号：公 RNa。
（2）硬席全年定期乘车证，符号：公 YNj。
（3）硬席临时定期乘车证，符号：公 YLd。
（4）软席乘车证，符号：公 RXa。
（5）硬席乘车证，符号：公 YXk。
（6）探亲乘车证，符号：TQc。
（7）便乘证，符号：公 BCb。
（8）就医乘车证，符号：JYe。
（9）通勤乘车证，符号：DTj。

2. 铁路乘车证颜色

铁路乘车证颜色分为浅粉色、浅蓝色、浅黄色 3 种。

（1）软席全年定期乘车证和软席乘车证为浅粉色，如图 2.14 所示。

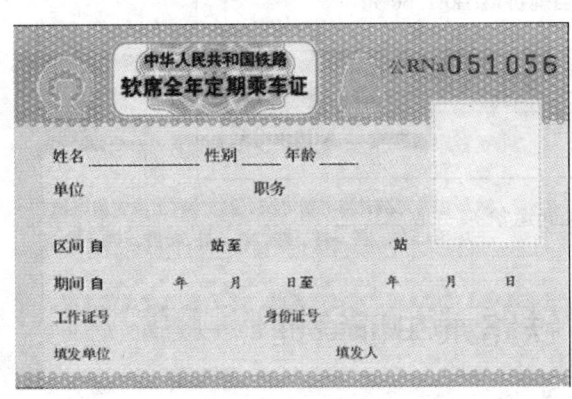

图 2.14　铁路乘车证（一）

（2）硬席全年定期乘车证、硬席乘车证、硬席临时定期乘车证、便乘证为浅蓝色，如图 2.15 所示。

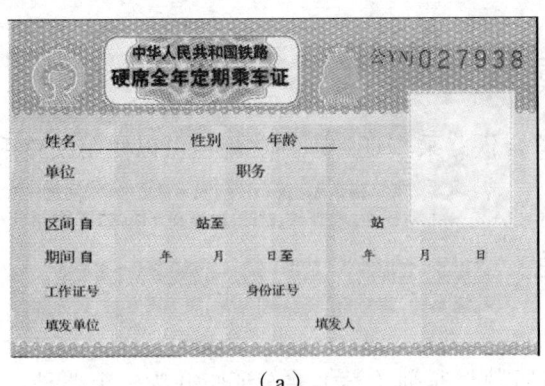 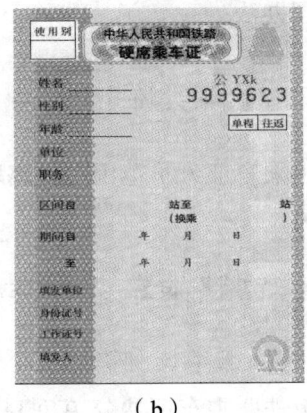

（a）　　　　　　　　　　　　　　（b）

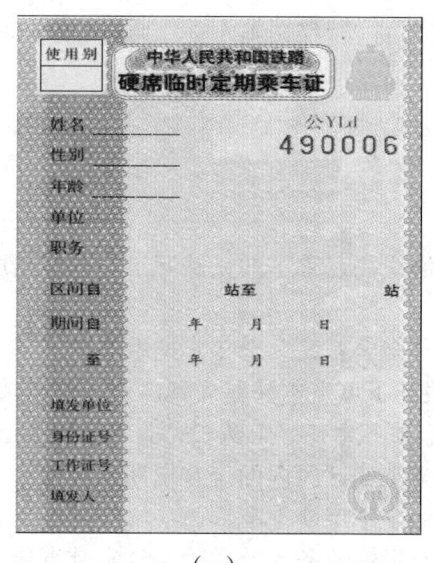
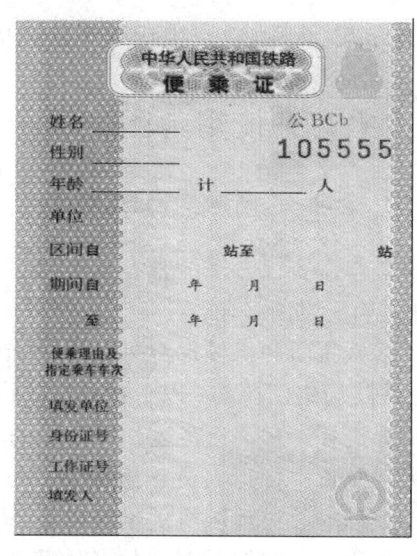

（c） （d）

图 2.15 铁路乘车证（二）

（3）通勤乘车证、就医乘车证、探亲乘车证为浅黄色，如图 2.16 所示。

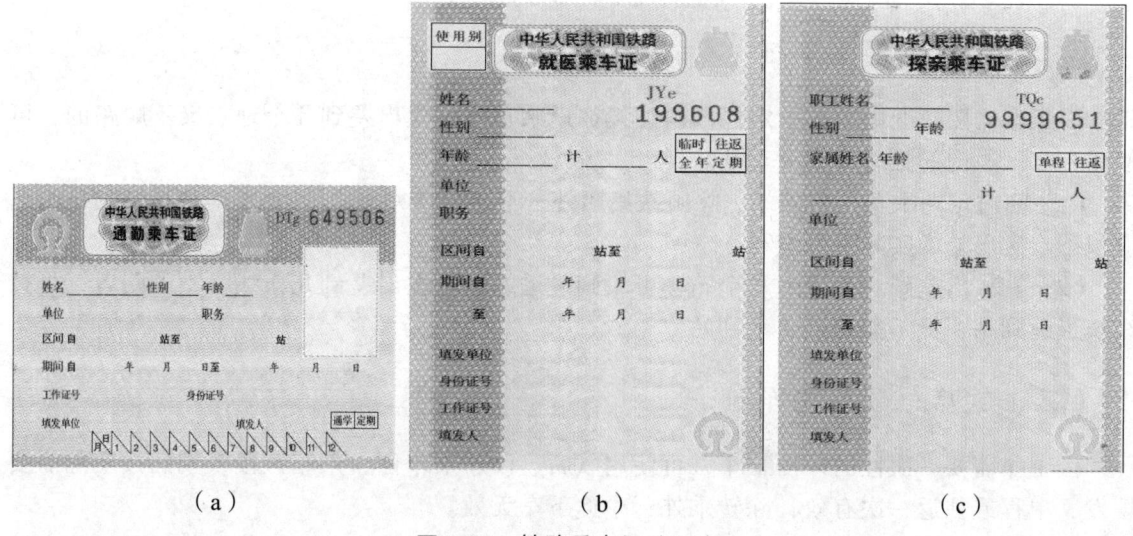

（a） （b） （c）

图 2.16 铁路乘车证（三）

四、铁路乘车证按具体用途分类

（1）按乘坐的席别来分，分为硬席乘车证和软席乘车证，其中软席乘车证包括"软席全年定期乘车证"和"软席乘车证"（可分为单程、往返、临时定期）两种票证。

（2）按乘车的有效期限来分，可分为全年定期（为 1 个历年）；临时定期（不超过 3 个月）；往返；单程 4 个类别。

（3）按乘车的职能作用来分，可分为公用乘车证和生活乘车证两个类别。其中公用乘车证包括"硬席全年定期乘车证""软席全年定期乘车证""硬席临时定期乘车证""软席乘车证"

"硬席乘车证""便乘证"。生活乘车证包括"通勤乘车证""探亲乘车证""就医乘车证"。

五、乘车证使用范围

（一）全年定期乘车证

凡因工作需要，必须经常在所管辖区段内铁路沿线往返乘车的铁路职工，可使用所管辖区段内的全年定期乘车证。

（1）国铁集团和机械保温列车乘务员准予填发"全国各站"全年定期乘车证。

（2）铁路局集团公司（以下简称"铁路局"）机关准予填发本铁路局管内全年定期乘车证。铁路局机务、车辆、客运、列车段的运转主任、乘务主任、车队长、业务指导、指导员，公安押运队队长、押运人员、指导员，可使用其担当乘务区段内的全年定期乘车证。

（3）工程局、设计院机关准予填发施工区段内的全年定期乘车证。

（4）持用全年定期乘车证的各铁路单位的领导及运输业务人员，确实经常赴直属上级机关或随车工作的，其乘车区间可填发管辖区段至直属上级机关所在地或乘务区段的终到站。

（5）全年定期乘车证的乘车区间，如管辖区段的最末一站不是快车停车站，可填到管辖区段的前方一个"直快"停车站。

（二）临时定期乘车证

因工作需要短期内须在一定区段内连续往返乘车或一次出差到几个地点又不顺路的，可使用一定区段内的临时定期乘车证。

（1）临时定期乘车证的到站，除国铁集团外，不能填"××局"，更不能填"全国各站"，应根据本次出差的实际需要填写。

（2）一次出差到一条线的几个站，可填到最远站；一次出差到几条线又不顺路者，可按线填最远到站，但不能超过3个到站。

（三）软席、硬席乘车证

因工作需要一次性的外出乘车，可使用软席、硬席乘车证，乘车区段及期间按实际需要填发，单程或往返一次有效，除转乘外，中途下车无效。

（1）职工调转、搬家只能使用单程乘车证。职工调转后接家属到工作地的，职工本人填发一次往返乘车证，其家属填发单程搬家乘车证（必须持有转移户口的证明）。家属持用往返搬家乘车证，视为无效。

（2）退休人员搬家可比照在职职工使用乘车证。离职、辞职职工及其调出路外的职工赴任或搬家，不予填发乘车证。

（3）铁路职工调动工作，其配偶属非使用乘车证范围的，随同调动时，不能使用乘车证。

（4）职工调转搬家，家属与职工同行时，可与职工同等席别。

（5）国铁集团组织的专家休假，符合使用乘车证条件的家属（限一人）与职工同行时，可与专家同等席别。

（四）乘务便乘

机车乘务员、运转车长在规定担当乘务的区段内便乘时（不包括调车机车、小运转及出入厂取送机车），可由段、折返段乘务室、驻在所（站）值班员填发便乘证，按指定日期、车次，一次乘车有效，便乘到达目的地后，应由值班员收回便乘证，予以注销，月末集中交回填发单位。

机车车辆在中途发生故障，机务段、车辆段检修工人去修理，应填发一次硬席乘车证，不能使用便乘证。

（五）调度命令乘车

由于事故救援与抢险救灾时间紧迫来不及填发乘车证，可凭调度命令乘车，一次乘车有效。

装卸工（包括外委装卸）到外站装卸车，可按货运有关部门规定使用铁路分局调度命令乘车。

（六）定期通勤乘车证

符合享受一年一次探亲待遇条件的职工，其工作地至家属居住地在 600 km 以内（铁路局工程、大修部门流动施工的职工，在局管辖范围内不受 600 km 限制），能利用节假日或休班时间回家的，在不享受国家规定的探亲假的前提下，可填发定期通勤乘车证，有效期间为一个历年。

（七）通勤乘车证

（1）职工工作地至家属居住地在 300 km 以内，上下班有适当列车可乘，不影响出勤、工作和休息的，需通勤时，可使用通勤乘车证，有效期间为 1 个历年。

（2）铁路局工程、大修部门流动施工的职工，符合使用通勤乘车证条件的可不受 300 km 的限制（限 600 km 以内），其通勤乘车证可填写施工区段至家属居住地，但不能超出铁路局管辖范围。

（3）铁路职工到其他单位驻勤，符合通勤条件的，可按规定使用通勤乘车证。

（4）铁路职工入路内、外举办的大、中专、技校学习，不能使用通勤、定期通勤或通学乘车证；职工家属居住地在工作地（夫妻同居一地），其父、母、子、女在外地，不能填发到父、母、子、女所在地的通勤、定期通勤乘车证。

（5）铁路职工入一年以内短训班、进修班，符合通勤条件的，可按规定使用通勤乘车证。

（八）就医乘车证

在沿线居住的职工及其供养的直系亲属，如当地无铁路定点医疗机构，须赴负责本医疗区段的铁路定点医疗机构时，可使用定期就医乘车证。具体填发方法是：

（1）定期就医乘车证一年填发一次，有效期间为 1 个历年。

（2）铁路职工及其供养的直系亲属患病在本医疗区段的铁路定点医疗机构不能医治，需转往本医疗区段的铁路定点医疗机构时，填发一次往返就医乘车证。需连续医疗时，凭医院证明，可填发临时定期就医乘车证，有效期间均不得超过 3 个月。

（3）就医乘车证不能跨医院管辖的医疗区段，更不能跨局。

（九）通学乘车

（1）沿线职工供养的子、女、弟、妹，由居住地至中、小学校在 50 km 以内，需要乘车通学时，可使用通学乘车证。

（2）当地设有同等学校，原则上应就地入学。但按招生计划考入外地重点中、小学就学的，居住地至学校在 200 km 以内的可使用通学乘车证。

（3）通学乘车证的有效期间为 1 个学年，于每年新学年开始之日起 1 个月内换发，在此期间新旧乘车证可交替使用。

（十）探亲乘车

探亲乘车证是铁路职工及其供养的直系亲属探亲乘车凭证。探亲乘车证准乘各种旅客列车（国际、旅游列车除外），但不能乘坐软席和免费使用卧铺。符合使用卧铺条件的探亲职工，按有关规定办理。

（1）探亲乘车证的使用规定。

① 符合一年一次探亲条件的职工，经本人申请，领导批准，可填发其本人工作地至探亲地点的探亲乘车证。经领导批准探亲假分两次使用的职工，第二次探亲时也可填发探亲乘车证。

② 未婚职工利用探望父母的假期到未婚夫（妻）或他（她）们的父母所在地结婚，经领导批准，可填发其本人工作地至结婚地点的探亲乘车证。

③ 符合享受探望配偶条件的职工，在不享受探亲假的前提下，经本人申请，领导批准，其供养的配偶到职工工地探望职工的，可填发其配偶居住地至职工工作地的探亲乘车证。

④ 符合 4 年 1 次探亲条件的职工探亲乘车。

a. 职工供养的配偶、子女与其同行，可共同使用 1 张探亲乘车证，但其配偶、子女不得单独使用。

b. 职工在不享受探亲假和不影响正常生产（工作）的前提下，可每年使用 1 张探亲乘车证。其供养的配偶、子女同行时，可共同使用。如本人不用时，配偶、子女不得单独使用，也不能积存到次年使用 2 张。

c. 职工在不享受探亲假，4 年中也不使用每年 1 张探亲乘车证的前提下，经领导批准，其供养的父母可使用 1 张其居住地至职工工作地的探亲乘车证。

d. 在不探望父母的前提下，探望配偶的父母时，经领导批准，可填发本人工作地至探亲地点的探亲乘车证。

e. 职工供养的未满 18 周岁的子女随同职工或职工供养的配偶、父母探亲时，可共同使用 1 张探亲乘车证，但职工子女不能单独使用。

f. 离、退休人员符合探亲规定条件的，可使用探亲乘车证，此种乘车证只限离、退休人员本人 4 年使用 1 次，不能与在职职工一样，在不享受探亲假的条件下，每年使用 1 张探亲乘车证。

（2）职工供养的配偶或父母、子女，符合相关规定条件的，经单位领导批准后，填入探亲乘车登记卡片，当职工供养的条件改变时，应及时改填卡片。职工需用探亲乘车证时，填发部门凭单位领导批准的申请书，登记卡片后填发乘车证。职工在路内调转时，其探亲乘车证卡片由人事部门随同人事档案一并转给调入单位。

六、乘车证使用的规定

乘车证限乘车证上所填写的持用人在有效期间和区间使用。

（1）准乘列车规定。

① 持用全年定期、临时定期、软席、硬席乘车证和便乘证，在正式或临时营业铁路上准乘各种旅客列车（国际列车除外）。

② 持探亲乘车证准乘除国际、旅游列车以外的各种旅客列车。

③ 持通勤、定期通勤乘车证准乘铁路局管内特快列车、快车及普通旅客列车。

④ 持通学、就医、购粮乘车证准乘快车和普通旅客列车。

⑤ 持铁路全年定期、临时定期、软席、硬席乘车证可乘坐空调可躺式客车。

⑥ 铁路职工（含国铁控股合资铁路公司职工）可以持铁路乘车证乘坐动车组列车。其中，持软席全年定期乘车证、软席乘车证的人员可以乘坐动车组列车卧铺和一等座席，持硬席乘车证（含全年定期/临时定期乘车证）的人员可以乘坐动车组列车卧铺和二等座席。

（2）持用铁路各种乘车证的职工出入车站及在列车内须与旅客同样经过检验手续，同时交验工作证、学生证、离休证、退休证、家属医疗证或家属证。任何证明均不能代替上述证件。职工持用探亲乘车证，需同时持贴有本人照片的工作证和探亲证明；职工配偶或父母、子女持贴有本人照片的家属证（医疗证）和探亲证明。任何代替工作证或家属证的证件均无效。三证俱全方为有效。

（3）出差、探亲、驻勤、开会、入学、离校、调转赴任、搬家还必须交验相应的证明，如职工出差证明书、人事调转命令、户口迁移证明等；医疗转院或疗养必须交验医疗机构的转院、疗养证明；机车乘务员便乘时，必须携带机务段填发的司机报单；机械保温车乘务员去外地换班乘坐旅客列车时，应交验保温段填发的交、接班证明。

（4）其他规定。

① 持用定期通勤、通勤、通学、定期就医、就医乘车证，除换乘外，中途下车无效。

② 定期通勤乘车证1个月只限使用1次，不能提前或移作下月使用。如节假日适逢月初或月末，乘车证的往返日期可跨及上月末或下月初，但起止时间不超过1周。如有特殊情况，可根据批准假期天数填发。

（5）免费使用卧铺的规定。

① 职工（含路外符合使用乘车证的人员）出差、驻勤、开会、调转赴任、医疗转院（含职工供养的直系亲属）、疗养、护送、出入学校，以本人开始乘坐本次列车开车时刻计算，从20：00时至次日晨7：00时之间，在车上过夜6 h（含6 h）或连续乘车超过12 h（含12 h）以上的，准予免费使用卧铺。

② 学生实习使用乘车证，不能免费使用卧铺。

（6）签证及登记卧铺的规定。

① 持用全年定期、临时定期、定期通勤乘车证，应同时附有乘车证使用卡片，卡片由乘车证填发单位发给。在填发乘车证同时填发卡片，并在乘车证背面和卡片（骑缝）加盖乘车证专用章。卡片用完后可更换新卡片。

② 登记卧铺后不能按时乘车，应将卧铺号及时退回车站，车站将登记事项注销并加盖注销章。

③ 使用卧铺中途不应下车。如必须下车，不足夜间乘车 6 h 或连续乘车 12 h 的，列车长应按章核收已乘区间的卧铺票价。

④ 持乘车证到列车上使用卧铺时，应将出差证明、卡片连同乘车证交列车员保管，并办理签证。持用全年定期乘车证，可不交乘车证。

（7）托运行李的规定。

持用铁路各种乘车证，均不能免费托运行李、搬家物品等。

（8）乘车证回收的规定。

① 按年度（学年）办理填发的乘车证，必须在规定的办理日期前交回；其他乘车证必须在其有效期到期后 7 日内交回，否则按丢失处理；虽有效期已过，因工作需要，继续在外出差或生产（工作）的，应在回到本单位 7 日之内交回，否则按丢失处理。

② 职工入学、调转、离休、退休、停薪留职及其他原因离职时，乘车证填发部门应负责将其持用的各种乘车证收回；休息 6 个月以上及女职工休长假时，其当年所持用的乘车证应由填发部门收回保管；为机械保温列车乘务员填发的全年定期乘车证一律由派班室统一保管，出勤（差）时发放，退勤（返回）时交回。

③ 对使用完毕的各种乘车证，各单位要严格执行回收制度。填发人在使用人交回旧证时，应将"乘车证用毕缴销单"（乘车证申请书下联）返给使用人，以此证明旧证已交回；对丢失已做罚款处理的则在缴销单上注明。

七、乘车证使用查验

（1）站、车客运人员必须熟知乘车证使用的有关规定，认真查验乘车证填载项目和必须携带的有关证件和证明，并打剪标记。如有不符，视为无效，并有权扣留所持乘车证，按有关规定处理。

（2）对持用的全年、临时定期、通勤、定期通勤、通学、全年定期就医（购粮）和临时定期就医乘车证免打查验标记，其他乘车证均须于始乘站和返乘站予以剪口，列车内查验时应打查验标记，否则按客运有关规定办理。

（3）铁路各部门特定的在列车上工作的各种证件（如铁路运输收入稽查证、客运监察证、等），只能作为工作凭证，均不能作为乘车的凭证。

八、违章使用乘车证的处理

（1）违章使用乘车证，如：在票面上加添、涂改，转借，超过有效期限或有效区间乘车，未持规定的有关证明、证件或持伪造证明、证件的均按无票处理，要查扣其乘车证及有关证件。此外，单位还应追究其行政责任。对持用伪造乘车证者，一经发现，应立即查扣，并移交公安机关依法处理。超出规定条件使用乘车证者，也按违章使用处理。

（2）违章使用乘车证均要按所乘旅客列车的等级、席别、铺别、区间（单程或往返）及票面填写人数，按照《铁路旅客运输规程》的规定补收和加收票款，下列乘车证还应按票面记载的席别、区间，按照下列计算方法加收罚款：

① 定期通勤乘车证，按票面填写乘车区间，自有效月份起至发现违章月份止按每月一次往返的里程计算。

② 全年定期乘车证、临时定期乘车证、通勤（学）乘车证。从有效日期（过期的从有效期终了的次日）至发现违章日期止，票面填写的乘车区间在一个铁路局以内的，按每日乘车 50 km 计算票价；乘车区间跨铁路局的，按每日乘车 100 km 计算票价，计算后低于 50 元的按 50 元核收。

③ 发现其他违章行为的，均按《铁路旅客运输规程》的相应规定处理。

④ 乘车证使用过程中发现的违章事项，当时处理不了的，由站、车编制客运记录，连同查扣的乘车证及有关证件报本铁路局财务部门，由铁路局依据规定向违章职工单位发函并追补应收票款和罚款；违章职工单位接到函件，要查证落实严肃处理，并将应补票款和处理结果于 30 日内报送发函单位收入部门。如违章者单位未按来函要求补缴款额的，铁路局要报告上级机关督促违章者单位迅速处理，必要时要追究单位领导责任。各单位在职工交回乘车证或日常检查中发现有违章使用的，也要按规定处理。补缴的票款和罚款应上交财务部门。

九、违章使用乘车证处理实例

国铁集团针对高速铁路未出台专门的铁路乘车证管理办法，故在高速动车组旅客列车、城际动车组旅客列车、动车组旅客列车运行途中发生的违章使用乘车证情况依然沿用普速列车的处理办法，下列案例均以普速列车为例展开。

1. 涂改使用乘车证

【例 2.11】 ××年 10 月 8 日，2167 次列车（长春—牡丹江，非空调列车），敦化站到站前查验车票，发现一名旅客持本年度牡丹江至吉林的硬席全年定期乘车证，经查验发现，乘车证票面日期涂改，问如何处理？（已知：吉林—牡丹江 649 km，吉林—敦化 210 km）

分析：

（1）2167 次列车由长春开往牡丹江方向，所持硬席全年定期乘车证的区间为牡丹江至吉林，乘车区间与乘车证填记区间方向相反，往返按无票处理。

（2）往程全程按无票处理并加收；返程按无票处理外，加收到敦化站。

（3）罚款按客票票价计算。

处理依据：

（1）违章使用乘车证，如：在票面上加添、涂改，转借，超过有效期限或有效区间乘车，未持规定的有关证明、证件或持伪造证明、证件的均按无票处理，并查扣其乘车证及有关证件。

（2）违章使用乘车证均要按所乘旅客列车的等级、席别、铺别、区间（单程或往返）及票面填写人数，按照《铁路旅客运输规程》的规定补收和加收票款，全年定期乘车证从有效日期至发现违章日期止，票面填写的乘车区间在一个铁路局以内的，按每日乘车 50km 计算票价；乘车区间跨铁路局的，按每日乘车 100km 计算票价，计算后低于 50 元的按 50 元核收。

处理事由：涂改

（1）无票处理：

吉林—牡丹江 649 km。

硬座客快车票：44.0 元。

加收票款：吉林—敦化 210 km。

硬座客快车票：16.5 元。

加收 50%的票款：$16.5 \times 50\% = 8.25 \approx 8.3$（元）。

（2）罚款：吉林属沈阳铁路局，牡丹江属哈尔滨铁路局，每日乘车按 100 km 计算，客票票价：6.5 元，1 月 1 日至 10 月 8 日共计 282 天，$282 \times 6.5 = 1833.0$（元）。

（3）手续费：2.0 元。

（4）合计：$44.0 + 16.5 + 8.3 + 1833.0 = 1901.8$（元）。

（5）除列车移动补票机故障外，不得用手工填发代用票。

（6）编制记录上交乘车证。

2. 伪造使用乘车证

【例 2.12】 ××年 10 月 8 日，K886 次列车（西宁—天津，新空调列车），银川站刚开车后验票，发现一名旅客持兰州至北京的硬席临时定期乘车证，有效期是 9 月 1 日至 11 月 30 日，系伪造乘车证，问列车如何处理？（已知：兰州—北京 1 676 km）

分析：

（1）K886 次列车由西宁开往天津方向，所持硬席临时定期乘车证的区间为兰州至北京，乘车区间与乘车证填记的区间方向一致，在往程时发现，所以只按单程计算票价。

（2）在银川站刚开车后验票发现，加收到银川站。

处理依据：

（1）违章使用乘车证，如：在票面上加添、涂改，转借，超过有效期限或有效区间意乘车，未持规定的有关证明、证件或持伪造证明、证件的均按无票处理，并查扣其乘车证及有关证件。

（2）违章使用乘车证均要按所乘旅客列车的等级、席别、铺别、区间（单程或往返）及票面填写人数，按照《铁路旅客运输规程》的规定补收和加收票款，临时定期乘车证从有效日期至发现违章日期止，票面填写的乘车区间在一个铁路局以内的，按每日乘车 50 km 计算票价；乘车区间跨铁路局的，按每日乘车 100 km 计算票价，计算后低于 50 元的按 50 元核收。

处理事由：伪造

（1）无票处理：

兰州—北京 1 676 km。

新空调硬座客快速车票票价：198.0 元。

加收票款：兰州—银川 468 km。

新空调硬座客快速车票票价：69.0 元。

加收 50%的票款：69.0×50%=34.5（元）。

（2）罚款：兰州属于兰州铁路局，北京属于北京铁路局，每日乘车按 100 km 计算，客票票价：6.5 元，9 月 1 日至 10 月 8 日共计 38 天，38×6.5=247（元）。

（3）手续费：2.0 元。

（4）合计：198.0+34.5+247.0+2.0=481.5（元）。

（5）除列车移动补票机故障外，不得用手工填发代用票。

（6）编制记录上交乘车证。

3. 过期使用乘车证

【例 2.13】　××年 10 月 8 日，K886 次列车（西宁—天津，新空调列车），银川站刚开车后验票，发现一名旅客持兰州至北京的硬席临时定期乘车证，有效期是 7 月 1 日至 9 月 30 日，问列车如何处理？（已知：兰州—北京 1676 km）

分析：

（1）K886 次列车由西宁开往天津方向，所持硬席临时定期乘车证的区间为兰州至北京。

（2）在银川站刚开车后验票发现，加收到银川站。

处理依据：

（1）违章使用乘车证，如：在票面上加添、涂改、转借，超过有效期限或有效区间乘车，未持规定的有关证明、证件或持伪造证明、证件的均按无票处理，并查扣其乘车证及有关证件。

（2）违章使用乘车证均要按所乘旅客列车的等级、席别、铺别、区间（单程或往返）及票面填写人数，按照《铁路旅客运输规程》的规定补收和加收票款，临时定期乘车证过期的从有效期终了的次日至发现违章日期止，票面填写的乘车区间在一个铁路局以内的，按每日乘车 50 km 计算票价；乘车区间跨铁路局的，按每日乘车 100 km 计算票价，计算后低于 50 元的按 50 元核收。

处理事由：过期

（1）无票处理：

兰州—北京　　1 676 km。

新空调硬座客快速车票票价：198.0 元。

加收票款：兰州—银川　468 km。

新空调硬座客快速车票票价：69.0 元。

加收 50%的票款：69.0×50%=34.5（元）。

（2）罚款：兰州属于兰州铁路局，北京属于北京铁路局，每日乘车按 100 km 计算，客票票价：6.5 元，10 月 1 日至 10 月 8 日共计 8 天，8×6.5=52.0（元）。

（3）手续费：2.0 元。

（4）合计：198.0+34.5+52.0+2.0=286.5（元）。

（5）除列车移动补票机故障外，不得用手工填发代用票。

（6）编制记录上交乘车证。

4. 过期使用硬席乘车证

【例 2.14】 ××年 10 月 8 日，K78 次列车（长春—宁波，新空调列车），锦州南站到站前验票，发现一名旅客持本人沈阳至山海关的往返硬席乘车证，有效期是 9 月 26 日至 10 月 5 日，问列车如何处理？（已知：沈阳—山海关 388 km，沈阳—锦州南 223 km）

分析：

（1）K78 次列车由长春开往宁波方向，所持往返硬席乘车证记载的区间为沈阳至山海关，乘车区间与乘车证填记的区间方向一致，在往程时发现，所以只按单程计算票价。

（2）在锦州南站到站前验票时发现，加收到锦州南站。

处理依据：

（1）违章使用乘车证，如：在票面上加添、涂改、转借，超过有效期限或有效区间乘车，未持规定的有关证明、证件或持伪造证明、证件的均按无票处理，并查扣其乘车证及有关证件。

（2）违章使用乘车证均要按所乘旅客列车的等级、席别、铺别、区间（单程或往返）及票面填写人数，按照《铁路旅客运输规程》的规定补收和加收票款。

处理事由： 过期

（1）无票处理：沈阳—山海关　388 km。

新空调硬座客快速车票：54.5 元。

加收 50%的票款：沈阳—锦州南　223 km。

新空调硬座客快速车票：37.5 元。

加收 50%的票款：$37.5 \times 50\% = 18.75 \approx 18.8$（元）。

（3）手续费：2.0 元。

（4）合计：54.5+18.8+2.0=75.3（元）。

（5）除列车移动补票机故障外，不得用手工填发代用票。

（6）编制记录上交乘车证。

5. 借用定期通勤乘车证

【例 2.15】 ××年 10 月 8 日，K15 次列车（郑州—北京西，新空调列车），衡水到站前发现一名旅客持郑州至北京西的定期通勤乘车证，是借用本单位万虹的，该旅客李冰，身份证号：2327221984××××0211，问列车如何处理？（已知：郑州—北京西 689 km，郑州—衡水 606 km）

分析：

（1）K15 次列车由郑州开往北京西方向，所持定期通勤乘车证的区间为郑州至北京西，乘车区间与乘车证填记的区间方向一致，在往程的发现，所以只按单程计算票价。

（2）在衡水到站前发现，加收到衡水站。

处理依据：

（1）违章使用乘车证，如：在票面上加添、涂改、转借，超过有效期限或有效区间乘车，未持规定的有关证明、证件或持伪造证明、证件的均按无票处理，并查扣其乘车证及有关证件。

（2）违章使用乘车证均要按所乘旅客列车的等级、席别、铺别、区间（单程或往返）及票面填写人数，按照《铁路旅客运输规程》的规定补收和加收票款，定期通勤乘车证，按票面填写乘车区间，自有效月份起至发现违章月份止按每月一次往返的里程计算。

处理事由：借用。

（1）无票处理：

郑州—北京西　　689 km。

新空调硬座客快速车票：93.0 元。

加收票款：郑州—衡水　　606 km。

新空调硬座客快速车票；81.0 元。

加收 50%的票款：81.0×50%=40.5（元）。

（2）罚款：郑州—北京西的里程与北京西—郑州里程相加，689+689=1 378（km），客票票价：68.5 元，1 月 1 日至 10 月 8 日共计 10 个月，10×68.5=685.0（元）。

（3）手续费：2.0 元。

（4）合计：93.0+40.5+685.0+2.0=820.5（元）。

（5）除列车移动补票机故障外，不得用手工填发代用票。

（6）编制记录上交乘车证。

项目三　动车组列车乘务管理

【项目描述】

旅客的旅行生活大部分是在列车运行中度过的，树立"以人为本，旅客至上"的服务理念，满足旅客安全、快速、便利、优质的运输服务需求，对创造动车组安全、快速、便捷、优质的品牌形象具有十分重要的意义。

列车乘务工作是客运部门的基层生产班组，其工作特点是车内旅客人数多、要求不一，客车设备条件有限，列车运行和停站时间都有严格规定，而且列车乘务人员是在运行过程中，远离领导进行工作，许多问题要及时独立处理。通过本项目的学习，使学生熟悉旅客列车乘务组织、职责、工作制度，并能从实际出发及时解决旅客提出的要求和处理临时发生的各种问题。

【教学目标】

1. 能力目标
（1）明确动车组列车乘务组的组成及人员配备情况。
（2）明确乘务组各岗位工作职责、工作制度、工作标准。
2. 知识目标
（1）掌握动车组列车乘务的组成要求。
（2）掌握各岗位工作职责、工作制度、工作标准。

任务一　动车组列车乘务工作组织

一、动车组列车乘务组的组成及客运人员配备

旅客列车乘务组由客运、车辆和公安等部门的人员共同组成。普速列车为"三乘一体"，动车组列车为"六乘一体"：列车上保洁、餐饮由社会专业公司承担时，其员工视为同列车乘务组成员。列车乘务组人员应当各司其职，在为旅客服务上，接受列车长统一领导。此外，还有质检员，但其工作地点在车库。

客运乘务组根据交路实际需要采用轮乘制或包乘制。客运乘务组由1名列车长和2名列车员组成，动车组重联时，按两个乘务组配备。编组16辆的动车组按1名列车长和4名列车员配备。对以上运行时间较长的动车组可适当增加客运乘务人员。根据《关于铁路第六次大面积提速调图有关动车组劳动组织职工培训和工资分配问题的意见》（铁劳卫〔2007〕67号），动车组司机：实行单司机值乘制；客车检车员（随车机械师）：按每组1人配备；不设运转车长；乘务人员预备率：动车组司机（含地勤司机）16%，其他人员7%。

站车客运人员应当具备高中及以上文化程度，能够熟练使用计算机和站、车相关设备设施，掌握服务类常用英语会话，具有良好的语言文字表达能力和服务技巧，身材匀称、五官端正，女性身高一般不低于 1.60 m，男性身高一般不低于 1.70 m。

站车客运人员应当按照规定岗位职责进行岗前培训，经考试合格取得上岗资格，由铁路局统一颁发上岗证，持证上岗并定期进行脱产培训。餐饮、保洁人员上岗前应当经过铁路安全知识、应急演练和设备操作培训。培训及考核发证由铁路局负责。

餐饮、保洁乘务组人员应当保持相对稳定。遇有人员变动应当通知列车担当铁路局客运处。

餐饮、保洁企业应当遵守站、车和动车段（所）有关管理制度，加强对现场服务质量的监督检查。登乘列车监督检查应持有"动车组餐饮、保洁专用添乘证"供站、车查验。监督检查应有检查记录。

二、各岗位工作职责

1. 列车长岗位职责

（1）贯彻执行铁路安全生产及旅客运输的规章制度，服从命令听从指挥，切实履行岗位职责，完成上级布置的各项工作。

（2）负责组织动车组列车客运人员列队出、退乘，按时召开出、退乘会议，安排、总结趟乘务工作。

（3）负责组织动车组列车上查票、补票等各项客运业务及与车站办理交接，督促客运乘务人员按照标准作业，做好旅客安全、服务工作。需入住公寓时，严格执行请销假制度，加强两纪管理。

（4）负责收集旅客对列车服务工作的意见及建议，受理旅客投诉，妥善处理服务问题，帮助旅客解决困难。

（5）负责对列车与服务旅客直接相关的客运服务设备设施使用、卫生保洁质量、餐饮供应服务落实监督检查，发现问题，督促及时整改。

（6）遇有紧急情况，组织各岗位人员按照应急处置预案，及时、妥善做好现场处置。遇非正常情况，听从动车组列车司机的指挥，协助做好应急处置工作。

（7）负责确认旅客乘降、高铁快件装卸作业和餐车上下货物完毕后，根据车型通知司机或随车机械师集控关闭车门。重联动车组，由运行方向后组列车长确认本组旅客乘降、高铁快件装卸作业和餐车上下货物完毕后，报告运行方向前组列车长；运行方向前组列车长确认全列旅客乘降、高铁快件装卸作业和餐车上下货物完毕后，根据车型通知司机或随车机械师集控关闭车门。并与司机或随车机械师等岗位保持作业联控，发现设备故障及时反馈随车机械师处理。

2. 列车员岗位职责

（1）在列车长的领导下，认真执行铁路安全生产及旅客运输的规章制度，履行岗位职责，落实作业标准和服务规范。

（2）负责对责任车厢与服务旅客直接相关的客运服务设备设施的使用、卫生保洁质量的监督检查，发现突发问题、设备故障，及时报告列车长。

（3）及时巡视车厢，耐心解答旅客问询，帮助解决旅客困难，做好旅客安全、服务工作。

（4）配合列车长做好列车人工、临时广播工作。

（5）协助列车长做好非正常情况下的应急处置，拒绝违章指挥，制止他人违章作业。

（6）完成列车长交办的其他工作。

3．高速铁路动车组质检员岗位职责

（1）贯彻上级领导指示命令并及时准确执行。根据动车组列车作业流程，组织好车内设施设备检查、车容卫生鉴定工作，确保动车组列车的出库质量。

（2）严格执行库内作业各项安全管理规定，做好班前安全预想。上班前不得饮酒，必须充分休息，保持精力充沛，按规定着装上岗。

（3）认真做好动车组列车在库内的整备和卫生管理。了解车内设施设备和卫生死角，及时制订相应对策，做好质量跟踪，对所属动车车底抓好基础卫生质量管理，行使发挥监督职能，使列车出库达到标准化、规范化。

（4）接班向进库列车机械师索要《动车组上部设备设施破损单》，根据交接记录单记载的入库内容，确认故障维修情况；对上线列车设施设备状况进行检查鉴定，防止列车带病出库。

（5）参加每日在动车库内召开的交班会，将检查的情况进行通报，协调相关部门进行解决。负责将动车所交班会有关计划或启用热备等信息通知调度室及高铁车队。

（6）认真填写《库内保洁清洁验收单》，妥善保管，当月月底进行汇总，报车队分管干部。

（7）认真完成上级领导交办的其他工作和任务。

4．餐服长岗位职责

（1）在列车长的领导下，做好当次列车餐服组人员、跟车保洁人员的管理及与铁路其他工作人员的协调工作。

（2）负责核对卫生许可证是否相符，检查本组人员健康证、上岗证、胸牌、培训合格证是否齐全有效，请领各类报表、票据、备品及消耗品。

（3）负责召集出乘前准备会，带领本组人员到派班室签到。

（4）负责填写领货申请单，与库管员进行售卖商品的交接。

（5）负责检查餐吧设备设施的性能及使用状况。

（6）负责本组餐服员、跟车保洁员旅客迎送、餐售、卫生清洁及车上其他临时性工作的开展及调配。

（7）负责当次列车上商品销售的现金管理。

（8）负责《餐服乘务日志》的记录、保存。

（9）负责回收报损商品，做好销售商品、现金、备品、消耗品与地面的交接。

（10）负责填写车组领货单、现金缴款清单、报废品明细表、免费品发放单、列车接待任务欠款单等相关单据，与库管人员办理交接。

（11）负责免费品发放单、列车接待任务欠款单等单据与列车长的联系签认工作。

（12）负责退乘会的召集并到派班室记录。

5. 餐服员岗位职责

（1）在餐服长的领导下，完成列车餐售及服务工作。
（2）负责送餐车、售货车的整理工作。
（3）负责餐车餐饮准备工作，按规定布置餐厅、餐台和补充各种商品。
（4）负责列车商品及餐食的销售工作。
（5）负责餐车设备的检查及操作。
（6）负责餐食交接、发放、回收包装袋工作。
（7）负责餐车内部的卫生清洁及设备清洁保养。
（8）负责作业区域各类紧急情况的处理。
（9）完成列车长布置的其他工作。

6. 动车组司机职责

（1）执行规章制度，服从调度指挥，履行岗位职责。
（2）动车组在区间被迫停车时，指挥随车机械师、列车长处理有关行车、列车防护和事故救援等工作。
（3）动车组发生故障时，按照规定的程序独立处理或指挥随车机械师共同处理。

7. 随车机械师职责

（1）执行规章制度，服从调度指挥，履行岗位职责。
（2）负责监控动车组运行中的技术状态，发现故障及时将有关信息通知司机和列车长，并采取措施，妥善处理。
（3）在司机的指挥下，处理有关行车、列车防护和事故救援等工作。
（4）根据司机通知，负责动车组车门开关。

8. 随车乘警

（1）执行规章制度，服从命令听从指挥，履行岗位职责。
（2）负责动车组司机室安全。
（3）协助列车长在紧急情况下，实施列车应急预案。

三、乘务组的工作制度

1. 出退勤制

列车乘务员在本段出乘时，要按规定时间由列车长带队到派班室报到，听取派班员传达有关事项，列车长应摘抄有关电报、命令、指示。

每次乘务终了，列车长应召开班组会议，总结工作，表扬好人好事。返回本段后，列车长向派班室汇报往返乘务工作情况并作出书面乘务报告。

2. 趟计划制

列车长每次出乘前应编制趟计划，趟计划在乘务报告中显示，其主要内容有：
（1）本次乘务工作中的重点安排。
（2）对贯彻上级规章、命令、指示、通知的具体措施。

（3）上次乘务工作中的优缺点及改进措施。
（4）针对接车所发现的问题，应采取的措施。

3. 验票制

为保证旅客安全、准确的旅行，维护铁路运输秩序和铁路收入，在列车内应检验车票。验票由列车长负责，乘警、列车员协助，并根据《铁路旅客运输规程》规定决定验票次数，检验过的车票应用列车专用票剪加剪。发现违章乘车时，按规定补收运输费用。

4. 统一作业制

列车长应根据列车运行的时刻、线路、客流、换班、餐茶等情况编制统一作业过程。除上述制度外还应建立健全以岗位责任制为中心的各项管理制度，如安全生产，经济核算，票据、现金、备品管理及库内看车，旅客意见处理等项制度。

四、动车组列车乘务工作

客运乘务组承担服务旅客，处理票务，检查列车保洁、餐饮工作质量等工作。发生影响旅客安全的问题时，客运乘务组应当立即采取有效措施，保证旅客安全。

运行时间在 3h 以内的列车，一般只播迎送词、服务设备介绍、安全提示、站名和背景音乐。运行时间超过 3h 的列车，可在不干扰旅客休息的前提下，适当增加播放内容。列车旅客信息服务及影音播放系统播放的内容应由客运部门提供，由车辆部门录入。

京津城际动车组采取中英文广播，动车组列车在始发前 5 min，播放安全提示，始发后 5 min 内播放欢迎词、安全提示及背景音乐，终到站前 5 min 播放终到告别词。广播内容由客运段提供，路局宣传部、客运处审定，车辆部门录入，始发前由随车机械师按规定操作自动广播装置。自动广播发生故障时，由客运人员人工广播。

动车组发车前，由列车长确认旅客乘降完毕后，根据不同车型要求通知司机或机械师关闭车门。动车组重联运行时，由两组列车长互相确认旅客乘降情况后，运行前方的第一组列车长负责通知司机或机械师。动车组出动车段（所）到达始发站后，应将车门保持关闭状态。司机根据列车长的通知开门，列车工作人员不得擅自开关车门。

列车长出乘携带电报、客运记录、处理票务等必要的设备和处理业务资料，其他纸质资料台账不携带上车。动车组列车运行中，列车长无须向添乘领导汇报工作。

客运乘务人员配手持电台。动车组列车始发前，列车长的手持电台均应设置在频道 1（CH1）与随车机械师、乘警或司机进行通话联络。运行途中，列车长需与列车员通话时，转为各自的专门频道进行通话。通话完毕，应转回频道 1 进行守候。

列车多功能室只能用于照顾伤、病旅客，存放少量服务备品，由客运乘务人员管理，其他人员不得占用或改作他用。

五、站务管理

车站应采取多种方式售票和订、送票，为旅客购票提供方便。京津城际铁路采取人工售票与自动售票相结合的方式,开展多种形式的订票、送票业务,方便旅客购票。

较大的车站应设置动车组旅客专用候车室,有动车组停靠的中间站应设专用候车区。动车组旅客的候车室(区)设备设施和服务应符合软席候车室标准。京津城际旅客候车室(区)应按软席标准设置,提供两种以上中外文读物、报刊;厕所有卫生纸,洗手间有洗手液(皂)、干手器(擦手纸),保持清洁,保证空气清新。

车站设置自动检票闸机的,闸机的数量和布局应当与车站设施设备相协调,有利于划分动车组旅客专用区域和通道并满足旅客快速进出站。使用自动检票闸机的车站应同时留有人工通道。车站应加强进出站通道、站台的封闭管理,防止无票人员上车。

动车组车门验票由车站负责,通道和站台专用的车站可以不在车门验票。

京津城际列车上需要补票的人员,列车长发给补票证,持补票证的人员,出站口凭补票证办理正常补票业务,不再加收50%票款。

站、车要利用各种渠道大力宣传"CRH"品牌,用于为动车组旅客服务的用品、商品应有"CRH"图形标记。涉及动车组运营的站、车经营服务环境需要发布广告的,必须经国铁集团批准。

六、餐饮管理

列车餐饮管理服务由与铁路局签订餐饮服务合同的专业餐饮公司承担。为列车提供餐饮服务的企业必须通过 ISO 9000 或 HACCP 质量认证。列车销售的食品、饮品应当为全国名优产品并应当有"QS"标志。

铁路局应当监督餐饮企业严格遵守国家卫生法律法规的规定,建立健全加工食品的场地、加工程序、设备、保管、运输、列车供餐服务质量、商品价格等各环节管理和考核制度。

列车上销售的食品和商品,必须由餐饮公司统一采购。餐饮公司销售人员应将上车食品、商品的出库单交列车长以备检查。列车销售的食品和商品应当明码标价、一货一签,并有"CRH"标记。

加热后未售出的食品严格实行定时报废制度。在列车上,报废的食品在未处理前应醒目标明"报废"字样存放。

餐饮企业的乘务服务人员负责列车运行中餐车的清洁卫生。餐车展示柜布置应当美观整洁,其他商品、备品的存放不得侵占通道和影响安全。列车到站、开车时,乘务服务人员应当在餐车门内立岗迎送旅客。

动车组供应的食品、饮品应当品种丰富,价格合理。餐饮企业应当经常征求旅客对饮食服务的意见,并根据旅客的意见调整供应品质、品种、改善服务质量。

七、保洁管理

列车保洁工作由与铁路局签订保洁合同的专业保洁公司承担。为动车组列车提供保洁服务的企业应当具有 ISO 9000 质量认证。

保洁作业中应当爱护车辆设备,保洁使用的清洁剂类用品应当是经过认证机构认证的产品。铁路运输有关部门应当对保洁工作中的卫生环境质量和车辆设备是否受损等进行检查指导。

动车段（所）应当将保洁工作纳入库内作业计划，并为列车保洁提供水、电和存放保洁机具、备品等条件。

列车要通过广播、图形标志、电子显示屏、文字提示等形式向旅客广泛宣传环境保护和禁止吸烟规定，提示旅客不得随意丢弃杂物。

任务二　动车组列车作业标准

一、列车长作业

1. 出乘作业

（1）组织召开出乘会，传达文件命令、电报，总结上趟乘务工作，布置本趟乘务任务。收缴列车员烟火，检查乘务员仪容仪表、标志、证件。

（2）检查电报、客运记录、车内补票移交报告、车补进款交接单、动车组上部服务设施故障交接单、动车组保洁质量验收单、列车长工作手册、便携式补票机、防盗防抢箱、站车客运信息无线交互系统手持终端、GSM-R 移动电话、手持电台、急救药箱（盒）、防寒备品柜钥匙等乘务备品，确认设备状态良好，电量充足。

（3）派班室点名，接受命令、指示。按时出乘，命令、指示记录准确、无遗漏，乘务任务明确。

2. 接车作业

（1）列队整齐按规定线路行走，队列拎包统一，列车长在队伍尾部。始发前 30 min（站台交接时，进站前 15 min）到达站台指定地点接车。

（2）接车后，票据入柜加锁，重设金柜密码，备品定位摆放，调整担当车次，登录站车客运信息无线交互系统，注册 GSM-R 移动电话。与质检员（交班列车长）办理业务交接，做到交接清楚全面。

（3）检查列车设备设施情况及应急（防寒）备品状态，检查列车出库卫生保洁质量及易耗品、清扫工具定位情况。确认列车满水，与车站做好交接。

（4）检查餐售、保洁等人员着装、证件、收缴烟火，并布置趟班重点工作，检查商品摆放、快件堆码等情况。

（5）与特、一等座车厢的列车员确认特、一等座专项赠品领取数量，与餐车长签字交接。

3. 开车前作业

（1）与司机对时后，立即与列车员对时，做到时间准确一致。

（2）检查列车员、餐售、保洁人员作业执标情况，了解餐车各类盒饭和 2 元矿泉水配备数量，保证始发首次配送量不低于总量的 30%。车站检票时，在指定车门处面向旅客放行方向立岗，迎接旅客上车，与车站办理业务交接。

（3）开车前，提示兼职广播员播放广播、监听音量及内容。

（4）开车前 3 min 与车站确认已停止检票，开车前 1 min 与乘务员确认各车厢旅客乘降完毕（重联时，后组列车长确认本组旅客乘降完毕后，向前组列车长报告，前组列车长确认全列旅客乘降完毕），车站铃（哨）声停止后，通知司机关闭车门。做到确认准确、用语规范、按时发车。

（5）遇动车组初起叫停等特殊情况时，及时采取措施，妥善处理。

4. 开车后作业

（1）确认视频、广播、电子屏的播放及显示内容准确、音量适中、播报及时。

（2）加强安全宣传，落实岗位防火责任制。提示旅客遵守安全乘车规定，及时制止可能损坏车辆设施和影响安全的行为。加强"三品"查堵，落实动车组列车禁烟制度，及时检查卫生间、通过台等重点部位，发现有吸烟行为的旅客及时制止，按规定移交公安部门处理。

（3）检查车门、翻板、各柜门锁闭状态；检查行李架、衣帽钩、大件物品摆放及商品、行包快件堆码情况；巡视电茶炉、卫生间等部位，做到设备良好，通道畅通，卫生整洁，备品充足，温度适宜。

（4）掌握车内旅客动态，积极做好服务工作，耐心解答问询，落实"首问首诉"负责制，遇有重点旅客主动提供帮助。

5. 途中作业

（1）根据站车客运信息无线交互系统提供的乘车席位信息，核对空余座位及乘车人数，检查列车员席位，核对执行情况，办理挂失补及电子票等业务，处理违章态度和蔼，执行规章熟练准确，减少对旅客的干扰。

（2）检查列车员作业情况。规范作业行为，发现问题及时纠正、考核，并在列车长工作手册内填记，签字确认。

（3）检查餐售作业情况。规范电器设备管理，停用断电；微波炉、电烤箱内油垢"一餐一清"；立式保温箱、冰箱内随时清理；食品、商品符合食品安全要求，报废商品规范管理；规范商品摆放、不堵塞通道；规范售货行为，及时找零、提供发票，不得频繁进入车厢、高声叫卖；检查2元矿泉水和15元盒饭数量，保证不间断供应，途中、折返时应督促餐售人员及时补充。发现问题及时纠正、考核，并在列车长工作手册内填记，签字确认。

（4）检查动态卫生情况。检查洁具是否齐全，指导保洁作业，督促保洁员加强电茶炉、卫生间、门头等重点部位保洁，易耗品、卫生间补充（冲）及时。检查茶桌板、座椅面、地面上杂物的清理及卫生随脏随扫情况。垃圾袋满溢及时更换、定点投放。跟踪验收保洁质量问题，准确考核，填记《动车组保洁质量验收单》。

（5）督促保洁员对满溢垃圾袋及时更换，系紧扎严，防止液体外漏，放于非乘降车门侧，不得放在车厢连接处或车门翻板上。在垃圾投放站指定位置投放。

（6）加强设备设施检查，做好爱车宣传，发现故障及时通知机械师到场处理，对不能立即修复的设备问题，填记《动车组上部服务设施故障交接单》。

（7）运行中确认视频、广播、电子屏的播放及显示内容准确、音量适中、播报及时。逢用餐时间播报用餐广播。遇自动播报故障时，及时采用人工广播或人工宣传，到站前提示乘务员宣传到位、到指定车门处引导。

（8）到站前，巡视车厢，到指定车门位置立岗，加强宣传引导。

（9）遇有列车晚点时，向司机了解晚点原因，及时上报晚点情况，统一口径向旅客做好解释和安抚工作，掌握中转换乘旅客情况。

（10）运行中遇有突发情况时，立即通报相关人员，启动应急预案，按各自岗位职责分工妥善处理，逐级汇报；涉及有关行车问题时，及时向司机报告，听从司机的统一指挥。

6. 站停作业

（1）中途站停时，在指定位置立岗，监控旅客乘降情况，与车站办理交接。督促乘务人员对在车门处逗留和吸烟的旅客加强安全提示，避免漏乘。

（2）督促乘务人员及时将垃圾袋投放在垃圾投放指定位置。

（3）列车发车前，与车站值班员和列车员确认各车厢旅客乘降完毕（重联时，后组列车长确认本组旅客乘降完毕后，向前组列车长报告，前组列车长确认全列旅客乘降完毕）。车站铃（哨）声停止后，通知司机关闭车门。做到确认准确、用语规范、按时发车。

（4）中途站有上水、吸污作业时，列车长得到车站客运人员上水、吸污作业，旅客乘降完毕的通知后，按规定发车。

（5）遇动车组初起叫停等特殊情况时，及时采取措施，妥善处理。

7. 终到前作业

（1）全面巡视车厢，检查防火安全、设备设施状态、全面卫生清理。检查乘务人员使用清洁车收取垃圾，垃圾袋撤换及空余座位茶桌板、遮光帘（幕）收起复位等情况。提醒旅客整理好随身携带物品，做好下车准备。

（2）检查餐售到站前作业，餐台、后厨、前厅卫生全面清理，按规定时间收取商品、货物，与餐车长核对专项赠品使用数量，签字确认。

（3）填记表报簿册，审核票据、清点票款。

（4）到站前监控广播、电子屏、视频播放及显示，确保内容准确、音量适中、播报及时。

（5）当车底入库（客运班组交接班）时，终到前将设备设施问题填写在《动车组上部服务设施故障交接单》内，与机械师签字交接；填记《动车组保洁质量验收单》，与保洁员签字交接。

（6）到站前，巡视车厢，到指定车门位置立岗，加强宣传引导。

8. 终到（折返）作业

（1）列车到站停稳后，提示兼职广播员播放广播，监听音量。在指定车门处立岗，与车站办理业务交接。

（2）旅客下车完毕后，对车厢进行全面巡视，检查终到卫生，发现旅客遗失物品及时交车站处理。

（3）检查折返保洁质量和备品补充情况，协助车内整容。折返站无质检员时，负责保洁质量验收，并签字交接。

（4）确认折返站列车上水情况，与车站做好交接。

9. 退乘作业

（1）与客运质检员（接班列车长）办理业务交接。交接事项清楚、手续完备。

（2）恢复金柜初始设置密码，组织乘务员收取剩余易耗品，整理乘务备品，确认齐全，将收缴的烟火返还。由专人护送（有乘警值乘时，由乘警护送）到规定地点缴款。

（3）按规定线路退乘，组织乘务班组召开退乘会，点评趟班工作。列车补票、通信等设备、备品按规定交接。

（4）公寓保休时，按照规定线路统一列队行走，遵守待乘纪律、外出执行请假制度，坚持两人以上同去同归。折返出乘前组织召开出乘会，收缴烟火。

二、列车员作业

1. 出乘作业

（1）准时参加出乘会，接受上级命令、指示，趟班乘务任务明确，主动上交烟火。

（2）整理仪容仪表，着装规范整齐，备品、证件携带齐全、设备状态良好。

（3）列队到派班室点名，接受派班员命令、指示及业务考试。

2. 接车作业

（1）列队整齐按规定线路行走，队列拎包统一，始发前 30 min（站台交接时，进站前 15 min）到达站台指定地点接车。

（2）接车后，乘务备品定位摆放，检查设备设施、保洁质量及易耗品、清扫工具定位情况，检查上水情况。发现问题及时报告列车长。

（3）负责特、一等座车厢的列车员与餐售人员清点专项赠品数量，检查定置摆放情况，并向列车长报告。

3. 开车前作业

（1）与列车长对时，做到时间准确一致。

（2）车站检票时，在指定车门处迎接旅客上车，引导重点旅客就座、协助安放行李物品。一等车列车员锁闭一、二等座间端门（开车后及时解锁），并在指定车门立岗，核实车票。

（3）开车前，兼职广播员播放广播，监控广播、电子屏、视频播放及显示，发现异常及时报告列车长。

（4）开车前 1 min，确认旅客乘降完毕后报告列车长。

（5）遇特殊情况时，立即向列车长汇报，采取措施，妥善处理。

4. 开车后作业

（1）兼职广播员播放广播，监控广播、电子屏、视频播放及显示，发现异常及时报告列车长。

（2）加强安全宣传，落实岗位防火责任制。提示旅客遵守安全乘车规定，及时制止可能损坏车辆设施和影响安全的行为。加强"三品"查堵，落实动车组列车禁烟制度，及时检查卫生间、通过台等重点部位，发现吸烟行为的旅客及时制止并报告。

（3）检查车门、翻板、各柜门锁闭状态，发现故障时及时上报列车长；整理行李架、衣帽钩、大件物品摆放；检查商品摆放、行包快件堆码等情况；清理电茶炉、卫生间等卫生部位。做到设备良好，通道畅通，卫生整洁，备品充足，温度适宜。

（4）掌握车内旅客动态，积极做好服务工作，耐心解答问询，落实"首问首诉"负责制，遇有重点旅客主动提供帮助。

5. 途中作业

（1）核实席位，统计乘车人数，对持电子票旅客乘车信息进行核对，发现需挂失补或乘车条件不符的人员，及时引导，并报告列车长。

（2）加强车内整容，对空余座位的茶桌板、遮光帘（幕）、杂志、座椅扶手、脚蹬等及时归位；及时清理座席面上的杂物；对行李架、衣帽钩、大件行李存放处及时整理，保持通道畅通。

（3）加强安全宣传，及时劝阻在车厢内跑动、坐在茶桌板上或运行中在座席上站立的儿童。加强"三品"查堵，落实动车组列车禁烟制度，及时检查卫生间、通过台等重点部位，发现有吸烟行为的旅客立即制止，并及时报告。

（4）兼职广播员播放广播，监控广播、电子屏、视频播放及显示，发现异常及时报告列车长。

（5）加强爱车宣传，及时制止旅客车厢内大声喧哗、脚搭茶桌、穿鞋躺在座席上等不文明乘车行为。

（6）宣传旅行常识，主动向旅客介绍设备设施使用方法，对使用轮椅的旅客主动引导至专用区（有安全带时应使用安全带固定）。

（7）监控餐售行为。及时制止餐售人员频繁进入车厢及高声叫卖，发现问题及时报告列车长。

（8）检查动态卫生情况。检查洁具是否齐全，监控保洁作业，督促保洁员加强电茶炉、卫生间、门头等重点部位保洁，易耗品、卫生间补充（冲）及时。检查茶桌板、座椅面、地面上杂物的清理及卫生随脏随扫情况。提示保洁员拖地时抹布洗净拧干、垃圾袋满溢更换，协助保洁员使用清洁车收取垃圾，定点投放。

（9）到站前，到指定车门位置立岗，加强宣传引导。

（10）遇有列车晚点，要坚守岗位，统一口径向旅客做好解释和安抚工作。列车晚点时间较长时，掌握重点旅客服务需求，对中转换乘的旅客进行统计，及时报告列车长。

（11）运行中遇有突发情况时，立即报告列车长听从指挥，按照岗位职责分工，妥善处理。

6. 站停作业

（1）中途站停时，监控旅客乘降情况，对在车门处逗留和吸烟的旅客加强安全提示，避免漏乘。一等座车列车员锁闭一、二等座间端门（开车后及时解锁），并在车门立岗，核实车票。

（2）在垃圾投放站，协助保洁员及时将垃圾袋投放在指定位置。

（3）确认旅客乘降完毕后，及时报告列车长。

（4）遇特殊情况时，及时汇报、采取措施，妥善处理。

7. 终到前作业

（1）全面巡视车厢，检查防火安全、设备设施状态。对空余座位遮光帘（幕）、茶桌板、座椅（扶手）和脚蹬等进行复位，协助保洁员对车内卫生进行全面清理，收取垃圾。

（2）兼职广播员播放广播，监控广播、电子屏、视频播放及显示，发现异常及时报告列车长。

（3）负责特、一等座车厢的列车员与餐售人员清点专项赠品数量，并向列车长报告。

（4）到站前，提醒旅客整理好随身携带物品，帮助重点旅客提前到车厢门口处做好下车准备，到指定车门位置立岗。

8．终到（折返）作业

（1）列车到站停稳后，兼职广播员播放广播，监控广播、电子屏、视频播放及显示，发现异常及时报告列车长。在指定车门处立岗，组织旅客下车。

（2）旅客下车完毕后，巡视车厢，整理车容。发现旅客遗失物品及时报告列车长。

（3）在到站，协助保洁员及时将垃圾袋投放在指定位置。

（4）在折返站检查保洁质量和服务备品补充情况，协助整理车内卫生，监控列车上水情况。

9．退乘作业

（1）收取剩余易耗品，整理乘务备品，确认齐全，下车列队。

（2）按规定线路退乘，参加退乘会。

（3）公寓保休时，遵守待乘纪律，外出执行请假制度，坚持两人以上同去同归。折返出乘前参加出乘会，主动上交烟火。

三、客运质检员作业

1．出乘作业

（1）及时掌握当日车体更换调度命令和卫生整备重点部位。

（2）按规定时间出乘点名，上交火种，着装规范，佩带职务标志，携带对讲机、动车组上部设施故障交接单、动车组保洁质量验收单等相关备品，按指定线路到达作业地点。

2．接车作业

（1）列车终到前 15 min 到达指定位置接车，检查保洁着装、人数、工具配备及禁烟制度落实情况，及时收缴烟火。

（2）列车到达站台后，与列车长办理设备、备品、卫生、座椅套脏污等事项交接，签字确认。

（3）旅客下车完毕后，组织库内保洁员协助随车保洁员收取垃圾、装袋扎口、定点投放，执行"终到三不带"制度。

（4）巡视车厢，确认设备设施情况，检查车体卫生，布置重点事项及整备部位。

3．库内作业

（1）按时参加动车所一体化协调会，掌握当日动车所内作业计划和要求，合理安排，传达及时。

（2）组织保洁员领取备品，接收、清点头枕片，按车体分发，妥善保管，出库前定位摆放，掌握剩余数量。

（3）监控车内保洁整备作业，发现问题及时纠正。

（4）检查座椅套质量，对污染、破损的座椅套要求维护人员及时更换，未及时更换的，在《动车组座套日常维护质量考核单》内填记，签字确认。

（5）检查广告贴、杂志的数量、质量及定位摆放情况，对不符合要求的及时联系更换。

（6）检查动车组吸污、上水情况，发现问题及时通知车辆部门解决，水满签字确认。

（7）掌握头枕片日使用量和配属量（按 5.5 倍/季配备），监控保洁人员及时更换，剩余净品、撤下脏品及时回收。

（8）按时参加动车所一体化联检，签字确认。

（9）试验列车广播、视频、电子屏等车内设备设施，作用良好，广播音量适中，视频开启及时，电子屏显示准确。

（10）跟踪设备设施修复情况，出库前与随车机械师进行联检，对未修复的设备问题在《动车组上部服务设施故障交接单》内签字确认，对严重影响服务质量的设备问题及时报告。

（11）出库前与保洁班长进行保洁质量验收，填记《动车组保洁质量验收单》，签字确认。

（12）检查电茶炉水温，保证出库温度达标。

（13）遇临时更换车体时，及时汇报，组织保洁员搬运备品、清理卫生。

4．站台作业

（1）随车体出库，对《动车组上部服务设施故障交接单》中记载事项与列车长交接。

（2）将剩余易耗品、清洁车等备品与列车长进行交接。

（3）质检折返列车时，检查保洁人员着装、人数、备品配备等情况，督促做好座椅转向、卫生清扫、擦拭等相关工作，全面验收，填记《动车组保洁质量验收单》与保洁班长签字确认。

5．退乘作业

（1）按规定线路行走退乘。

（2）将《动车组保洁质量验收单》《动车组上部服务设施交接单》《动车组座套日常维护质量考核单》等及时反馈。

四、餐饮乘务员

1．出乘作业

（1）餐车长按照规定时间请领票据，预测客流餐饮需求，提报请料计划。保证盒饭和预包装水高中低档分层分类配备，不同价位盒饭不少于3种，15元盒饭和2元矿泉水始发首次配送量不低于总量的30%，全程不断供。

（2）餐车长收缴烟火、手机，统一保管。整理仪容仪表，着装、标志规范整齐，备品、证件携带齐全，设备、设施状态良好。

（3）调度室点名，接受命令、指示及应知应会业务试问。按时出乘，命令、指示记录准确、无遗漏，乘务任务明确、回答准确。

2．接车作业

（1）列队整齐按规定线路行走，队列拎包统一，餐车长在队伍尾部，始发前 40 min（车体到达站台前 15 min）在站台指定地点接车，向列车长请示趟重点工作，主动上交烟火。

（2）餐车长与搬运人员办理商品交接，使用餐车上货门时，作业完毕后，餐车长立即锁闭上货门，与机械师交接确认；不使用上货门时，应在临近指定车门上货、安全迅速、礼让旅客，不干扰旅客乘降。

3. 开车前作业

（1）搬运商品时，轻拿轻放、码放整齐、大不压小、重不压轻、定位摆放、不堵通道。

（2）定位摆放商品、货物、个人物品及售货车，规范摆放展示柜、售货车内物品，按规定储存冷链食品，检查商品价签及质量。

（3）配送专项赠品到指定车厢，定位摆放。服务员与列车员办理交接，餐车长与列车长在《"G"字头动车组专项服务饮品、小食品发放交接单》内签字确认。

（4）开车前 1 min，餐车前厅指定位置有一名服务人员立岗。

4. 开车后作业

（1）检查设备设施情况，发现故障及时通知机械师到场处理，对不能立即修复的设备问题，报告列车长，填记《动车组上部服务设施故障交接单》。

（2）做好商品销售准备工作，展示柜、售货车品种丰富，摆放整齐、价签无遗漏、包装无破损。

（3）与特、一等座车列车员共同发放专项赠品。

5. 途中作业

（1）全面做好商品销售工作，吧台全程实行站立服务。始发后 10 min 和终到前 20 min 以内，不得进入车厢内流动售货，途中站到站前及开车后 5 min 以内，不得推售货车进入车厢流动售货。

（2）在餐车或进入车厢推介、销售时，向旅客提供图文并茂的价目表，供旅客自主选择。进入车厢流动售货，频次适当、轻推慢走，遇有旅客通行主动避让，采用问询售卖方式，声音适中，不得高声叫卖，出售商品及时找零、提供发票。对旅客用过的餐盒及时回收。

（3）提供电话、流动订餐及送餐服务。订餐广播播放后，及时到车厢提供订餐服务，送餐准确、及时。

（4）随时整理、补充展示柜、售货车商品，2 元矿泉水和 15 元盒饭不间断供应。对变质、过期食品粘贴"报废"标签，放入报废食品箱内存放，填记《动车组商品配餐销毁报废记录登记表》。

（5）及时补充特、一等座专项服务赠品，与列车长签字确认。

（6）检查餐车防火安全、掌握餐车设施使用及应急处理方法，按规定使用微波炉、电烤箱、保温柜等电器设备，停用断电；微波炉、电烤箱"一餐一清"，随时清理立式保温箱、冰箱，做到无油垢、无污迹。

（7）随时清理餐车卫生，物品定置摆放，餐台、吧台做到"一客一清"。对满溢垃圾袋及时更换，系紧扎严，防止液体外漏，放于非乘降车门侧，不得放在车厢连接处或车门翻板上。在垃圾投放站指定位置投放。

（8）对餐车广播、视频进行监听（看），发现问题及时报告列车长。

（9）根据商品销售情况，途中、折返及时补货，保证盒饭、预包装水高中低档分层分类供应齐全，2元矿泉水和15元盒饭不间断供应。

（10）运行中遇有突发情况时，听从列车长指挥，按各自岗位职责分工，妥善处理，逐级汇报。

6. 终到前作业

（1）回收特、一等座专项赠品，与列车员清点数量，办理交接，与列车长核对数量，签字确认。

（2）终到前40 min清点货物整理装箱，码放整齐，大不压小，重不压轻，定位摆放，不堵通道；保持展示柜、售货车售货状态，不间断售货服务；终到前10 min整理展示柜、售货车商品。

（3）填记表报簿册，清点货款。

（4）全面清理餐车卫生，洗手池无污物、无水迹，白钢部件光亮，地面、台面、柜面清洁无杂物，及时收取垃圾、入袋扎口存放，在垃圾投放指定位置投放。发现垃圾袋损坏要及时套袋，防止外漏。

（5）检查餐车设备设施情况，发现问题及时报告列车长，并在《动车组上部服务设施故障交接单》内填记。

（6）终到前1 min，在餐车指定位置有一名服务人员立岗。

7. 终到作业

（1）返还烟火、手机。

（2）到垃圾投放指定位置投放垃圾。

（3）与搬运人员进行货物交接，签字确认。

8. 退乘作业

（1）整理乘务备品，确认齐全，下车列队，按规定线路退乘，按规定缴款。

（2）公寓保休时，按照规定线路与客运班组统一列队行走，遵守待乘纪律及外出执行请假制度，坚持两人以上同去同归。折返出乘前参加出乘会，收缴烟火、手机。

五、随车保洁员

1. 接车作业

（1）整理仪容仪表，着装规范整齐，证件、清洁用具携带齐全，设施作用良好。

（2）列队整齐按规定线路行走，队列拎包统一，始发前30 in（站台交接时，进站前15 min）到达站台指定地点与客运班组共同立岗接车。向列车长请示工作重点，主动上交烟火。

（3）乘务箱包定位摆放，清扫工具隐蔽存放。

（4）检查车内卫生，补充、整理易耗品。

2. 开车前作业

（1）整理随身洁具、携带齐全，领取易耗品，整齐放于围裙内。

（2）车站检票时，在指定车门处迎接旅客上车，引导重点旅客就座、协助安放行李物品。

（3）遇特殊情况时，立即向列车乘务人员汇报。

3. 途中作业

（1）随时清理卫生间，无便迹、无异味；重点监控电茶炉，无杂物、无水渍；及时更换、补充清洁袋、卫生纸、擦手纸等服务备品；及时清理茶桌板、座椅面（网兜）；地面卫生随脏随扫，无杂物；拖布洗净拧干、地面无水迹。不得戴胶皮手套或手持垃圾袋进入客室内作业。

（2）电茶炉、手把杆、垃圾箱投掷门等白钢部件擦拭光亮。

（3）耐心解答旅客问询，对不能答复的事宜及时报告列车长（员）处理。

（4）熟练掌握安全防火、车辆设施使用常识，做好安全、加强爱车宣传，及时制止旅客车厢内大声喧哗、脚搭茶桌、穿鞋躺在座席上等不文明乘车行为；加强禁烟管理，及时检查卫生间、通过台等重点部位，发现有吸烟行为的旅客立即制止，并及时报告。

（5）及时更换满溢垃圾袋，系紧扎严，防止液体外漏，放于非乘降车门侧，不得放在车厢连接处或车门翻板上。在垃圾投放指定位置投放。

（6）到站前，到指定车门引导旅客下车。

（7）运行中遇有突发情况时，立即报告列车长（员），听从指挥，妥善处理。

4. 站停作业

（1）在垃圾投放指定位置投放垃圾。

（2）中途站停时，对在车门处逗留和吸烟的旅客加强安全提示，避免漏乘，发现突发问题及时报告。

5. 终到前作业

（1）全面清理卫生，清理茶桌板、座椅面、地面上杂物，对电茶炉、卫生间、通过台进行全面擦拭，无污渍、无水迹，白钢部件光亮。

（2）与列车员配合，使用清洁车收取垃圾，及时更换满溢垃圾袋，系紧扎严，在垃圾投放指定位置投放。垃圾袋损坏时要及时套袋，防止外漏。

（3）听取列车长对本次乘务点评，存在问题在《动车组保洁质量验收单》内签字确认。

6. 终到（折返）作业

（1）旅客下车完毕后，全面清理卫生。发现旅客遗失物品及时报告列车长（员）。

（2）在垃圾投放指定位置投放垃圾。

（3）折返站补充易耗品，整理车容。

7. 退乘作业

（1）协助列车员收取剩余易耗品，整理乘务备品，确认齐全，下车列队。

（2）按规定线路退乘。公寓保休时，按照规定线路与客运班组统一列队行走，遵守待乘纪律及外出执行请假制度，坚持两人以上同去同归。折返出乘前参加出乘会，主动上交烟火。

项目四　动车组列车安全管理

【项目描述】

　　安全是铁路运输组织永恒的主题。客运安全，尤其是高速运行的动车组列车安全尤为重要，客运管理人员、作业人员应牢固树立主人翁的责任意识，通过本项目的学习，使学生掌握安全管理相关规定，增强安全风险管控能力，全面提高安全业务素质。

【教学目标】

1. 能力目标
（1）明确动车组消防工作各部门职责。
（2）明确动车组列车禁烟管理相关规定。
（3）明确乘降安全管理相关规定。
（4）明确人身安全管理相关规定。
（5）明确设备安全管理相关规定。
（6）掌握高速铁路客运几种典型的应急处置措施。

2. 知识目标
（1）了解动车组消防工作各部门职责。
（2）了解动车组列车禁烟管理的具体规定。
（3）了解乘降安全管理相关规定。
（4）了解人身安全管理相关规定。
（5）了解设备安全管理相关规定。
（6）掌握高速铁路客运几种典型的应急处置措施。

任务一　动车组列车消防安全

动车组消防工作按照《动车组消防安全管理暂行规定》执行。

一、部门管理职责

　　动车组的消防安全管理，由铁路车辆、客运、机务部门负责。要认真贯彻执行上级有关消防工作的规定和工作部署，制的动车组消防管理规章制度及动车组火灾事故应急预案，落实消防安全责任制和岗位防火责任制，定期开展消防安全检查，及时发现和整改火灾隐患，开展消防安全教育培训，提高火灾预防和处置能力。

动车组消防安全监察工作由安全监察部门负责；消防监督工作由公安部门负责。

二、消防组织和岗位职责

（一）动车组消防工作在列车长的统一领导下实行岗位防火责任制

建立由列车长为组长，本务司机、随车机械师、乘警、客运乘务员、随车餐饮人员、保洁人员参加的消防安全小组，履行下列职责：

（1）认真贯彻执行上级有关消防工作的规定和工作部署，定期召开消防安全小组会议，组织安排和总结分析消防工作。

（2）组织乘务人员认真学习消防知识，人人达到"三懂三会"（懂得本岗位火灾危险性、懂得预防火灾的措施、懂得扑救火灾的方法，会报警、会使用灭火器、会扑救初起火灾）。

（3）督促乘务人员落实岗位防火责任制。

（4）做好对旅客的防火安全宣传教育工作，落实易燃易爆危险物品查堵措施。

（5）发生火灾时，启动火灾事故应急预案，疏散旅客，扑救火灾，报告火灾情况。

（6）建立消防安全台账。

（二）动车组消防安全台账

动车组消防安全台账由列车长负责填写和管理，台账在车队存放，包括以下主要内容：

（1）上级有关消防工作的文件（复印件或摘抄件）。

（2）动车组消防安全小组名册。

（3）火灾事故应急预案及人员分工。

（4）消防安全小组会议和活动记录。

（5）乘务人员消防安全培训记录。

（三）客运各工种岗位职责

1. 列车长岗位防火职责

（1）全面负责动车组消防安全管理工作，贯彻上级有关消防工作部署，接受上级的消防安全检查。

（2）检查督促乘务工作人员落实岗位防火责任制。

（3）主持召开消防安全小组会议，总结分析、安排布置消防工作。

（4）组织乘务工作人员学习消防知识，提高防火灭火技能。

（5）按规定进行运行中防火巡查，发现和消除火灾隐患，制止违反消防管理行为，并做好巡查记录。

（6）组织乘务人员向旅客宣传防火、防爆安全知识，做好易燃易爆危险物品查堵工作。

（7）运行中发生火灾时，启动火灾事故应急预案，组织指挥乘务人员疏散旅客，扑灭火灾；及时向列车调度员及有关部门报告，协助公安、安监部门查明起火原因，组织恢复列车运行。

（8）按规定填写消防安全台账。

（9）参加联检交接。

2. 客运乘务员岗位防火职责

（1）严格遵守动车组消防安全规章制度，服从命令，听从指挥，坚守岗位，落实防火措施。

（2）认真巡视车厢，及时制止旅客吸烟。

（3）运行中加强对电气设备、火灾自动报警显示屏的监视，严格执行操作规程，发现报警及故障，及时向列车长或随车机械师报告。

（4）学习消防知识，达到"三懂三会"，熟练掌握火灾应急处置预案。

（5）做好查堵易燃易爆危险物品工作，发现易燃易爆危险物品及时报告列车长妥善处理。

（6）发生火灾时，按火灾事故应急预案立即通知列车长和司机，及时疏散旅客，扑救初起火灾，维护秩序，保护旅客安全。

3. 随车餐饮、保洁人员岗位防火职责

（1）遵守动车组消防管理规定，服从命令，听从指挥，坚守岗位，严格按操作规程使用电气设备。

（2）学习消防知识，达到"三懂三会"，熟练掌握火灾事故应急预案。

（3）发生火灾时，按火灾事故应急预案立即通知列车长和司机，及时疏散旅客，扑救初起火灾。

三、火灾预防

（1）严格执行联检制度。动车组出库联检时，应对电气设备、消防设施、器材等设备及各部位的消防安全状况进行全面检查，确认状态良好，严格办理交接。终到后，进行消防安全检查，按规定办理交接。

（2）运行中，动车组乘务人员应严格标准化作业，认真执行岗位防火责任制。

（3）铁路局应制订动车组消防设备、电气装置的操作规程。

（4）担当动车组乘务的工作人员经消防安全培训，熟悉新技术新设备的性能，掌握各岗位防火职责和消防知识技能，经考试取得合格证后方可上岗。

（5）严禁乱拉电线和违章安装、更换电气装置、元件。严禁擅自使用电热器具等电器。

（6）火灾自动报警系统保持状态良好，并按规定进行定期检测。配置列车内部无线对讲机，保证不间断使用及状态良好。

（7）乘务人员应严格遵守电气设备、消防设备操作规程，加强巡检，发现故障及时处置。

（8）加强灭火器日常维护保养和管理，保证处于良好状态。灭火器应保持清洁，严禁搭挂物品，严禁挪作他用。

任务二　动车组列车禁烟管理

为确保安全，动车组列车应严格执行禁烟的有关规定。

一、禁烟规定

（1）动车组车厢内严禁吸烟。动车组列车应通过图形标志、站车广播、电子显示等方式向旅客进行宣传提醒。

（2）发现有吸烟行为的旅客，工作人员应及时劝止，运行中对不听劝阻吸烟的旅客，乘警依法处理。

（3）中间站开车后列车员（长）应对厕所废物箱进行安全检查，发现烟头水浸处理。低站台中间站开车后列车员（长）要对车梯进行重点安全检查，将烟头等杂物清理干净后，方可将翻板恢复原位。

（4）运行中，列车长、随车机械师听到司机发生烟火报警呼叫后，要立即答复司机，赶赴司机提供的报警地点进行确认，同时列车长要立即通知离报警较近的乘务人员到现场确认，列车长和随车机械师确认后立即向司机汇报现场情况。

二、动车组列车禁烟管理的职责

1. 禁烟原则

（1）各次旅客列车，自始发至终到止，各客运、餐饮、保洁、车辆、乘警等，在列车运行中值岗或添乘履职的各级干部检查工作时，一律禁止在列车内任何场所吸烟。

（2）各次旅客列车，在管内和异地库内停留时，自车体入库（或停留线）至出库止，各客运、餐饮、保洁、车辆、公安及入库履行检查的各级干部等，在库内（或停留线）停留的客车体上执行岗位作业或检查工作时，一律禁止携带香烟、火种上车，禁止在车体内任何场所吸烟。

（3）各次旅客列车，在列车始发前，各工种乘务人员必须自觉执行对个人携带的香烟、火种实行上缴制度。客运、餐饮、保洁由列车长负责收缴，车辆、行包、邮政由乘警长负责收缴。

2. 禁烟管理责任

（1）由各客运担当段承担主体管理责任。管内实施库乘分离的库内停留车体，在库内由旅行服务段承担主体管理责任。

（2）动车组列车，在动车所停留期间执行《××铁路局动车运用所一体化管理及考核办法》，由动车段承担主体管理责任（跨局异地停留期间，执行所属局规定）。

（3）运行中，对列车工作人员的禁烟管理实施列车长、乘警长双重负责制。对列车的禁烟管理，公安部门应承担主体监管责任。

（4）禁烟管理实施列车长、乘警长双重负责制。运行中，除列车长、乘警长必须起到带头作用外，各车辆、行包、邮政、餐饮、保洁、厂家维修、添乘干部等乘务人员，必须无条件服从列车长、乘警长的管理。

（5）车体在库内停留时，各工种作业人员必须服从列车长（含列车长指派负责人员）、保洁工长对其任何带烟、吸烟行为的制止和处罚。

3. 违规吸烟处罚

（1）始发前，所有各工种乘务人员，未按规定主动上缴或私藏香烟、火种的，责任人给予行政警告处分并离岗培训一个月。

（2）车体在库内停留，车体上作业或看车人员，私自携带香烟、火种上车的，责任人给予行政记过处分并离岗培训两个月。

（3）在列车运行中或在库内作业时违反规定吸烟，责任人一律给予行政记大过处分，离岗培训3个月并调离本岗位另行分配工作。

（4）在列车运行中或在库内停留时，作业人员违反规定吸烟，按违反条例责任人工种，对列车长、餐车长、检车长、工班长等列车负责人一律给予行政记大过及免职处分。

（5）列车长或各工种班组长不执行收缴烟、火种规定，给予列车长或班组长行政警告处分并免职。

（6）库内停留车体（含异地）外雇保洁人员发生违反条例行为的，除对责任人给予辞退处理外，对责任公司（含旅行服务段）给予5 000~20 000元罚款。

（7）运行中，各工种作业人员在作业时，因吸烟引发火情、火险动用了灭火器，按系统给予相关单位的车间、车队主管副职撤职处分，正职行政记大过处分并免职，段级主管副职警告处分。

（8）库内停留客车，各工种作业人员在作业或看车时，因吸烟引发火情、火险动用了灭火器，按系统给予相关单位的车间、车队主管副职撤职处分，正职行政记大过处分并免职，段级主管副职警告处分。

（9）旅客列车运行或车体入库停留中，各工种作业人员在作业时，因吸烟引发火灾，根据消防部门鉴定结果依法追究责任。

任务三　乘降安全管理

一、动车组运行安全

为确保动车组列车运行安全、旅客乘降有序，接发动车组列车必须坚持"五固定"。即固定进路，接发动车组列车必须固定在基本进路上办理；固定到发线，接发动车组列车必须在固定的到发线上办理；固定站台，接发办理客运业务的动车组列车必须停靠固定站台；固定停车位置，车站应根据动车组不同车型、不同编组，分别设置动车组停车位置标，固定动车组停车位置，司机对标停车；固定接发车人员，接发动车组人员必须由对动车组相关知识进行专门培训、考试合格的人员担任，并在固定位置接送动车组。

二、动车组车门管理

（1）列车到站停稳后，司机或随车机械师开启车门，并监控车门开启状态。开车前，列车长确认旅客乘降完毕（重联时，后组列车长确认本组旅客乘降完毕后，向前组列车长报告，前组列车长确认全列旅客乘降完毕），车站铃（哨）声停止后，通知司机或随车机械师关闭车门。遇动车组列车在车站停车后需继续前移时，司机须立即通知随车机械师不得开启车门。如自动开关门装置故障时，由司机通知列车长和随车机械师手动开关车门。

（2）动车组出库开出及到达始发站后，应将车门保持关闭状态。车站放客前司机（按钮不在司机室的由随车机械师执行）根据列车长的通知开门。列车工作人员不得擅自开关车门。

三、旅客乘降

站停时，乘务人员按分工安全有序地组织旅客乘降，及时疏导旅客先下后上，车门处与站台弯道边缘缝隙较大时，乘务人员做好宣传和安全提示。CRH_5A型动车组停靠低站台时，到站前10 min客运乘务人员提前锁闭辅助板指示锁并打开翻板，按分工监控，开车后及时将翻板及辅助板指示锁复位，确认锁闭到位后，监控人员方可撤离，由列车长负责复检。

四、餐车上货门管理

餐车上货门仅供餐车售货人员在始发站、折返站补充商品、餐料时使用，不得组织旅客乘降。餐售人员上货完毕后，立即关闭并与随车机械师共同确认锁闭状态；无上货门的动车组应在临近餐车的指定车门上货，上货时不得干扰旅客乘降。

五、动车组车门特殊情况的开启方法

动车组列车长在车门关闭后不得随意开启车门，遇特殊情况必须开启车门时，须先确认列车未起动，得到司机同意后，方可开启车门。再次关门后，通知司机已关闭车门。

六、列车停站或初起动时，发现危及旅客人身安全或行车安全情况的处理

列车停站或初起动，发现危及旅客人身安全或行车安全的情况，需紧急叫停列车时，使用全路统一的站车专用无线通信频率，呼叫司机停车。紧急事件处理完毕后，通知司机紧急事件处置完毕，按规定程序通知司机（机械师）关闭车门。动车组在站起动的范围为自客运营业站开车后至列车尾部过出站信号机前。

七、运行中车门、气密窗管理

运行中，车门、气密窗应锁闭状态良好。定期巡视，保持通道畅通。出现故障时，指派专人看守，并及时通知机械师到现场处理。对倚靠车门或在车门处坐卧的旅客进行安全宣传和疏导，及时引导旅客将车门处堆放的物品移至大件行李处。

八、临时停车

临时停车时,立即播报临时停车广播,坚守岗位,监控车内旅客状况,不得随意开启车门。

任务四　人身安全管理

动车组工作人员应严格执行人身安全的有关规定。

(1) 严禁摸黑开关电气设备,防止触电,电气化区段停站不冲洗车皮,严禁攀登车顶作业。

(2) 库内作业时,不得擅自打开非平台一侧车门,不得在无防护情况下登高作业,擦拭棚顶及行李架时,不得踩踏座椅扶手或穿鞋踩在座席上。

(3) 行李架、大件行李存放处物品摆放平稳、牢固。大件行李放在大件行李存放处,不占用席位,不堵塞通道。锐器、铁质、易碎品、杆状物品及重物等放在席位下面或大件行李存放处。衣帽钩仅限挂衣帽、服饰等轻质物品。使用茶桌板不超过承重范围。

(4) 乘务人员进出车站和动车所(基地)时,应走指定通道,通过线路时,走天桥、人行地道、平交道,并做到"一停二看三通过",不横越线路,不钻车底,不跨越车钩,不与运行中的机车车辆抢行。3人以上进出车站时应集体列队。

(5) 沿线路行走时,严禁走道心、枕木和侵入限界。严禁扒乘机车、车辆和以车代步。遇到特殊情况必须在线路上行走时,应设专人防护。

(6) 乘务人员在出乘前充分休息,保持精力充沛,不在班前、班中、折返站饮酒。

(7) 做好安全防范,加强巡视,维护车内秩序,应保证无随车叫卖、拣拾、讨要等人员在车内,保持良好的旅行环境。

(8) 残疾旅客乘坐轮椅乘车时,应使用安全带对轮椅进行固定,防止轮椅滑动导致伤害事故发生。

(9) 动车组移动时,严禁打开车门上、下车。

(10) 进入动车段接打手机严格执行"五不准"要求:

① 作业期间禁止接打手机。
② 在检查库二、三层作业平台任何部位禁止接打手机。
③ 在检查库地沟内禁止接打手机。
④ 驾驶厂内机动车时禁止接打手机。
⑤ 动车组调车侵线的范围内禁止接打手机。

任务五　设备安全管理

一、设备安全管理

(1) 各车厢灭火器、紧急制动阀(手柄或按钮)、烟雾报警器、应急照明灯、防火隔断门、紧急门锁、紧急破窗锤、气密窗、紧急呼叫按钮、列车防护网（带）、应急梯、渡板、应急手电筒（爆闪灯）、引导旗、扩音器等安全设备设施配齐配全，作用良好，定位放置。乘务人员做到知位置、知性能、会使用。

（2）紧急制动阀、紧急开门按钮、紧急破窗锤、灭火器无破封。

（3）安全标志齐全，规范明显，符合标准。车厢、卫生间内有禁烟标志。电茶炉周围有防烫标志。车门内侧有"紧急开门"说明及"禁止倚靠"标志。

（4）利用广播、视频、服务指南等方式宣传安全常识、全列禁止吸烟和车辆设备设施的使用方法，提示旅客遵守安全乘车规定，对损坏车辆设施和不安全的行为及时制止。

（5）安全使用电源，正确使用电气设备。电器元件安装牢固，接线及插座无松动，按钮开关、指示灯作用良好；不乱接电源和增加电气设备，不超过允许负载；配电室（箱）、电气控制柜锁闭，无堆放物品。严禁在电源处及配电柜、电暖气、电茶炉等电器装置上部及附近堆放或搭挂物品；不用水冲刷车内地板、连接处和车内电气设备，不得用湿布擦拭电器，防止造成线路短路引起火灾。

（6）餐车配备的微波炉、电烤箱、咖啡机等厨房电器符合规定数量、规格，额定功率符合规定范围，应规范使用，离人断电。保持卫生清洁，周围不得放置杂物，冰箱、立式保温柜随时清理，微波炉"一餐一清"。随车机械师和餐售乘务员要定时检查餐车电气设备，用餐高峰使用微波炉时，如出现过热或其他异常情况，应立即断电处理并停止使用。禁止将纸箱、餐巾纸、餐盒、废旧报纸、手机（对讲机）电池等易燃易爆物品摆放在电器旁。

CRH_5A 型动车组：允许配置额定功率 2.9 kW 微波炉 1 台、额定功率 1.7 kW 微波炉 2 台。

CRH380 型动车组：随车配备的 4 台 2.78 kW 微波炉可同时使用。

（7）火灾自动报警系统保持作用良好，按规定进行定期检测；冬季开启电暖气时，物品距离电暖气 10 cm 以上。

（8）清洁车、售货车内外清洁，外沿安装防撞胶条，清洁车、售货车有制动装置。不得与列车运行方向同向停放，离人制动，停放时距墙面 10 cm 以上。

（9）列车乘务人员在列车运行中应当注意对列车安全设备的管理，制止搬动、触碰安全设备等不安全行为。严禁任何人在列车正常运行中打开气密窗，禁止任何无关人员进入司机室。

（10）列车所有乘务员要经常巡视车厢，发现或接到旅客反映动车组有异常抖动的现象时，应立即通知随车机械师，随车机械师接到通知后，要立即前往发生异常抖动的车厢进行现场确认，并采取有效措施。

（11）进行保洁作业时严禁用水冲刷车内地板、连接处和车内电气设备。

二、集重安全管理

严禁利用动车组装运大宗货物，防止动车组出现偏载或集重运输。各车厢装载行李物品或餐料食品的集重质量严禁超过 200 kg/m²。餐车配置餐茶食品总质量不得超过 500 kg，且必须均衡定位摆放。

发现动车组出现偏载、集重装载运输时，应及时将相关货物在本车厢四角均衡分布开，或分散装载在多个车厢内处理。对无法分散装载的集重货物并可能危及行车安全时，列车长应立即通知随车机械师进行确认。经确认危及行车安全时，立即通过司机报告列车调度员，在前方最近停车站进行卸载处理，同时列车长编制客运记录交前方停车站。对不听劝阻的偏载或集重运输行为，列车长及时通知乘警依法处理。

任务六　高速铁路客运非正常情况应急处置措施

一、动车组列车发生火灾、爆炸时的应急处置措施

（1）动车组列车工作人员（含司机、随车机械师、乘警、客运、餐饮、保洁等人员，下同）发现或接到旅客反映车厢内有爆炸、明火、冒烟或消防设施报警时，应立即到现场查看、施救（司机除外）并通知列车长。列车长接到通知后，应会同随车机械师、乘警根据具体情况，采取相应的措施进行处置。在扑救火灾时，列车乘务人员应保护好现场，并采取措施做好宣传工作，稳定旅客情绪，维持秩序，以免发生混乱。

（2）在确认火灾或爆炸后，列车工作人员应立即使用紧急制动阀停车（火情小能处置的可不使用制动阀），同时列车长（或随车机械师）立即通知司机。停车后，司机应立即向列车调度员或车站值班员报告，配合列车长、随车机械师、乘警进行火灾扑救、旅客疏散等工作。有制动停放装置的由司机负责实施防溜，无制动停放装置的由随车机械师做好防溜、防护工作。

（3）列车长应立即指挥列车所有的工作人员进行处置，乘警、随车机械师等列车工作人员应积极配合；同时组织事故车厢的旅客向其他车厢疏散。

（4）待全部人员向安全车厢疏散完毕，火势仍未得到有效控制，需向地面疏散时，列车长应立即通知司机、随车机械师或其他列车工作人员关闭通道阻火门。司机根据列车长的请求，向列车调度员报告，请求向地面疏散，现场救援。

（5）组织旅客疏散时，必须扣停邻线列车。司机在接到列车调度员已扣停邻线列车的口头指示后，立即通知列车长，列车长接到司机通知后应立即指挥列车工作人员打开车门，根据需要安装好应急梯，组织旅客向地面安全地带疏散。

（6）列车工作人员应组织好旅客有序疏散，并照顾好重点旅客确保人员安全。

（7）要动员旅客中的医护人员和列车工作人员对受伤人员开展紧急救护，并做好对重点旅客的服务工作。

（8）列车工作人员应积极配合公安部门保护好事故现场，协助公安人员调查取证。

（9）如遇火灾危及旅客安全，又未能及时接到扣停邻线列车的命令，列车长应会同司机，组织列车工作人员打开运行方向左侧车门（无线路一侧），结合现场实际，确定旅客疏散方向和疏散方式，列车工作人员应做好旅客安全宣传和防护，严禁旅客跨越线路。

（10）遇上述应急状况发生时，由调度所客运调度员通知客服中心解答口径，以便客服代表回复旅客的咨询和投诉。

动车组列车发生火灾、爆炸时的应急处置流程如图 4.1 所示。

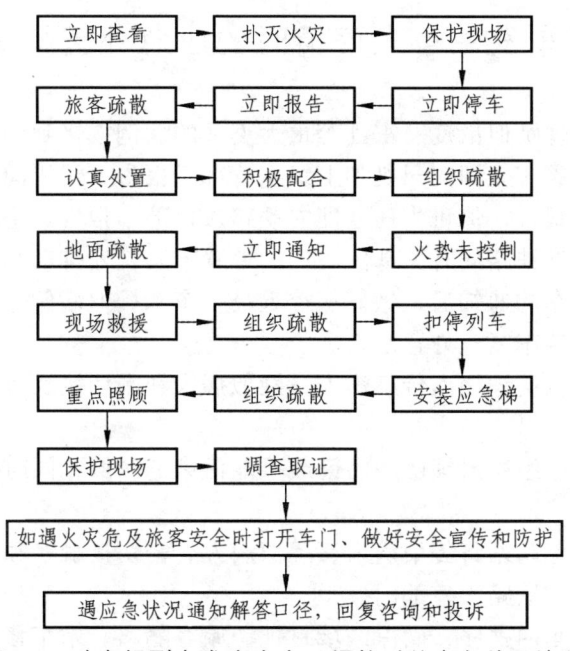

图 4.1 动车组列车发生火灾、爆炸时的应急处置流程

二、动车组列车晚点的应急处置措施

（1）动车组在始发及运行途中出现故障晚点时，列车长要及时联系所在局客运调度，了解晚点原因等，报告车内情况和请求协助解决的问题，组织乘务员积极主动做好服务。所在局客运调度根据自然灾害、设备故障、施工等情况将晚点原因及预计晚点时间在 15 min 内告知值乘列车长，列车长据此通过广播告知旅客故障原因和预计晚点时间。晚点超过 15 min 时，列车长应向旅客致歉并告知故障原因，做好解释工作。乘警应与列车长密切配合，经常巡视车厢，维持好车内治安秩序。列车长要了解和掌握旅客提出的要求，并向路局进行反馈，路局及沿途站车单位应尽全力向旅客提供帮助，解决因列车故障及晚点给旅客带来的困难。

（2）列车工作人员应加强车厢巡视，掌握旅客动态，并做好宣传、解释、服务工作，稳定旅客情绪，维护好车内秩序。

（3）列车晚点 1 h 及以上且逢用餐时间，列车长应提前统计车上旅客人数，通过司机向列车调度员报告，列车调度员通知调度所客运调度员，或直接向调度所客运调度员报告，调度所客运调度员接到信息后，应安排前方停车站为列车提供饮食品，列车免费向旅客发放。

动车组列车晚点的应急处置措施流程如图 4.2 所示。

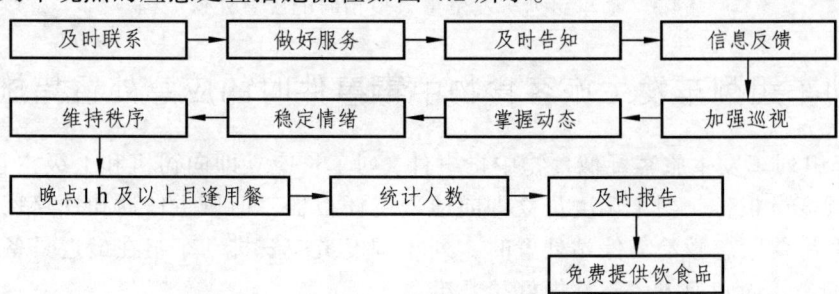

图 4.2 动车组列车晚点的应急处置流程

三、动车组列车发生重大疫情时的应急处置措施

（1）动车组列车发现疑似鼠疫、霍乱等重大疫情的病例或接到动车组列车上有疑似病例的通知时，列车长、乘警应立即向司机和上级主管部门报告，司机向列车调度员报告，列车调度员立即向值班主任报告，值班主任立即向铁路疾控部门报告。

（2）列车调度员根据铁路局有关部门确定的处置方案，安排动车组在指定车站停车。列车长接到司机指定站停车的通知后，做好疾控人员上车和疑似病例交站等相关准备工作，车站及铁路疾控部门做好接车紧急处置准备。

（3）列车长、乘警应组织隔离传染病人、疑似病人和密切接触者，紧急疏散其他旅客，并对有关人员进行登记。

（4）列车长、乘警应组织封锁已经污染或可能污染的区域，同时做好被隔离人员的交站准备。

（5）列车长在指定停车站将传染病人、疑似病人、密切接触者和其他需要跟踪观察的旅客及相关资料移交车站和铁路疾控部门。

（6）乘警应维护好车内秩序，确保区域封锁、旅客隔离、站车移交等工作正常开展。

（7）铁路疾控部门应上车对已经污染或可能污染的区域进行消毒。铁路疾控部门确认处置完毕后，方可解除区域封锁。

（8）站车应积极配合现场医疗和疾控部门的工作。

（9）遇上述应急状况发生时，由调度所客运调度员通知客服中心解答口径，以便客服代表回复旅客的咨询和投诉。

动车组列车发生重大疫情时的应急处置流程如图4.3所示。

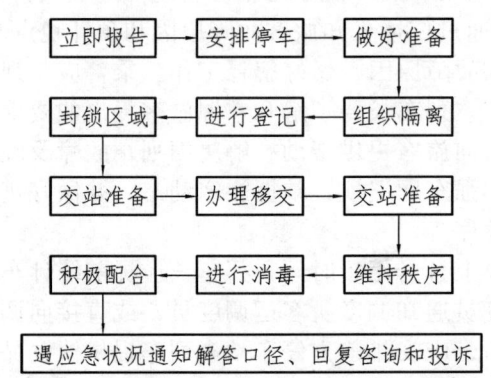

图 4.3 动车组列车发生重大疫情时的应急处置流程

四、动车组列车发生旅客食物中毒事件时的应急处置措施

（1）动车组列车发生旅客疑似食物中毒事件，列车长应立即向司机和上级主管部门报告，司机向列车调度员报告，列车调度员立即向值班主任报告，值班主任通知铁路疾控部门。

（2）旅客需要紧急救治需停站处置时，列车调度员应安排动车组在最近具备医疗抢救条件的车站停车，并通知前方停车站做好抢救准备。

（3）列车工作人员应对有关人员进行登记，封锁现场，封存可疑食品、饮用水、食具用具等。铁路疾控部门应上车收集中毒人员的呕吐物、排泄物待查。

（4）站车应积极配合现场医疗和疾控部门、卫生监督部门的工作。

（5）遇上述应急状况发生时，由调度所客运调度员通知客服中心解答口径，以便客服代表回复旅客的咨询和投诉。

动车组列车发生旅客食物中毒事件时的应急处置流程如图4.4所示。

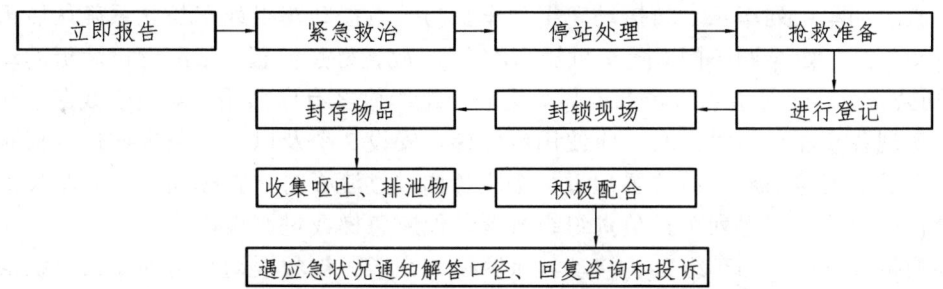

图 4.4　动车组列车发生旅客食物中毒事件时的应急处置流程

五、动车组列车故障需启用热备动车组的应急处置措施

1. 站内换乘热备动车组的处置程序

（1）遇动车组车体定员变化时，客票管理所负责预留替换席位，车站应及时按照替换方案为涉及定员变化的旅客收回原票、换发新票。一等座变更二等座时退还票价差额，二等座变更一等座时不向旅客补收票款。旅客要求退票或改乘其他列车时，车站应及时为旅客办理退票、改签等手续。

（2）故障车停靠站台需换乘时应尽可能安排在同一站台面，不能在同一站台面换乘时，应组织旅客通过天桥或地道换乘，严禁跨越股道换乘。故障车在站内没有停靠站台，其换乘处置程序比照区间换乘热备动车组的处置程序办理。

（3）换乘时，站车应认真组织验票，严禁持其他车次车票的旅客上车。

（4）遇上述应急状况发生时，由调度所客运调度员通知客服中心解答口径，以便客服代表回复旅客的咨询和投诉。

站内换乘热备动车组的应急处置流程如图4.5所示。

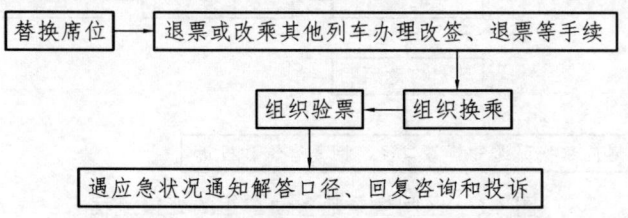

图 4.5　站内换乘热备动车组的应急处置程序

2. 区间换乘热备动车组的处置程序

（1）列车长接到司机转达的组织旅客换乘热备动车组的命令时，应立即向列车工作人员

传达，列车工作人员应检查车内情况，坚守岗位。

（2）列车应向旅客通告换乘的决定，告知安全注意事项，列车长应代表铁路部门对列车不能如期运行给旅客出行造成不便向旅客致歉，并感谢旅客的配合，做好后续服务工作，取得旅客的支持与谅解。

（3）救援动车组列车到达指定位置，由现场救援指挥负责人统一指挥，救援动车组司机和列车长负责对准故障动车组车门。救援动车组停稳后，救援动车组司机通知救援动车组列车长和被救援动车组列车长，救援动车组列车长与被救援动车组列车长联系确认后组织乘务组人员手动打开指定车厢车门（随车机械师配合），放置好过渡板（未配置过渡板的动车组除外），会同公安、客运等应急人员共同做好防护、组织旅客有序换乘。对由于线路、动车组重联等无法实现各车厢车门对位时，应使用应急梯。安设2个及以下应急梯或过渡板时，救援动车组列车长负责组织放置；放置超过2个应急梯或过渡板时，救援动车组列车长负责组织放置2个，被救援动车组列车长负责组织放置其他应急梯或过渡板。

（4）换乘过程中，动车组禁止移动。旅客换乘完毕，被救援动车组列车长组织乘务组人员对全列进行检查确认后，通知救援动车组列车长换乘完毕。救援动车组列车工作人员将应急梯或过渡板收好定位存放，列车长确认所有工作人员及旅客均已上车后，关闭车门并报告救援动车组司机具备开车条件。被救援动车组乘务组人员将应急梯或过渡板收好定位存放，关闭车门并报告被救援动车组司机。

在隧道内换乘，需开启隧道应急照明时，列车长通过司机向列车调度员提出开启隧道应急照明请求，列车调度员通知相关工务段操作开启隧道内的应急照明装置（龙嘉机场隧道内应急照明装置为龙嘉站操作）。隧道内的应急照明装置应设置远动开关。

（5）遇上述应急状况发生时，由调度所客运调度员通知客服中心解答口径，以便客服代表回复旅客的咨询和投诉。

区间换乘热备动车组的处置流程如图4.6所示。

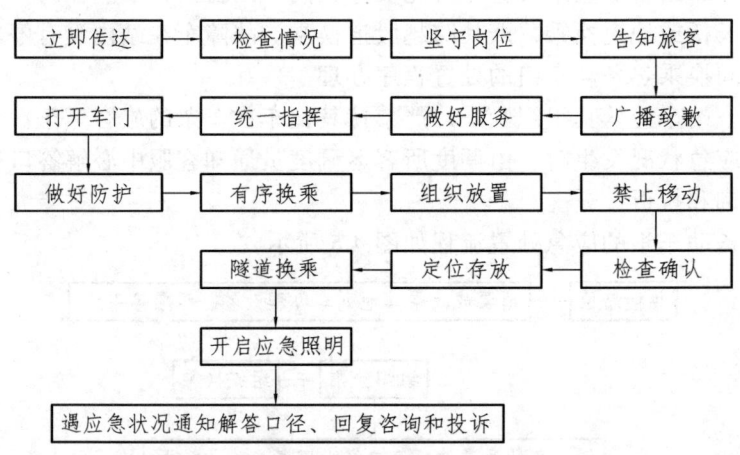

图4.6 区间换乘热备动车组的处置流程

六、动车组列车恶劣天气下客运组织应急处置措施

因恶劣天气（含暴雨、大雾、大雪、冰雹、台风等）影响动车组列车正常运行，调度所

客运调度员应及时通知客运管理部门及沿线车站及滞留列车,客运管理部门应了解现场情况,指挥应急处置,站车及时公告旅客并致歉。

(1)列车长接到调度所客运调度员或上级主管部门下达的动车组列车因受恶劣天气影响非正常运行的通知后,应立即了解车内情况,加强对重点旅客的服务。出现异常情况及时向调度所客运调度员或上级主管部门报告。

(2)列车长应与司机或滞留地所在路局调度所客运调度员保持联系,了解动车组列车的运行情况,及时向旅客通报。

(3)动车组列车应备足餐食和饮用水,确保供应。需补充餐食和饮用水时,列车长应向滞留地所属路局调度所客运调度员或通过司机向列车调度员报告,指定车站为动车组列车补充餐食和饮用水。

(4)遇上述应急状况发生时,由调度所客运调度员通知客服中心解答口径,以便客服代表回复旅客的咨询和投诉。

动车组列车恶劣天气下客运组织应急处置流程如图4.7所示。

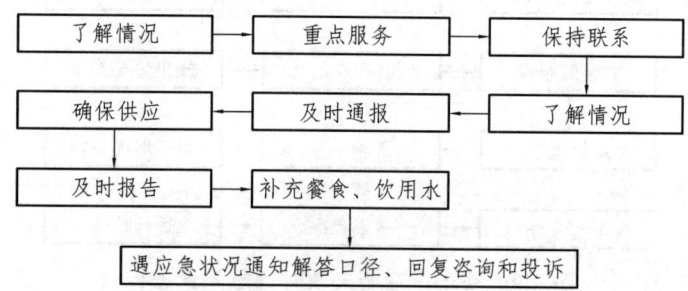

图4.7　动车组列车恶劣天气下客运组织应急处置流程

七、列车运行中遇有旅客因伤、病必须临时停车抢救时应急处置措施

动车组司机接到列车长请求后,立即向列车调度员或车站值班员报告,报告内容包括是否需要前方车站急救人员到站抢救。列车调度员要及时安排列车在前方有医疗条件车站临时停车,列车调度员或车站值班员根据司机请求通知急救人员到站实施抢救。

列车运行中遇有旅客因伤、病必须临时停车抢救时应急处置流程如图4.8所示。

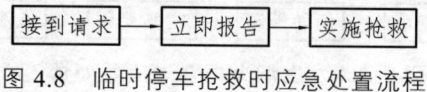

图4.8　临时停车抢救时应急处置流程

八、动车组空调失效时应急处置措施

(1)动车组空调装置故障超过20 min,且应急通风功能失效或无法满足要求,随车机械师及时通知列车长。列车长视车内温度及通风情况做出打开车门决定,并通知动车组司机转报列车调度员。

(2)需要打开列车部分车门运行时,列车长通知动车组司机向列车调度员提出在前方客运站停车请求。

（3）列车长根据动车组乘务人员配置情况，组织打开运行方向左侧（非会车侧）4~8个车厢前门，并在车门处安装防护网。需要打开车门时，列车长根据需要打开车门数量通知随车机械师准备好防护网，并指派保洁员到存放处领取防护网，防护网的安装在列车长的组织下，由乘警、随车机械师、餐饮、保洁人员配合。

（4）在停车站，防护网安装后，由列车长组织乘警、随车机械师、添乘干部、餐售、保洁人员负责值守，严禁旅客自行下车。动车组乘警在第一时间通知前方停车站（区间）所属公安处，由公安处负责第一时间通知停车站（区间）所属派出所指派警力，配合动车组工作人员。

（5）列车长确认值守人员到位，列车长确认防护网固定状态和动车组状态后，通知动车组司机。动车组司机向列车调度员申请打开车门限速运行。列车调度员向沿途各站及司机下达打开车门限速运行的调度命令。

动车组空调失效时应急处置流程如图4.9所示。

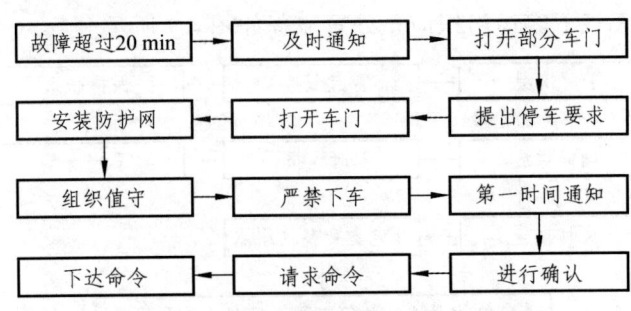

图4.9 动车组空调失效时应急处置流程

九、动车组列车发生烟火报警时应急处置措施

发生烟火报警时，随车机械师、列车长和乘警根据司机通知立即到报警车厢查实确认，查看指定车厢的客室、卫生间，随车机械师重点查看电气设备。若发生客室或设备火情，列车长或随车机械师立即通知司机按规定实施制动停车，并启动应急预案进行处理；若确认因吸烟等非火情导致烟火报警时，由随车机械师做好恢复处理，乘警依法调查，并向旅客通告。

动车组列车发生烟火报警时应急处置流程如图4.10所示。

查实确认 → 重点查看 → 制动停车 → 恢复处理 → 依法调查 → 通告旅客

图4.10 发生烟火报警时应急处置流程

十、客运办理站长时间滞留，遇紧急情况需临时开启车门时的应急处置措施

（1）动车办理站长时间滞留时，遇旅客提出取消行程、应急送餐或下交疾病旅客等紧急情况需临时开启车门时，列车长应及时与司机、随车机械师沟通，视情况做出打开车门决定并明确开门位置，通知司机转报列车调度员（非集控站报车站值班员），同时通知车站客运值班员开门决定及开门位置。动车组重联时，由前组列车长负责相关联控事宜。

（2）车站接到列车长开门决定及开门位置通知后，应安排客运人员提前到达站台指定开门位置，滞留站站台为低站台时，车站应准备乘降设施并做好旅客下车后的后续处置；列车长应确认下车人数，开具客运记录，做好站车交接。

（3）列车长组织列车员在随车机械师的配合下打开指定位置车门，并对开启的车门进行隔离操作。客运乘务人员应会同乘警（无乘警的为安全员）做好开门处的秩序维护及盯控，防止其他旅客下车。

（4）乘降完毕或餐食配送完成后，客运乘务人员应及时关闭车门，并由列车长通报随车机械师、动车组司机和车站客运值班员，动车组司机同时转报列车调度员（非集控站报车站值班员）。

客运办理站长时间滞留，遇紧急情况需临时开启车门时的应急处置流程如图 4.11 所示。

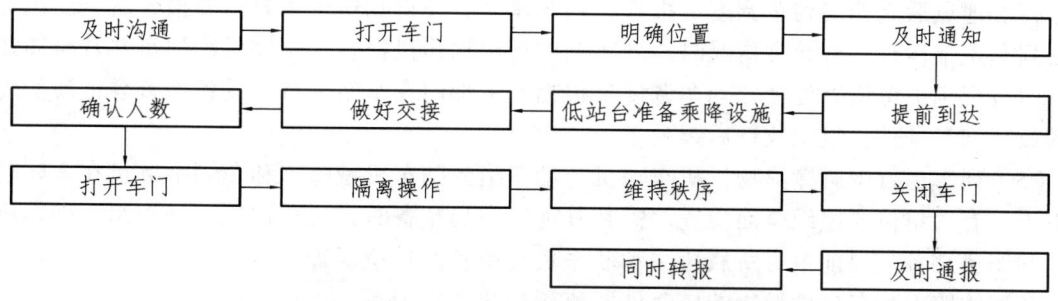

图 4.11　临时开启车门时的应急处置流程

十一、高速铁路上列车碰撞异物的应急处置措施

（1）列车运行中碰撞异物影响行车安全时，司机应立即采取停车措施，并向列车调度员报告碰撞异物地点、碰撞异物情况及停车地点，动车组列车司机还应通知随车机械师（其他旅客列车司机还应通知车辆乘务员）。列车调度员立即通知本线已进入区间的后续列车停车，不再向该区间放行后续列车。司机根据情况确定是否需要下车检查。需下车检查时，列车调度员根据司机请求及时发布邻线列车限速调度命令，司机在接到列车调度员已发布相关调度命令的口头指示后，下车检查（动车组列车通知随车机械师下车检查；旅客列车司机和车辆乘务员共同检查，司机负责检查机车及邻近区域，车辆乘务员负责检查车辆及邻近区域，车辆乘务员检查完毕后，将检查情况通知司机）。需要下车检查时按以下规定执行：

① 经检查列车可以继续运行时，恢复运行（动车组列车按随车机械师的要求运行；旅客列车由司机和车辆乘务员共同商定运行限制），司机向列车调度员报告检查情况。如检查未发现异常情况，列车调度员向本线后续首列发布口头指示限速 160 km/h 运行（后续首列运行速度不超过 160 km/h 时通知司机注意运行），限速（注意运行）位置按碰撞异物地点前后各加 2 km 确定，列车司机应加强瞭望，确认线路和接触网有无异常状态，在通过限速（注意运行）地点后立即向列车调度员报告，列车调度员在得到司机无异常的报告后，组织本线后续列车恢复正常运行，同时列车调度员通知相关机务段、动车段、车辆段派胜任人员到前方适当的车站复查；有异常情况时，列车调度员根据司机报告，扣停后续列车并及时通知有关部门按规定上道检查处理，列车调度员根据有关部门在车站《行车设备检查登记簿》内登记的放行

列车条件,组织放行后续列车。

② 经下车检查确认不能继续运行时应及时请求救援,并按规定进行防护。列车调度员通知有关部门按规定上道检查处理。

(2)异物侵入邻线影响邻线行车安全时,列车调度员接到司机报告后,应立即通知邻线尚未经过该地点的列车停车,不再向邻线该区间放行后续列车,并通知有关部门按规定上道检查处理。

(3)碰撞异物情况不明,不能确定是否影响邻线时,列车调度员接到司机报告后,应立即向邻线尚未经过该地点的首列发布口头指示限速 160 km/h 运行(后续首列运行速度不超过 160 km/h 时通知司机注意运行),限速(注意运行)位置按碰撞异物地点前后各加 2 km 确定。

(4)邻线首列列车司机应加强瞭望,确认线路和接触网有无异常状态,在通过限速(注意运行)地点后立即向列车调度员报告,列车调度员在得到司机无异常的报告后,组织邻线后续列车正常运行。有异常情况时,列车调度员根据司机报告,扣停后续列车并及时通知有关部门按规定上道检查处理,列车调度员根据有关部门在车站《行车设备检查登记簿》内登记的放行列车条件,组织放行后续列车。

(5)列车运行中碰撞异物,机车司机(动车组为随车机械师)和车辆乘务员在入库时及时报告,有关单位要组织全面检查。需在其他铁路局整备时,机车司机(动车组为随车机械师)和车辆乘务员提前报告所属段主动联系负责整备的单位复查。

高速铁路上列车碰撞异物的应急处置流程如图 4.12 所示。

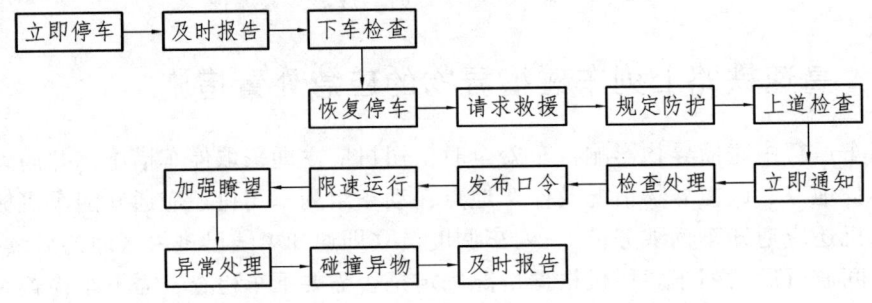

图 4.12 高速铁路上列车碰撞异物的应急处置流程

项目五　动车组列车服务

【项目描述】

做好服务接待是铁路列车乘务人员的日常工作内容,通过本项目的学习可以使列车乘务人员初步掌握不同旅客的服务需求和心理特点,从而为旅客提供更优质的服务。

【教学目标】

1. 能力目标

(1) 培养学生注重自身形象塑造。

(2) 遵守动车组站车客运人员服务质量规范。

(3) 具备用英语进行站车客运服务的技能。

2. 知识目标

(1) 掌握礼仪的相关基础知识。

(2) 熟悉动车组站车客运人员服务质量规范相关内容。

(3) 掌握几种典型客运服务任务的英语交谈内容。

任务一　动车组列车服务礼仪

一、礼仪的含义及特点

(一) 含　义

礼仪是人类为维系社会正常生活而要求人们共同遵守的最起码的道德规范,是人们在长期共同生活和相互交往中逐渐形成并且以风俗、习惯和传统等方式固定下来。对一个人来说,礼仪是一个人的思想道德水平、文化修养、交际能力的外在表现,对一个社会来说,礼仪是一个国家社会文明程度、道德风尚和生活习惯的反映。重视、开展礼仪教育已成为道德实践的一个重要内容。

礼仪是在人际交往中,以一定的、约定俗成的程序方式来表现律己敬人的过程,涉及穿着、交往、沟通、情商等内容。从个人修养的角度来看,礼仪可以说是一个人内在修养和素质的外在表现。从交际的角度来看,礼仪可以说是在人际交往中适用的一种艺术、一种交际方式或交际方法,是人际交往中约定俗成的示人以尊重、友好的习惯做法。从传播的角度来看,礼仪可以说是在人际交往中进行相互沟通的技巧。

（二）特　点

礼仪是一门社会交际的学问，它具有自身的特点：

1. 共同性

人们追求真善美的愿望是一致的，礼仪是社会各阶层人士所共同遵守的准则与行为规范。每个人都要依礼办事，全人类不管哪个国家，哪个民族都以讲礼仪为荣。例如：礼尚往来、礼貌待客、文质彬彬、举止得体是符合大多数人的价值取向的文明标志。

2. 差异性

由于地域的不同，民族的不同，文化背景的不同，礼仪除了共同性特点之外，还带有本地域民族的自身特点，这就形成了礼仪表现形式上的差异性。例如：有一种手势，大拇指和食指环成圆圈，其余手指伸展，意思是"OK"，这种手势在美国表示"赞同""了不起"，但是在巴西则是指责别人行为不端。所以礼仪除了具有一定的固定形式与规范外，还要注意因时因地因对象的不同，而"入乡随俗"。

3. 继承性

礼仪规范将人们交际活动中约定俗成的程式固定下来，这种固化程式随着时间的推移沿袭下来，形成了继承性特点。人们对流传下来的礼仪规范应采取汲取精华、去其糟粕、古为今用的态度。例如：在重大活动中，座次以北为上、以右为尊的规则，就是继承了传统礼仪，成为现今人们仍沿用遵守的礼仪规范。

4. 发展性

礼仪规范不是一成不变的，它随着时代的发展，科学技术的进步，在传统的基础上不断地推陈出新，体现着时代的要求与时代的精神。例如：在我国，握手替代了作揖，鞠躬替代了跪拜，如今节假日给亲朋好友打个礼仪电话，发个短信，或送去礼仪鲜花，表示祝贺与问候，这些都反映了礼仪发展性的特点。

二、礼仪的分类、功能及作用

1. 礼仪的分类

可以大致分为政务礼仪、商务礼仪、服务礼仪、社交礼仪、涉外礼仪等5大类。

（1）政务礼仪是指国家公务员在执行国家公务时所应遵守的礼仪。

（2）商务礼仪是指公司、企业的从业人员及其他一切从事经济活动的人士，在经济往来中所应遵守的礼仪。

（3）服务礼仪是指各类服务行业的从业人员，在自己的工作岗位上所应遵守的礼仪。

（4）社交礼仪是指社会各界人士，在一般性的交际应酬中所应遵守的礼仪。

（5）涉外礼仪是指人们在国际交往中，在同外国人打交道时所应遵守的礼仪。

2. 礼仪的功能

（1）沟通的功能。人们在社会交往中，只要双方都能自觉地遵守礼仪规范，就容易沟通感情，从而使交往容易成功。

（2）协调的功能。在社会交往时只要人们注重礼仪规范，就能够互相尊重，友好合作，从而缓和和避免不必要的冲突和障碍。

（3）维护的功能。礼仪是社会文明发展程度的反映和标志，同时也对社会风尚产生广泛、持久和深刻的影响。讲礼仪的人越多，社会便会越和谐稳定。

（4）教育的功能。礼仪通过评价、劝阻、示范等教育形式纠正人们不正确的行为习惯，倡导人们按礼仪规范的要求协调人际关系，维护社会正常生活。讲究礼仪的人同时也起着标榜的作用，潜移默化地影响周围的人。

3. 礼仪的作用

（1）促进沟通，促进人们相互尊重。在人际交往中，自觉地执行礼仪规范，可以使交往双方的感情得到沟通，在向对方表示尊重、敬意的过程中，获得对方的理解和尊重。人们在交往时以礼相待，有助于加强人们之间互相尊重，建立友好合作的关系，缓和或者避免不必要的矛盾和冲突。

（2）规范、约束人们的行为。在社会生活中，礼仪约束着人们的态度和动机，规范着人们的行为方式，协调着人与人之间的关系，维护着社会的正常秩序，在社会交往中发挥着巨大的作用。

（3）倡导、教育人们遵守道德习俗。礼仪作为一种道德习俗对全社会的每一个人发挥维护社会正常秩序的教育作用。人们通过对礼仪的学习和应用，建立新型的人际关系，从而在交往中严于律己，宽以待人，互尊互敬，互谦互让，讲文明，懂礼貌，和睦相处，形成良好的社会风尚。

（4）凝聚、协调。在现代生活中，人们的相互关系错综复杂，有时会突然发生冲突，甚至会采取极端行为。礼仪有利于促使冲突各方保持冷静，缓解已经激化的矛盾，使人与人之间的感情得以沟通，建立相互尊重、彼此信任、友好合作的关系，进而有利于各项事业的发展。

三、面部仪态

面部仪态是所有仪态中最引人注目的部分。在人际交往的过程中，面部仪态起决定的作用，即一个人对他人的态度，甚至于内心对他人的好恶的感情都能从面部表情中流露出来。如图5.1、图5.2所示。

初次见面你会喜欢他（她）吗？

性格阴暗的人 　　　气氛比较紧张
——难以接触的人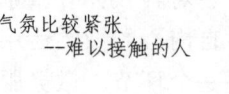

看上去很冷淡的人 　　　看上去很骄傲的人

图 5.1　面部表情（一）　　　　图 5.2　面部表情（二）

沟通效应=7%的语言内容+38%的声音效果+55%的面部表情。

（一）目　光

目光是人在交往时，一种深情的、含蓄的无声语言，往往可以表达有声语言难以表现的意义和情感。眼睛是人类心灵的窗户，它在很大程度上能如实反映一个人的内心世界。眼睛能够显示出最明显、最准确的交际信号。一个人的喜怒哀乐等思想情感的存在或变化往往都能通过眼睛显示出来。一个良好的交际形象，目光应是坦然、亲切、和蔼、有神的。

1. 目光的运用

在人际交往中，特别是与别人进行面对面的谈话、谈判、讨论时，首先目光要注视对方，尤其要尽量平视对方。如果你的目光不注视对方或游走不定，对方就会觉得你态度冷淡、心不在焉、缺乏诚意和耐心，引起对方的误解。

2. 注意事项

（1）注视区域：

① 在公事活动中，用眼睛看着对话者脸上的以双眼为底线、前额为上顶角的三角部分，就会显得很严肃认真，别人会感到你有诚意。你就会把握谈话的主动权和控制权。

② 在社交活动中，用眼睛看着对方脸上的以两眼为上线，嘴为下顶角的三角部分，当你看着对方这个部位时，会营造出一种社交气氛，可以让对方觉得你亲切随和，易于交往。

（2）注视方式：

① 视线向下：表现权威感和优越感。

② 视线向上：表现服从。

③ 视线水平：表现客观和理智。

（3）注视时间：

在整个交谈过程中，与对方目光接触应该累计达到全部交谈过程的50%~70%，其余30%~50%的时间，可注视对方脸部以外5~10 m处，这样比较自然、有礼貌。

（二）微　笑

微笑是指微露牙齿、嘴角的两端略提起的笑。人际交往中为了表示相互敬重，相互友好，保持微笑是必要的。微笑是一种健康的、文明的举止，是无声的语言，是人际交往中的润滑剂，是人们表达愉快感情的方式，是善良、友好、赞美的象征。微笑同时也是服务人员的一项基本功，只要对工作、对客人怀有诚挚的感情，就会发出真心的微笑。所谓微笑服务，是指以诚信为基础，将发自内心的微笑运用于接待服务工作之中，对客户笑脸迎送，并将微笑贯穿综合服务工作的每一个环节。微笑服务提供高层次的精神愉悦和心理享受，可以使被服务者的需求得到最大程度的满足，也往往给企业和员工带来意想不到的成功。

1. 微笑的运用

微笑是一种令人感觉愉悦的面部表情，作为一种温馨、亲切的表情，能有效地缩短双方的距离，给对方留下美好的心理感受。微笑有一种魅力，它可以使强硬者变得温柔，使困难变容易，是广交朋友、化解矛盾的有效手段。

微笑的三结合：与眼睛的结合；与语言的结合；与身体的结合。

2. 微笑的作用

笑容是一种令人感觉愉快的面部表情，它可以缩短人与人之间的心理距离，为深入沟通与交往创造温馨和谐的氛围。因此有人把笑容比作人际交往的润滑剂。

在各种笑容中，微笑最自然大方，最真诚友善。在人际交往中，保持微笑，至少有以下几方面的作用：

（1）表现心境良好。面露平和欢愉的微笑，说明心情愉快、充实满足、乐观向上、善待人生，这样的人才会产生吸引别人的魅力。

（2）表现充满自信。面带微笑，表明对自己的能力有充分的信心，以不卑不亢的态度与人交往，使人产生信任感，容易被别人真正地接受。

（3）表现真诚友善。微笑反映自己心底坦荡，善良友好，待人真心实意，而非虚情假意，使人在与其交往中自然放松，不知不觉地缩短了心理距离。

（4）表现乐业敬业。工作岗位上保持微笑，说明热爱本职工作，乐于恪尽职守。如在服务岗位，微笑更是可以创造一种和谐融洽的气氛，让服务对象倍感愉快和温暖。

真正的微笑应发自内心，渗透着自己的情感，表里如一，毫无包装或无矫饰的微笑才有感染力，才能被视作"参与社交的通行证"。

3. 维持微笑服务的秘诀

（1）经常进行快乐的回忆，努力将自己的心情维持在最愉快状态。

（2）在工作的前一天，尽量保证充足的睡眠时间。

（3）受单位领导"笑容满面"的影响。

（4）单位领导要时刻提醒自己"我的笑容对员工是否能够以愉快心情开展工作起决定作用"，以此来督促自己总是"笑容满面"。

（5）长时间的作业感到疲劳时，尤其应该提醒自己不要忘记微笑服务，可以抽空去洗手间用冷水洗脸，放松放松。

（6）即使是在非常繁忙混杂的时期，也要尽量使自己放松，只有这样才能使自己的微笑看起来轻松自在。

4. 自然微笑法

试着对镜子说"E（衣）……"，轻轻浅笑减弱"E（衣）……"的程度，反复练习这两个动作。微笑的三结合：与眼睛的结合、与语言的结合、与身体的结合。掌握微笑的技巧：眼到、口到、心到、神到、情到。

总之，微笑＋服务＋用心＝微笑服务从心开始。

四、静态仪态

（一）站　姿

站姿是衡量一个人外表乃至精神的重要标准。优美的站姿是保持良好体型的秘诀。从一个人的站姿，人们可以看出他的精神状态、品质和修养及健康状况。

1. 标准站姿

标准的站姿应该是从正面观看，全身笔直，精神饱满，两眼平视，表情自然，两肩平齐，两臂自然下垂，两脚跟并拢，两脚尖张开60°，身体重心落于两腿正中；从侧面看，两眼平视，下颌微收，挺胸收腹，腰背挺直，手中指贴裤缝，整个身体庄重挺拔。采取这种站姿，不仅会使人看起来稳重、大方、俊美、挺拔，还可以帮助呼吸，改善血液循环，并在一定的程度上缓解身体的疲劳。

在日常的公关与社交活动场所，良好的站姿是非常重要的。一般来说，标准的站姿关键要看3个部位：一是髋部向上提，脚趾抓地；二是腹肌、臀肌收缩上提，前后形成夹力；三是头顶上悬，肩向下沉。

只有这3个部位的肌肉力量相互制约，才能保持标准站姿。

针对不同的群体，标准站姿的侧重点也不一样。

根据以上标准站姿的要求，男性的标准站姿应该是，身体立直，挺胸抬头、下颌微收、双目平视、两膝并严、脚跟靠紧，脚掌分开呈"V"字形。挺髋立腰、吸腹收臀、双手置于身体两侧自然下垂；或者是两腿分开，两脚平行，双腿分开的距离不能超过肩宽，双手在身后交叉，右手搭在左手上，贴在臀部。同样，女性的标准站姿应该是，双脚成"V"字形。并且膝和脚后跟尽量靠拢；或一只脚略向前，一只脚略向后前脚的脚后跟稍稍向后脚的脚内侧靠拢，后腿的膝盖向前腿靠拢。如图5.3，5.4所示。这些站姿都是规范的，但要避免僵直硬化，肌肉不能太紧张，在站立的同时可以适宜地变换姿势，追求动感美。还要注意，站立时不要躬腰驼背或挺肚后仰，也不要东倒西歪地将身体倚在其他物体上，两手不要插在裤袋里或叉在腰间，也不要抱臂于胸前。

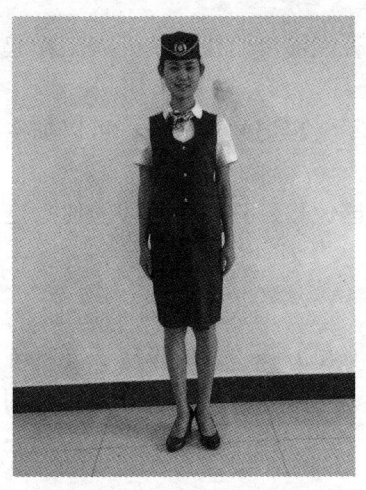 

图5.3 女士站姿：V字步　　　　　　　图5.4 女士站姿：丁字步

不同站姿针对不同的群体，所采取的标准站姿侧重点不一样。同样，在不同的场合，人们所采用的站姿也有所区别。当站着与人交谈时，如果空着手，则可双手在体前交叉，右手放在左手上。若手上拎着皮包，则可利用皮包摆出优美的姿势。同时还要注意，不要双臂交叉，更不能两手叉腰，或将手插在裤袋里或下意识地做小动作，如：摆弄打火机，香烟盒等。当与外宾交谈时，要面向对方站立，且保持一定的距离，太远或过近都是不礼貌的。站立的姿势要正,可以稍弯腰,但切忌身体歪斜,两腿分开的距离过大,或倚墙靠柱、手扶椅背等不雅与失礼的姿态。当向长辈、朋友、同事问候或做介绍时,不论握手或鞠躬,双足应当并立,相距约 10 cm 左右,且膝盖要挺直。当穿礼服或旗袍时,最好不要双脚并列,要让两脚之间前后距离 5 cm,以其中一只脚为重心。当在等车或等人时,两脚的位置可一前一后,保持 45°,这时肌肉要放松,但仍要保持身体挺直。

2. 应避免的站姿

(1)两腿交叉站立。
(2)双手或单手叉腰。
(3)双臂交叉抱于胸前。
(4)双手插入衣袋或裤袋中。
(5)身体抖动或晃动。

应避免的站姿如图 5.5 所示。

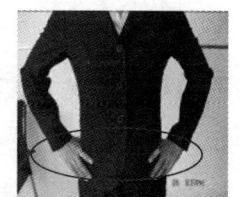
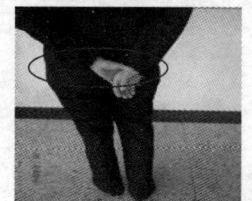

图 5.5　应避免的站姿

3. 站姿训练

站姿训练有头顶书、双腿夹书练习法,贴墙站立练习法,背靠背练习法等,如图 5.6 所示。

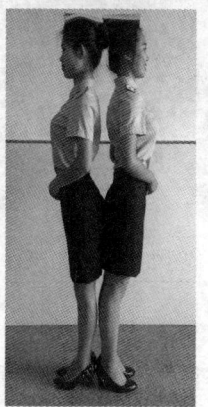

图 5.6　站姿训练

（二）坐　姿

坐是最常用的一种举止。坐姿是静态的，但也有美与不美、优雅与粗俗之分。良好的坐姿可以给人以庄重安详的印象。

1. 正确的坐姿要求

（1）入座时要轻、稳。

（2）入座后上体自然挺直，挺胸，双膝自然并拢，双腿自然弯曲，双肩平整放松，双臂自然弯曲，双手自然放在双腿上或椅子、沙发扶手上，掌心向下。

（3）头正、嘴角微闭，下颌微收，双目平视，面容平和自然。

（4）坐在椅子上，应坐满椅子的 2/3，脊背轻靠椅背。

（5）离座时，要自然稳当。

2. 坐姿的分类

（1）正坐式。

身体的重心垂直向下，双腿并拢大腿和小腿成 90°，双手虎口相交轻握放在右腿上，挺胸直腰面带微笑，如图 5.7 所示。

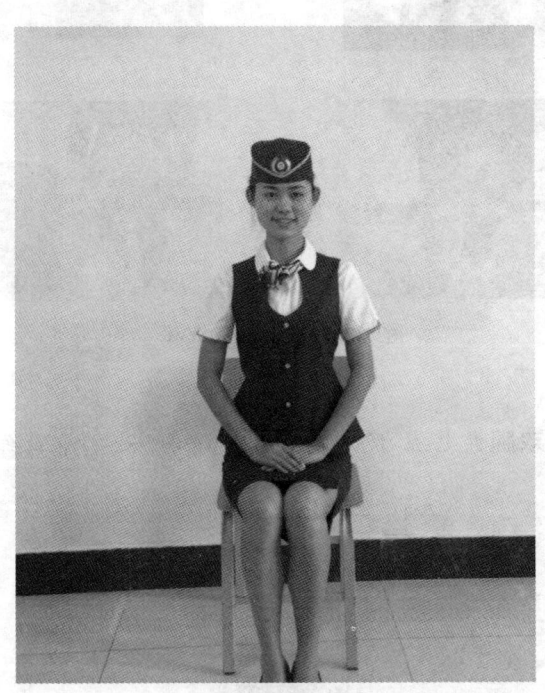

图 5.7　正坐式

（2）双腿斜放式。

身体的重心垂直向下，双腿平行斜放于一侧，双手虎口相交轻握放在腿上，挺胸直腰面带微笑，如图 5.8 所示。

图 5.8 双腿斜放式

（3）双腿交叉式。

身体的重心垂直向下，双腿平行斜放于一侧，双脚在脚踝处交叉，双手虎口相交轻握放在腿上，挺胸直腰面带微笑，如图 5.9 所示。

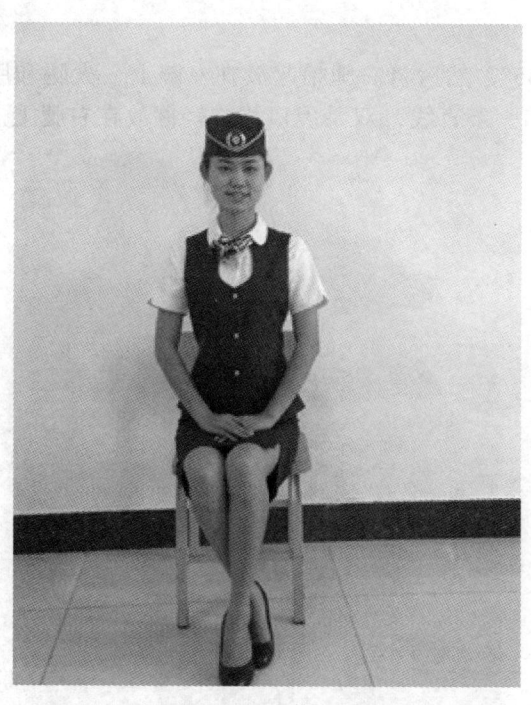

图 5.9 双腿交叉式

（4）前伸屈式。

身体重心垂直向下，双膝并拢，左脚前伸右脚后屈或右脚前伸左脚后屈，双手虎口相交轻握，挺胸直腰面带微笑，如图 5.10 所示。

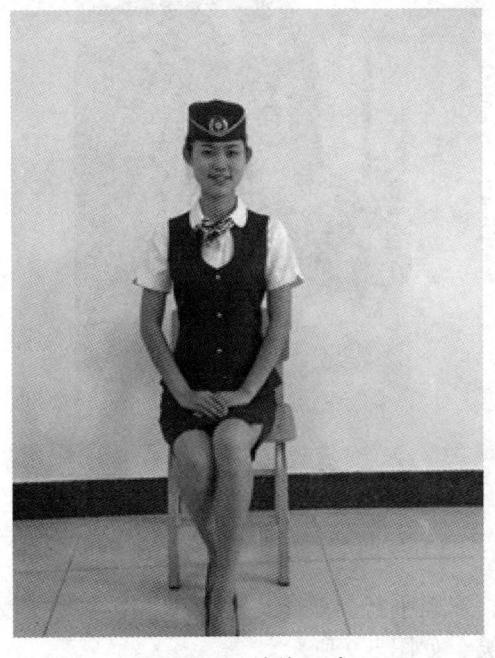

图 5.10　前伸屈式

（5）斜叠式。

先将左脚向左踏出 45°，然后将右腿抬起放在左腿上，大腿和膝盖紧密重叠，重叠后的双腿没有任何空隙，犹如一条直线，双手虎口相交轻握放在右腿上。如图 5.11 所示。

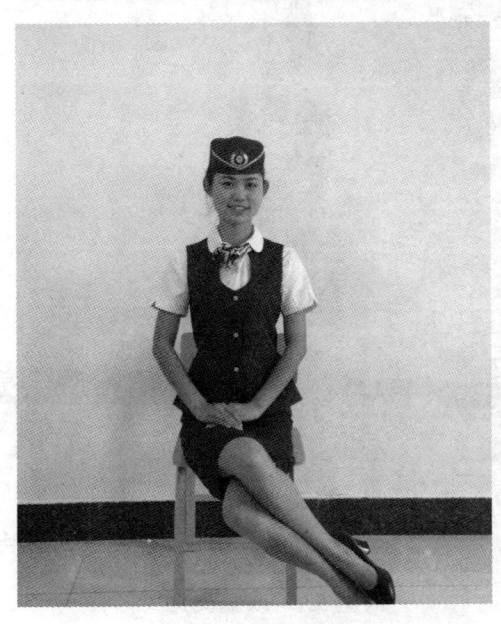

图 5.11　斜叠式

3. 双手的摆法

坐时,双手可采取下列手位之一:

(1)双手平放在双膝上。

(2)双手叠放,放在一条腿的中前部。

(3)一手放在扶手上,另一手仍放在腿上或双手叠放在侧身一侧的扶手上,掌心向下。

4. 应避免的坐姿

坐时切不可前倾后仰,或是歪歪扭扭,也不可将双腿伸得过远,摇腿、跷脚、两腿过于分开都是不雅观的。坐在椅子的前半边,身子稍向前倾是表示谦虚,但与人交谈时,坐得过于猥琐前倾,就是一种阿谀了,如图 5.12 所示。

图 5.12 应避免的坐姿

5. 坐姿训练

(1)两人一组,面对面练习,并指出对方的不足。

(2)坐在镜子前面,按照坐姿的要求进行自我纠正,重点检查手位、腿位、脚位。

(3)每次训练时间为 20 min 左右,可配音乐进行。

五、动态仪态

(一)行 姿

1. 行姿的基本要领

(1)双目向前平视,微收下颌,面带微笑。

(2)双臂平稳,双肩前后自然摆动,摆幅以 30~50°为宜,双肩不要过于僵硬。

(3)上身挺直,头正、挺胸、收腹、立腰,重心稍前倾。

(4)行走轨迹是一条直线。

(5)步幅适当,一般应该是前脚的脚跟与后脚的脚尖相距为一脚长。

(6)跨出的步子应是全脚掌着地,膝和脚腕不可过于僵直。

(7)停步、转弯、上下楼梯时,应从容不迫,控制自如。

2. 应避免的行姿

（1）步子太大或太小，脚蹭地面，走路不成直线；内八字和外八字，双腿过于弯曲。
（2）双手插入裤袋或反背于背后。
（3）弯腰驼背、歪肩晃膀，或大甩手，扭腰摆臀，左顾右盼。

3. 行姿训练

行姿训练包括：摆臂训练；步位步幅训练；稳定性训练；协调性训练。

（二）蹲 姿

1. 蹲姿的基本要领

（1）下蹲拾物时，应自然、得体、大方，不遮遮掩掩。
（2）下蹲时，两腿合力支撑身体，避免滑倒。
（3）下蹲时，应使头、胸、膝关节在一个角度上，使蹲姿优美。
（4）女士无论采用哪种蹲姿，都要将腿靠紧，臀部向下。

在日常生活中，人们对掉在地上的东西，一般是习惯弯腰或蹲下将其捡起，而身为客运乘务人员对掉在地上的东西，也像普通人一样采用一般随意弯腰蹲下捡起的姿势是不合适的。

正确的蹲姿如下：

① 高低式：双膝一高一低、双脚一前一后的姿态。要求在下蹲的时候，左脚在前完全着地，后脚脚掌着地，脚跟提起。女性应靠紧两腿，男性可以适度分开，如图 5.13 所示。

② 交叉式：下蹲时右脚在前，左脚在后，右小腿垂直于地面，全脚着地。左膝由后面伸向右侧，左脚跟抬起，脚掌着地。两腿靠紧，合力支撑身体。臀部向下，上身稍前倾。如图 5.14 所示。

图 5.13 高低式

图 5.14 交叉式

蹲姿三要点：迅速、美观、大方。若用右手捡东西，可以先走到东西的左边，右脚向后退半步后再蹲下来。脊背保持挺直，臀部一定要蹲下来，避免弯腰翘臀的姿势。男士两腿间可留有适当的缝隙，女士则要两腿并紧，穿旗袍或短裙时需更加留意，以免尴尬。

2. 应避免的蹲姿

（1）下蹲时露内衣。
（2）蹲在椅子上。
（3）蹲着休息。

（三）握手和鞠躬

1. 握　手

握手是一种沟通思想、交流感情、增进友谊的重要方式。与他人握手时，目光注视对方，微笑致意，不可心不在焉、左顾右盼，不可戴帽子和手套与人握手。在正常情况下，握手的时间不宜超过 3 s，必须站立握手，以示对他人的尊重、礼貌。

握手也讲究一定的顺序：一般讲究"尊者决定"，即待女士、长辈、已婚者、职位高者伸出手来之后，男士、晚辈、未婚者、职位低者方可伸出手去呼应。若一个人要与许多人握手，那么有礼貌的顺序是：先上级后下级，先长辈后晚辈，先主人后客人。

2. 行进引导

当客人认识路时：

一般来讲，走在前面的人，地位应高。请客人走在前面，让客人先进先出，先坐先起。

所以，在领导、贵客认识路时，我们请领导、贵客走在前面。

当客人不认识路时：

我们应在前进方向的左前方引导（一般是靠右行走）。

指示方向时，上身略向前倾，手臂伸直，五指自然并拢，掌心稍稍向上，目光面向客户方向以肘关节为支点，指向目标方向。如图 5.15 所示。

图 5.15　引导

3. 阅读指示

进行阅读指示时，五指并拢，指向阅读内容，面带微笑，同客人有目光交流，并有语言配合。

4. 示意入座

示意客人入座时，四指并拢，拇指微微张开，掌心微微向上，指向座椅，面带微笑，目光注视客人，并配有热情亲切的语言请客人入座。

5. 鞠　躬

鞠躬，意即弯身行礼，是对他人敬佩的一种礼节方式。鞠躬时必须立正、脱帽、行礼，或是边鞠躬边说礼貌的问候语，如图 5.16 所示。

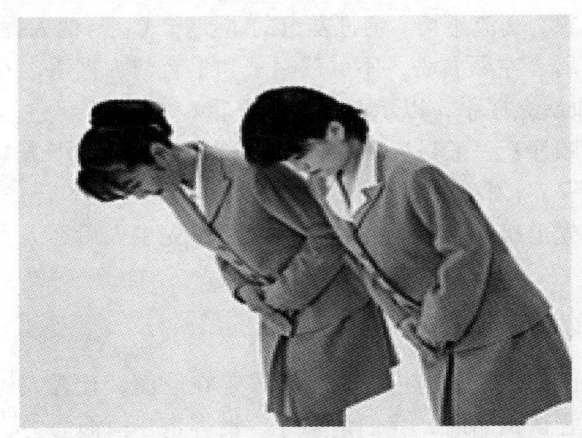

图 5.16　鞠躬

15°：您好，请稍等。
30°：谢谢、欢迎光临、请慢走。
45°：对不起、非常抱歉、十分感谢。
90°：深度表示歉意或谢意。

任务二　动车组站车客运人员服务质量规范

动车组列车是为了适应市场需求，满足旅客出行需要而推出的全新的旅客运输产品。动车组列车的服务理念是"以人为本、旅客至上"。铁路运输企业应采用先进的管理方法，保证优质的服务质量，树立动车组安全、快速、便捷、优质的品牌形象。

一、综合素质

1. 道德修养

（1）热爱祖国、热爱铁路事业、热爱本职工作。

（2）遵守国家法律、法规和铁路行业管理规章制度，自觉维护旅客和企业合法权益。

（3）尊重旅客的民族习俗和宗教信仰，对不同种族、国籍、民族的旅客一视同仁。

（4）有高度的工作责任心，诚实守信、敬业爱岗、忠于职守。

（5）爱护站车设备设施，不占有、浪费服务备品和餐饮供应品，廉洁自律、公私分明。

（6）尊老爱幼、谦虚谨慎、真诚热情，努力树立动车组站车客运人员良好形象。

2. 职业风貌

（1）听从指挥、团结协作、工作认真，有严谨的工作作风。

（2）精神饱满、仪容整洁、行为端庄、举止文明，有健康向上的风貌。

（3）服务主动、细致周到、表情亲切、言语和蔼，有亲和力。

（4）遵章守纪、落实标准，有严于律己的自觉性。

3. 职业素质

（1）勤奋学习、钻研业务，有较高的文化素养和较全面的专业知识。

（2）能运用普通话，熟练掌握常用英语会话，具备良好的语言表达和文字写作能力。

（3）了解旅客的不同需求及心理特点，掌握相应的服务技巧。针对旅客不同要求提供相应服务，对重点旅客做到"三知三有"；态度表情亲切自然、文雅庄重、面带微笑；得理让人，禁止对旅客冷、硬、顶、训。

（4）熟知作业程序和标准，熟练使用服务设备设施，并能主动介绍列车内服务设施、设备及使用方法，能为旅客提供及时、准确的服务。

（5）熟知安全措施和应急预案，熟练使用安全设备设施，具备妥善处理突发事件的应急、应变能力。

（6）车内温度符合夏季 26～28 ℃，冬季 18～20 ℃ 的规定。

（7）列车晚点要及时通告，超过 15 min 时，列车长要代表铁路通过广播向旅客道歉，并积极做好服务工作，稳定旅客情绪。

二、专业形象

动车组站车客运人员的专业形象是：活力、热情、文明、自信。

（一）姿态要求

1. 站 姿

（1）挺胸收腹，双肩下沉，颈部正直，收下颚，身体自然挺直，面带微笑。

（2）女性客运人员：双脚并拢右脚略向后，脚尖分开成"丁"字形，双手四指并拢，交叉相握，右手叠放在左手之上，自然垂于腹前。

（3）男性客运人员：双脚分开与肩同宽，脚尖略向外张，双手放在身后，左手半握拳，右手握左手手腕处。

2. 坐 姿

（1）入座前，腿与座椅应有 30 cm 的距离；就座后，上身挺直，略向前倾，不得斜肩、倾背、抱胸、曲腰或闭目；不得打趣、玩笑和直接面对旅客整理个人仪容仪表，注意保持专业化坐姿和良好精神面貌。

（2）女性客运人员：右手轻抚后裙摆（手心向上），左手自然放在身体一侧，坐下后右脚略向前移，左脚跟上，双膝、双脚并拢，大小腿之间不小于90°，双手五指并拢自然放在腿上。

（3）男性客运人员：坐下后，双脚略分开，膝关节分开与之同宽，双手五指伸直或轻握拳放在双腿之上。

3．行　走

（1）挺胸收腹，颈部正直，目视前方，身体自然挺直，双臂自然摆动，双脚内侧在同一直线上行走，不左右摇摆，脚步不过重、过大、过急（特殊情况除外）。

（2）行走要礼让，与旅客走对面时要主动停下，伸手示意让路，不与旅客抢道、并行。

（3）女性客运人员在旅客周围巡视时，双手可自然相握，抬至腰间。

（4）客运人员集体进出站车时，要列队行走，女性在前，男性在后，列车长或客运值班员在队列左侧中后部同步行走。

（5）携带箱包行走时，拎（背）包或拉箱时，应队列整齐，步伐一致，箱（包）应在同一侧。

4．蹲　姿

在较低位置取拾物品时，不得弯腰，必须下蹲。下蹲时，一腿在前一腿在后，双腿并拢，腿高一侧的手轻扶在膝盖上，腿低一侧的手用来取拾物品，背部尽量保持自然挺直，轻蹲轻起，直蹲直起。

5．上　举

手臂上举时要做到姿态优雅；必要时，可跷起脚跟以增加身体的高度。

6．鞠　躬

（1）鞠躬时应面带微笑，双脚并拢，脚尖略分开，双手四指并拢，交叉相握，右手叠放在左手之上，自然垂于腹前，身体向前，腰部下弯，头、颈、背自然呈一条直线，上身抬起时要比向下弯时稍慢些；视线随着身体的移动而移动，视线的顺序是：旅客的眼睛—脚—眼睛。

（2）迎送客时和行还礼时，身体鞠躬为30°。

（3）给旅客道歉时，身体鞠躬为45°。

7．指示方位

指示方位时应五指并拢，小臂带动大臂，根据指示距离的远近调整手臂的高度，身体随手的方向自然转动，目光与所指示的方向一致；收回时，小臂向身体内侧略成弧线自然收回。忌用单个手指指示方位。

8．面部表情

微笑时，嘴角微翘，嘴唇微启，表情真诚、自然。女性客运人员的微笑要甜美，男性客运人员的微笑要亲切。

9. 端拿递送

（1）服务时面带微笑，与旅客有适当的语言交流和眼神交流。

（2）端托盘时，双手端住托盘的后半部分，大拇指握紧托盘内沿，其余四指托住托盘底部；托盘的高度应在腰部以上胸部以下，托盘端平，微向里倾斜；托盘上放置的物品不应过高，以不超过胸部为宜。

（3）拿东西时，应轻拿轻放。拿水杯时，应该一手握住水杯把手（无把手水杯应拿水杯的下 1/3 处），一手轻托水杯底部。

（4）递送东西时，应站在旅客的正面与之呈 45°的地方，双手递送；递送东西应到位，当对方接稳后再松手。

（二）仪容仪表

1. 着 装

1）女性客运人员

（1）基本要求：

① 衣着合体，不得随意改变制服款式。

② 制服应洗净，熨烫平整，无污渍、斑点、皱褶、脱线、缺扣、残破、毛边等现象。

③ 制服上不得佩戴任何饰物；穿着制服当班时，必须佩带职务标志。

④ 在非工作时间，除集体活动外，不得穿制服出入公共场合和乘坐列车。

（2）夏装着装要求：

① 连裤袜的颜色应统一为肉色或浅灰色，不得出现破洞和抽丝等现象。

② 统一佩戴领花或丝巾。

③ 制服上装每天都须水洗。

④ 不得将笔插放在衣兜内。

（3）春秋装、冬装着装要求：

① 外套、上衣、裙子、裤子的纽扣和拉链等应扣好、拉紧。

② 统一佩戴领带、领花或丝巾；衬衣应束在裙子或裤子内，衬衣的衣袖不得卷起。

③ 裤装必须干净、平整、有裤线，不可有光亮感。

④ 穿着风衣、大衣时，须扣好纽扣，系好腰带。

⑤ 穿着外套、风衣、大衣时，必须戴工作帽。但在车厢、室内、送餐时可不戴。

⑥ 不得将笔插在衣服前襟。

（4）穿着围裙要求：

① 餐饮服务人员服务时应穿着围裙。穿着围裙的时间为服务餐饮之前；脱围裙的时间为收完食品包装物后。穿、脱围裙的时间必须一致。

② 保证围裙干净、平整、整齐，穿戴完毕后应互相整理。

③ 围裙结一律系成蝴蝶结状。

（5）佩戴职务标志要求：

① 职务标志应别于左胸上方，与上衣第二颗纽扣平行。佩戴臂章时，臂章上缘应当于左

袖肩下四指处。

② 穿着围裙时，不可将职务标志佩戴在围裙上。

2）男性客运人员

（1）基本要求：

① 衣着合体，不得随意改变制服款式。

② 制服应洗净，熨烫平整，无污渍、斑点、皱褶、脱线、缺扣、残破、毛边等现象。

③ 制服上不得佩戴任何饰物；穿着制服当班时，必须佩戴职务标志。

④ 袜子的颜色应统一为深蓝色或黑色。

⑤ 在非工作时间，除集体活动外，不得穿制服出入公共场合和乘坐列车。

（2）夏装着装要求：

① 统一佩戴领带，衣领上的扣环必须扣好，上衣应束于裤内。

② 裤子必须保持干净、平整、有裤线，不可有光亮感。

③ 制服每天必须清洗。

（3）春秋装、冬装着装要求：

① 袜子的颜色应统一为黑色或深蓝色，每天更换。

② 外套、上衣、裤子的纽扣和拉链等应扣好、拉紧。

③ 统一佩戴领带，衬衣应束于裤内，衬衣的衣袖不得卷起。

④ 穿着风衣、大衣时，须扣好纽扣，系好腰带。

⑤ 穿着外套、风衣、大衣时，必须戴工作帽。但在车厢、室内时可不戴。

（4）佩戴职务标志要求：

① 胸牌应端正别于左胸上方，与上衣第二颗纽扣平行。佩戴臂章时，臂章上缘应当于左袖肩下四指处。

② 列车长臂章应端正别挂在规定位置，不可用松紧带套于臂上。

2. 发　型

1）女性客运人员

（1）每天保持干净，有光泽，无头皮屑。

（2）短发最短不得短于两寸，发长最长不得超过衣领底线，刘海应保持在眉毛上方，禁止留奇异发型。

（3）任何一种发型都应梳理整齐，使用发胶、摩丝定型，不得有蓬乱的感觉。

（4）头发应保持黑色或自然棕黄色，不得使用假发套。

（5）发夹、发箍、头花应为无饰物黑色。

2）男性客运人员

（1）每天保持干净，有光泽、无头皮屑。

（2）发型要修剪得体，轮廓分明，头发应梳理整齐，使用发胶、摩丝等定型，不得有蓬乱的感觉。

（3）头发两侧鬓角不得长于耳垂底部，发长前面不遮盖眼睛，后面不长于衬衣领。

（4）不得剃光头、烫发和剪板寸头。

（5）头发应保持黑色或自然棕黄色，不得使用假发套。

3. 化 妆

1）女性客运人员

女性客运人员当班前,必须按标准化淡妆,工作中还应注意及时补妆,补妆应在洗手间或乘务间进行。

（1）唇线的颜色应与口红颜色一致,不得使用珠光色口红和不健康色的口红。

（2）眉毛的颜色应接近头发颜色,应修剪秀丽、整齐,眉笔应使用黑色、深棕色。

（3）使用眼影,颜色应与制服颜色一致。

（4）画眼线时,颜色应使用黑色、深棕色。

（5）香水以清香、淡雅型香水为限,不可过香、过浓。可喷口香剂保持口气清新。

（6）双手要保持清洁健康,指甲修剪整齐美观,指甲保持肉色,可涂透明色指甲油,但不得有脱落现象。涂色指甲长度不超过手指尖 3 mm,不涂色指甲长度不超过手尖 2 mm,手指甲长度应保持一致。

2）男性客运人员

（1）不得留胡须。

（2）双手要保持清洁健康,手指不得有抽烟留下的熏黄痕迹,指甲应保持清洁,修剪整齐,无凹凸不平的边角,长度不超过手指尖 2 mm。

（3）工作中始终保持手和面部的清洁卫生。

（4）可喷口香剂保持口气清新。

4. 皮 鞋

皮鞋款式应简洁朴素,不得有任何装饰物,保持光亮无破损。

5. 饰 物

（1）必须戴走时准确的手表,手表款式、颜色简单不夸张,宽度不得超过 2 cm,不得系挂怀表。

（2）只可佩戴一枚设计简单的金、银或宝石戒指。

（3）女性客运人员只戴一副式样和形式保守的金、银质或镶嵌物直径不超过 3 mm 耳钉,不得佩戴耳环、耳坠等。

（4）男性客运人员不准佩戴任何饰物。

三、言谈举止

（一）与旅客谈话、服务的方式

1. 基本要求

（1）与旅客交谈时,要面对对方,保持适当距离（45～100 cm）。

（2）站姿端正,可采取稍弯腰或下蹲等动作来调节身体的姿态和高度。

（3）目光要注视对方的眼睛,以示尊敬。

（4）要注意听取对方的谈话，不可东张西望。
（5）口齿清楚、语气温和、用词文雅、简捷适中、态度诚恳，给对方以体贴信赖感。
（6）如果不得已需要打断旅客说话时，应等对方讲完一句话后，先说"对不起"，再进行说明。
（7）无意碰撞或影响了旅客，应表示歉意，取得对方谅解。
（8）遇到经常乘坐列车的旅客，应主动打招呼问候，表示欢迎。
（9）为旅客发送物品时，应主动介绍名称，严格遵循发放原则：先左后右、先里后外、先宾后主、先女后男。
（10）对旅客提出的合理要求，应尽量满足，不能做到时，应耐心解释。
（11）应允旅客的事情，一定要落实，要言而有信。
（12）不打听旅客的隐私，特别是外国旅客的年龄（多为女宾）、薪金收入、衣饰价格等。

2．有助于表现专业形象的说话方式

声音柔和而清晰并具有亲和感；语言简单明了；语速快慢适当；音量高低适中；不说话时做其他事情；特殊情况下可使用方言。

3．不应有的说话方式

（1）声音使人感觉粗俗刺耳；声音太大或太小；声音慵懒倦怠；呼吸声音过大，使人感到局促不安和犹豫；鼻音过重。
（2）口齿不清，语言含糊，令人难以理解。语速过慢，使人感觉烦闷；语速过快，使人思维无法跟上。
（3）语言平淡，气氛沉闷；使用过于专业的术语；使用责备的口吻甚至粗鲁的语言。
（4）随意打断旅客的说话；表现出厌烦的情绪和神色；边走边讲或不断地看手表；手放到口袋里或双臂抱在胸前；手扶着座椅靠背或坐在扶手上。
（5）谈论与工作无关的事情；与旅客嬉笑玩闹，对旅客评头论足。

（二）其　他

（1）常用的文明用语：请、您好、谢谢、辛苦了、对不起、请原谅、早上好、中午好、晚上好、晚安、再见。
（2）时刻注意自己的仪容、仪表、举止、言谈。
（3）不食用大蒜、大葱和韭菜等有强烈刺激性气味的食品。
（4）不在公共场所修指甲、挖鼻孔、剔牙齿、掏耳朵、伸懒腰；不用手指人。
（5）不随地吐痰，乱扔杂物。
（6）不大声喧哗、谈笑和影响他人；不在旅客面前接打手机；在公共场所接打电话时，声音不宜过大。
（7）打喷嚏和打哈欠时要用手捂住口鼻，面向一旁。
（8）离开公寓时，应整理房间，保持整洁。
（9）进入餐厅时，不将手提包或衣、帽等放在餐桌上；不可穿拖鞋、着睡衣进入餐厅。就餐时要坐姿端正；咀嚼食物要慢，不发出声音。
（10）对不同种族、国籍、民族的旅客应一视同仁；尊重民族习惯和宗教信仰。

（11）对熟睡旅客要轻轻唤醒，不准有粗暴等不礼貌的行为。

任务三 动车组列车客运英语

一、检票上车（Boarding the Train）

（1）欢迎您乘坐本次列车。

　　Welcome aboard.

（2）列车员：请您出示一下车票。

　　Crew：Your ticket，please.

　　旅客：给你。

　　Passenger：Here it is.

（3）列车员：您好，您是几号车厢？

　　Crew：Hello，which carriage are you in，please?

　　旅客：1号车厢34号座位。

　　Passenger：Seat No.34 of Carriage 1.

　　列车员：这边请，靠中间的位置。

　　Crew：This way，please. That seat in the middle.

（4）旅客：7号车厢怎么走？

　　Passenger：Excuse me，how can I get to Carriage 7?

　　列车员：7号车厢，您往前走；走过两节车厢。

　　Crew：Please go ahead and pass the next two carriages.

（5）旅客：列车员，你给看看这是几号座位？

　　Passenger：Excuse me，could you tell me what's the number of my seat?

　　列车员：我帮您看下，您是特等座6号座位，您这边请，这是您的座位。

　　Crew：Let me check for you. Your seat is No.6. It's a VIP seat. This way，please. This is your seat.

二、致欢迎词（Welcome announcements）

（1）列车长：女士们，先生们：我是本次列车的列车长。我代表本次列车全体乘务人员欢迎您乘坐本次列车。

　　Chief：Ladies and gentlemen，I am the chief conductor. On behalf of the crew，I'd like to welcome you all aboard.

（2）列车长：女士们，先生们：欢迎您乘坐D341次动车组列车，祝您旅途愉快，谢谢。

　　Chief：Ladies and gentlemen，it's nice to have you aboard the bullet train D341. We hope you have a pleasant journey.

（3）列车员：旅客们晚上好，欢迎您乘车，请您出示车票我来核对铺位。本次列车到达上海车站的时间是7：50分，动车组列车为全列无烟列车，请您不要在包房内吸烟。

请您观看电视使用耳机时多加爱护,感谢您的配合!

Crew: Dear passengers, good evening. Welcome aboard. Please show me your ticket for berth check. The train will arrive in Shanghai at 7:50. The bullet train is a non-smoking train. So please do not smoke in the compartment. Please use the TV headset properly when watching TV. Thank you for your cooperation.

(4)列车员:我非常高兴您能乘坐我们列车。我会全程为您提供服务。

Crew: Welcome aboard our train. I'll be at your service during the whole journey.

三、车厢服务 Carriage service

(1)列车员:打扰一下,我帮您清理一下小桌。

Crew: Excuse me, please let me clean up the table for you.

(2)列车员:打扰一下,我帮您整理一下行李。

Crew: Excuse me, please let me arrange the luggage for you.

旅客:我来吧。

Passenger: I'm fine, thank you.

列车员:非常感谢您,先生。

Crew: Thank you so much, Sir.

(3)列车员:对不起打扰一下,请问这箱子是哪位的?

Crew: Sorry for interrupting, whose suitcase is this?

旅客:我的,怎么了?

Passenger: Excuse me, is there anything wrong with it?

列车员:我想如果能把您的箱子放到行李架上就更好了。

Crew: Sorry, it would be better if you could put your suitcase on the rack.

(4)旅客:哪里有热水?

Passenger: Excuse me, where could I get hot water?

列车员:电茶炉在那边,请您随我来,您请!

Crew: Electric water heater is over there. Please follow me. Here it is.

(5)旅客:小姐,你们这有充电的地方吗?

Passenger: Miss, where could I charge in the train?

列车员:这节车厢两端墙壁上有充电插座。

Crew: There is one outlet on the wall of both ends of this carriage.

(6)旅客:怎么才能把座椅调舒服些?

Passenger: Excuse me, how could I make the seat more comfortable?

列车员:按住扶手侧面上的白色按钮,向后倚,就可以了。

Crew: Please press the button on the armrest and lean against the seat at the same time. That will do.

(7)旅客:这车上有卖饭的吗?

Passenger: Excuse me, do you sell food on the train?

列车员：餐车在4车，售卖主要以蛋糕、饮料为主，因为运行的时间短，没有餐饭。

  Crew: Carriage 4 is the dining car. It mainly sells cake and drinks. We don't offer meals because our trip is very short.

（8）旅客：厕所有人吗？

  Passenger: Is the toilet occupied?

  列车员：没有人，厕所上锁了。

  Crew: No, it is locked.

  旅客：为什么？

  Passenger: Why?

  列车员：因为列车正在进站。当列车停靠大站时，列车上的厕所停止使用。

  Crew: Because the train is approaching a big station. Toilets on the train are not supposed to be used when it stops at big stations,

  旅客：我明白了。列车要在这个站停多久？

  Passenger: I see. How long will the train stay at this station?

  列车员：6 min。

  Crew: Six minutes.

  旅客：好吧，谢谢。

  Passenger: All right. Thanks.

四、安全提示（Rounds of Security）

（1）列车员：接热水时请不要过满，以防烫伤。

  Crew: Please do not fill your cup too full. Otherwise, you may get scalded.

  旅客：知道，谢谢。

  Passenger: I get it, thank you.

（2）旅客：为什么不让我把东西放在行李架上？

  Passenger: Excuse me, why couldn't I put my luggage on the shelf?

  列车员：因为您的行李过大，车速过快，容易造成危险，为了您和周围旅客的安全，请您配合我们的工作。

  Crew: Because your luggage is too big and the train is running very fast. So for your own safety and that of the passengers around you, please cooperate with us.

（3）列车员：打扰一下，这个小推车是哪位的？

  Crew: Excuse me, whose small cart is this?

  旅客：是我的。怎么了？

  Passenger: Excuse me, is there anything wrong with it?

  列车员：这是铁质的，不能放在行李架上，谢谢。

  Crew: It's made by iron. That's why it should not be put on the shelf. Thank you.

（4）列车员：您好，您有什么需要帮助的吗？

  Crew: Hello, what could I do for you?

旅客：请问卫生间怎么走？

Passenger: How could I get to the toilet?

列车员：您往前走，在车厢另一端。

Crew: Please keep going ahead. Then you can see it at the other end of the carriage.

（5）旅客：请问哪里可以吸烟？

Passenger: Excuse me, where could I smoke?

列车员：抱歉！车内禁止吸烟，谢谢！

Crew: I'm sorry. It's a no smoking train. Thank you for your cooperation.

旅客：卫生间能吸烟吗？

Passenger: Could I smoke in the toilet?

列车员：抱歉先生，这车是全列禁烟，卫生间也不能吸烟，感谢您的配合！

Crew: I'm sorry, Sir. It's a no smoking train. So you are not allowed to smoke in the toilet. Thank you for your cooperation.

（6）列车员：您好，您有什么需要吗？

Crew: Hello, what could I do for you?

旅客：没有，我随便看看。

Passenger: Nothing, I just want to look around.

列车员：车速较快，请您注意安全。

Crew: The train is running very fast. So please be careful.

（7）列车员：您好先生，请您不要倚靠车门，注意安全。

Crew: Excuse me, Sir. For safety reasons, please don't lean on the door. Thank you.

（8）列车员：小朋友，别跑，你妈妈在哪？让我带你去找妈妈。

Crew: Hello, little boy / girl, where is your mom? Let's find her.

列车员：您好，车速过快，请您看管好小朋友，注意安全。

Crew: Hello, the train is running very fast. Please take good care of your child and be careful.

五、票务及信息服务（Ticket and information service）

（1）旅客：列车长，我要补张票

Passenger: Excuse me, I would like to buy a ticket.

列车长：您去哪儿?几等车厢?

Chief: Where are you going, sir? Which class?

旅客：我去大连，一等车厢。

Passenger: I'm going to Dalian in the First Class Carriage.

列车长：好的。收您65元，这是您的车票和找您的钱，您收好！

Chief: OK. Here are 100 YUAN. Here's your ticket and the change.

旅客：为什么要比车站贵呢？

Passenger: But why is the ticket more expensive than the ones bought in the station?

列车员：因为车上补票需要加 2 元手续费。

Crew：Because 2 yuan commission fee is charged.

（2）列车员：先生，您的行李超重，请您按规定补费。

Crew：Excuse me, Sir, your luggage is overweight. I am afraid you would have to pay for the extra weight according to the rules.

（3）旅客：我想换成一等座位，可以吗？

Passenger：Excuse me, could I change to a First class seat?

列车员：可以，请支付差额票价 11 元，手续费 2 元，共 13 元。

Crew：Yes, but you need to pay 11 YUAN for the extra fee and 2 yuan for commission fee, altogether 13 yuan.

（4）列车员：您好女士，请问这是与您一起的小朋友吗？

Crew：Hello, Madam, is this child with you?

旅客：是的，这是我女儿。

Passenger：Yes, she's my daughter.

列车员：请到这里量一下她身高，感谢您的配合。

Crew：Please measure the height of your child. Thanks for your cooperation.

旅客：好的。

Passenger：OK.

列车员：您的孩子超过 1.5 米，请补一张全价票。

Crew：Your child is over 1.5 m tall. Please buy a full fare ticket.

（5）旅客：请问这趟从武汉开出的 G1021 次高铁要多长时间能到广州？

Passenger：Excuse me, how long does this High Speed G1021 from Wuhan take us to Guangzhou?

列车员：将近 4 个小时。

Crew：Nearly 4 hours.

旅客：沿途要停靠几个站？

Passenger：How many stops are there on the way?

列车员：5 个车站，它们是：岳阳东、长沙南、株洲西、郴州西和广州北，最终到达广州南。

Crew：There are 5 stations on the way, they are: Yueyang East, Changsha South, Zhuzhou West, Chenzhou West, Guangzhou North. And at last it arrives in Guangzhou South.

六、餐车服务（Dining car service）

餐车服务员：您好，想吃点什么？

Dining Car Attendant：Good morning! Would you like to have something to eat?

旅客：请把菜单给我看看。

Passenger：Could you give me the menu, please?

餐车服务员：好的，请先坐下。

Dining Car Attendant: Yes, please take a seat first.

旅客：午餐都供应什么？

Passenger: What do you supply for lunch?

餐车服务员：您想尝尝中国菜吗？

Dining Car Attendant: Do you prefer Chinese food?

旅客：是的，我们非常喜欢中国菜。请给我们推荐一下吧。

Passenger: Yes. We like Chinese food very much. Will you please recommend something to us?

餐车服务员：您喜欢吃鱼吗？

Dining Car Attendant: How do you like fish?

旅客：是的，很喜欢。

Passenger: Yes, very.

餐车服务员：糖醋鱼片怎么样？

Dining Car Attendant: How about sweet and sour fish fillet?

旅客：听起来很吸引人，别的菜呢？

Passenger: It sounds very attractive. How about other dishes?

餐车服务员：我们今天的特色菜是狮子头。

Dining Car Attendant: Our today's special is pork meat patties.

旅客：好的，我们试一试，来一份。还有什么蔬菜和汤吗？

Passenger: Fine, we'll try it. Is there any vegetable and soup?

餐车服务员：海米白菜和番茄蛋汤怎么样？

Dining Car Attendant: How about Chinese cabbage with dried shrimps and egg soup with tomato?

旅客：好极了！今天我们将吃到一顿美味可口的午餐了。谢谢您的推荐。

Passenger: Wonderful! I think we will have a very enjoyable lunch today. Thanks for your recommendation.

餐车服务员：很荣幸为您服务。

Dining Car Attendant: My pleasure.

七、应急服务（Emergency service）

（1）列车员：布朗先生，您的脸色很苍白。

Crew: Mr. Brown, you look rather pale.

旅客：我感到有点头晕目眩的，而且头痛。

Passenger: I feel rather dizzy, and I have a headache.

列车员：也许您感冒了。

Crew: Maybe you're catching a cold,

旅客：您可能说对了。

Passenger: You're probably right.

列车员：请等一会儿，我给您拿几片 APC。
Crew：Please wait a minute. I'll get some APC for you.
旅客：非常感谢。
Passenger：Thank you so much.
列车员：不用谢。
Crew：Not at all.

（2）旅客：我找不到我的朋友了，怎么办？
Passenger：Excuse me, I can not find my friend. What am I going to do?
列车长：我可以帮您广播找人，请在纸上写下您的朋友的国籍、姓名、您的名字以及您的车厢。
Chief：Please don't worry. I can help you find you friend by broadcasting an announcement. Please write down the nationality, name of your friend, your own name and your carriage.

（3）旅客：能帮帮我吗？我的背包丢在车上了。
Passenger：Could you help me? My bag is left on the train.
列车长：别着急，我帮你找。
Chief：Don't worry. I'll help you find it.
列车长：您刚才在几号车厢和几号座位？你的背包是什么样子的？
Chief：Which carriage were you in? Your seat number? What does your bag look like?
旅客：6 车 25 号。我的包是棕色皮包，里面装有电脑笔记本和文件。
Passenger：Seat 25 in Carriage 6. It is a brown leather bag. There are a notebook computer and some documents inside the bag.
列车长：请留下您的联系方式，有消息我马上通知您。
Chief：Please leave us your contact number. We'll inform you as soon as we have any news.
旅客：太好了，谢谢你！
Passenger：Great, thank you so much!

八、广播通知（Announcements）

（1）开始播音（The Announcement for beginning）
旅客朋友，大家好！今天是 2012 年 9 月 18 日，星期二，农历八月初三，欢迎朋友们乘坐从北京开往上海的 D31 次列车。
Good evening, everyone! Today is September 18 th., 2012, Tuesday. The Lunar date is August 3rd. Welcome to our train. This train is D31 from Beijing to Shanghai.

（2）起动词（Departure Announcement）
旅客朋友，大家好！D31 次列车在优美、欢快的音乐声中离开了北京站，您的旅行和我们的服务工作同时开始了，在这里，我们全体乘务人员向您问好，并祝愿旅客旅行愉快，一路平安。

Dear passengers! Accompanied by sound and happy music, Train D31 departs from Beijing. Your journey and our train service work begin at the same time. Here, on behalf of all the crew, I would like to greet to you and hope you have a pleasant and safe journey.

（3）到站前通告（Announcement Before Arriving at Station）

Dear passengers! The train will arrive at Shenyang Station soon. Those who are going to alight, please bring all your belongings to wait on the right of the carriages. The train is about to arrive at Shenyang Station.

旅客朋友，沈阳车站快要到了，有在沈阳车站下车的旅客朋友，请您带好您的行李物品到车厢右侧等候下车，沈阳车站就要到了。

（4）到站通告（Announcement When Arriving at Station）

Dear passengers! The train is now stopping at Shenyang Station for 2 min. The platform is on the left side of the train's running direction. Those passengers alighting, please get off the train orderly and not push.

旅客朋友，现在的停车站是沈阳车站，停车 2 分钟，站台在列车运行方向的左侧，下车的旅客朋友，请您按先后顺序下车，不要拥挤。

（5）用餐播音（Announcement for Meal Service）

旅客朋友，用餐的时间到了，现在餐车为您服务。有需要用餐的旅客请到本次列车 9 号车厢用餐。餐车工作人员欢迎你的到来。

Dear passengers! It is time for lunch. Now the dining-car begins to serve you. Those who want to have meals, please go to Carriage No.9. Dining car attendants will be serving you there.

（6）失物招领通告（Announcement for Lost and Found）

旅客们，请注意！在我们这趟列车上有位旅客不慎把手机遗失，有拾到者，请与广播室联系，广播室在 12 号车厢。谢谢！

Attention, please! One passenger of this train lost his mobile phone accidentally. If someone finds it, please contact the announcement room. The announcement room is in Carriage No.12, Thank you.

（7）紧急通知（Emergency Announcement）

旅客朋友们，请注意！列车上有医生吗？现在一位旅客朋友心脏病犯了，情况紧急，急需您的帮助。如果有医生朋友，请您尽快到六号车厢来，非常感谢！

Dear passengers, may I have your attention, please! Is there a doctor on the train? A passenger is suffering a heart attack. this is an emergency, and we need your help, Please be quick and come to the sixth carriage. Thank you.

（8）广播找人通告（Announcement for Looking for Somebody）

各位旅客，请注意，来自美国的小朋友汤姆，听到广播后请到餐车去。您的父亲在那儿等您。谢谢。

Ladies and gentlemen, may I have your attention, please? A little boy Tom from

America，please go to the dining car. Your father is expecting you there. Thank you.

（9）终到词（Arrival Announcement）

旅客朋友，大家好！伴随着欢歌笑语，我们的旅行生活已接近尾声，D33 次列车由北京站开出．经过了 6 小时 13 分钟的旅行，就要到达终点站大连站了。

Dear passengers, with songs and laughter, our journey life is near the end. This train D33 departs from Beijing Station, travels around 6 hours and 13 minutes and will arrive at the terminal Dalian Station.

项目六　路风及服务质量监督

【项目描述】

为保证铁路旅客运输服务质量，维护旅客和行李、包裹托运人、收货人的合法权益，维护铁路运输企业的良好声誉，铁路须有系统有效的运输服务质量监督检查机制。本项目主要讲述铁路路风问题分类、定性及服务质量的监督检查，详细介绍了发生客运服务质量问题的处理。

【教学目标】

1. 能力目标

（1）明确常见的路风问题和检查形式及相关处理文件。

（2）明确铁路旅客运输服务质量监督监察的职责范围。

2. 知识目标

（1）掌握常见的路风问题及等级。

（2）了解客运监察的职责与权力。

（3）掌握服务质量问题分类及相关性质。

（4）理解《客运系统安全专业管理考核评价表》的具体考核内容。

任务一　路风管理

一、铁路路风

路风系指铁路的行业风气，是铁路的性质、宗旨和经营方向在运输企业和职工中的综合表现。路风工作是铁路精神文明建设、党风廉政建设和企业经营管理的组成部分。加强路风工作，对于提高职工队伍素质，提升运输服务质量，促进铁路发展，推进和谐铁路建设，具有重要作用。

路风监察人员执行职务时，应持"路风监察证"，必要时佩戴"路风监察"臂章。路风监察证和臂章发至铁路局专职路风监察人员。

路风监察人员执行职务时，免予签证登乘各次列车（国际列车、进港直通车按有关规定办理）；准予使用铁路电报、电话，在乘务员公寓食宿。

路风监察人员执行职务时，被检单位要支持配合检查人员工作，并提供便利。任何单位或个人不得拒绝、阻碍或打击报复。

二、路风问题

路风问题系指铁路单位和从业人员凭借职务或工作便利条件营私谋利，或违背职业道德，服务质量低劣，给旅客或货主造成经济损失或精神、身体伤害，在路内外造成不良影响和后果的行为。

路风问题主要包括以车谋私、以票谋私、乱收费乱加价、勒卡索要、粗暴待客、违规经营、违规贩运等7类。

1. 以车谋私

以车谋私是指凭借职权或通过关系，以车皮、集装箱等运输条件谋取私利的行为。

（1）在受理运输计划、审批承认车、安排货位、安排装车、配车配箱、装卸作业、变更装卸地点、变更到站、取送车作业等运输环节中谋取私利。

（2）将车皮、集装箱计划切块给路内外单位或个人，从中谋取私利。

（3）违反运输纪律，采取无票运输、换票运输、伪报品名、少报质量等手段侵犯运输收入，从中谋取私利。

（4）违反规定下浮运价，从中谋取私利。

2. 以票谋私

以票谋私是指凭借职务或工作之便，利用车票谋取私利的行为。

（1）违反售票纪律，利用批团体票、机动票、合同订票或切块、囤票等不正当手段为他人提供车票，从中谋取私利。

（2）利用职务或工作之便，内外勾结倒卖车票。

（3）列车工作人员为旅客代办车票收取好处费，或收钱不补票，收长途钱补短途票，侵吞票款；为旅行团体代办车票提供方便，获取好处或不正当利益。

（4）私带无票人员、行包和货物，安排越席及其他不符合乘车条件人员乘车。

（5）内外勾结霸座卖座，接送无票人员进出站上下车，装运超过票记质量、件数的行包货物，从中谋取私利。

3. 乱收费乱加价

（1）违反国家、国铁集团规定的运、杂费收费项目和标准，收取或变相收取不合理费用。

（2）在运输代理和客货延伸服务中，只收费不服务，多收费少服务，擅自设立收费项目、提高收费标准，或不提供合法票据。

（3）车站或票务管理部门不送票收取送票费，将车票票额切块给宾馆、饭店、旅行社等加价收费，自办售票点超标准收费，车站售票窗口或计划室搭收其他费用。

（4）车站或票务管理部门从客票代理销售点的乱收费、乱加价中分成。

4. 勒卡索要

勒卡索要是指凭借职务或工作之便，采取刁难、要挟或威胁等手段，敲诈勒索旅客、货主的行为。

5. 粗暴待客

（1）对旅客、货主语言污秽，行为粗鲁。

（2）有意设置障碍，刁难旅客、货主。

（3）殴打旅客、货主或限制旅客、货主的人身自由。

（4）严重侵害旅客、货主人身权利，构成违法犯罪的行为。

6. 违规经营

（1）以不批计划、不配空车、拖延办理等手段，强制货主办理延伸服务或运输代理。

（2）铁路多经、集经企业或与之联营的单位强制办理运输代理、延伸服务业务。

（3）铁路货运业务与延伸服务或运输代理业务合并办理，以及代收延伸服务或运输代理费用。

（4）站车强卖、搭售商品，或出售假冒伪劣商品。

（5）列车餐车开办茶座、夜宵，违规收费，变相卖座。

（6）以提前进站、提供车票等手段误导旅客进茶座、休息厅等场所收取费用，或在代办转乘车船、住宿、旅游等业务中违背承诺，欺诈旅客。

7. 违规贩运

违规贩运是指凭借职务或工作之便，利用列车搞营利性捎、买、带，或携带禁运、限运物品。

三、路风问题等级

路风问题等级分为重大路风事件、严重路风事件、一般路风事件和路风不良反映。

（1）构成下列路风问题之一的，定为重大路风事件：

① 以车谋私金额（含实物折算价值，下同）5 000元以上，以票谋私金额3 000元以上。

② 乱收费、乱加价金额（从行为发生之日起累计计算，下同），客运在100 000元以上；货运在500 000元以上。

③ 私带无票人员、行包、货物，安排越席及其他不符合乘车条件人员乘车，按已乘（运）区间票价（运价），同时收取好处费的，合并计算金额在3 000元以上。

④ 殴打旅客、货主造成重伤、死亡，或侵害旅客、货主人身权利情节特别严重的。

⑤ 敲诈勒索旅客、货主情节特别严重的。

⑥ 贩运物品一次价值在10 000元以上，或情节特别严重的。

⑦ 其他造成特别恶劣影响，使路风、路誉遭受严重损害的行为。

（2）构成下列路风问题之一的，定为严重路风事件：

① 以车谋私金额2 000元以上不足5 000元，以票谋私金额1 500元以上不足3 000元。

② 乱收费、乱加价金额，客运在50 000元以上不足100 000元；货运在200 000元以上不足500 000元。

③ 私带无票人员、行包、货物，安排越席及其他不符合乘车条件人员乘车，按已乘（运）区间票价（运价），同时收取好处费的，合并计算金额在1 500元以上不足3 000元。

④ 殴打旅客、货主造成轻伤，或侵害旅客、货主人身权利情节严重的。

⑤ 敲诈勒索旅客、货主情节严重的。

⑥ 贩运物品一次价值在5 000元以上不足10 000元，或情节严重的。

⑦ 违规经营造成恶劣影响的。

⑧ 其他造成恶劣影响，使路风、路誉遭受很大损害的行为。

（3）构成下列路风问题之一的，定为一般路风事件：

① 以车谋私金额1 000元以上不足2 000元，以票谋私金额500元以上不足1 500元。

② 乱收费、乱加价金额，客运在30 000元以上不足50 000元；货运在50 000元以上不

足 200 000 元。

③ 私带无票人员、行包、货物，安排越席及其他不符合乘车条件人员乘车，按已乘（运）区间票价（运价），同时收取好处费的，合并计算金额在 500 元以上不足 1 500 元。

④ 殴打旅客、货主造成轻微伤，或侵害旅客、货主人身权利情节严重的。

⑤ 敲诈勒索旅客、货主情节轻微的。

⑥ 贩运物品一次价值在 3 000 元以上不足 5 000 元，或情节较重的。

⑦ 违规经营造成很坏影响的。

⑧ 其他造成很坏影响，使路风、路誉遭受较大损害的行为。

（4）未构成路风事件的路风问题，定为路风不良反映。

四、路风的检查

1. 路风的检查形式

路风检查由路风监察人员实施，采取明察、暗访两种形式。

明察时应主动出示路风监察证，在被检单位配合下开展工作。凡不出示有效证件的，被检单位可以拒绝检查。

2. 路风问题的处理

路风监察人员查出路风问题，应填发《路风监察通知书》，如图 6.1 所示，也可视情况拍发铁路电报。《路风监察通知书》的填写要符合监察内容，事实清楚，表述准确，客观公正，并加盖路风监察人员名章。

中国国家铁路集团有限公司路风监察通知书

年第　号

单位：

　　经检查，发现如下路风问题，请将查处结果于　　月　　日前，逐级报国铁集团总公司路风监察室。

受检单位			
检查时间		地点（区段）	
检查情况：			

受检单位（签字）：　　　路风监察（名章）：

注：1. 本通知书一式两份，上联由检查组上报，下联送受检单位。
　　2. 栏内如写不下，可附另页。

图 6.1　路风监察通知书式样

检查结束后,向被检单位通报检查结果。凡填发《路风监察通知书》的,由被检单位负责人签字,一式两份,一份交责任单位处理,一份由检查单位留存。责任单位应在20日内做出定性处理,并逐级上报查处结果。

任务二　铁路旅客运输服务质量监督监察

为保证铁路旅客运输服务质量,维护旅客和行李、包裹(以下简称行包)托运人、收货人(以下简称货主)的合法权益,加强对铁路旅客运输服务质量的监督监察,铁路客运部门应执行《铁路旅客运输服务质量监督监察办法》。

一、总体原则

《铁路旅客运输服务质量监督监察办法》适用于国家铁路、地方铁路、合资铁路,以及铁路单位与在铁路站、车内从事经营活动的单位、个人签订合同的甲方单位。

铁路运输企业必须确定负责铁路旅客运输服务质量监督监察工作的职能部门(以下简称客运职能部门),并确定铁路旅客运输服务质量监督监察人员(以下简称客运监察);必须明确受理旅客、货主投诉的部门,向社会和在铁路客运营业场所公布投诉电话号码、通信地址、邮政编码、电子信箱等,并报国铁集团备案。受理投诉的工作人员要热情接待、积极处理和答复旅客、货主的投诉。

国务院铁路主管部门设客运监督监察职能部门,根据工作需要可聘任兼职客运监察。

二、等级划分

1. 对铁路旅客运输服务质量实行分级监督监察制

国铁集团客运职能部门负责全路旅客运输服务质量监督监察;铁路局、客运职能部门负责本局和进入本局管辖内外单位担当的旅客列车的旅客运输服务质量监督监察。下级客运职能部门接受上级客运职能部门的监督检查和指导。

2. 对铁路旅客运输服务质量实行持证监督监察

客运监察证件为《中国国家铁路集团有限公司客运监察证》(以下简称客运监察证),由国铁集团统一印制,填发时加盖"中国国家铁路集团有限公司"钢印和"中国国家铁路集团有限公司证件专用章"。

3. 客运监察证的持证人员、填发和使用规定

持证人员必须是国铁集团客运职能部门工作人员和其聘任的客运监察及铁路局确定的客运职能部门的客运监察人员。客运监察证的颁发实行请领注册登记制,铁路局请领客运监察证时,须填写《客运监察证注册登记请领单》,见表6.1所示,由铁路局客运职能部门统一审核、汇总,对符合本办法规定的人员,按照"请领单"项目逐项、准确填写,部门负责人签

字并加盖公章后报国铁集团，国铁集团对审核合格的人员颁发客运监察证。客运监察证的有效期为一年，不跨年度填发，本年度客运监察证的有效期可延期使用至次年一月十五日。填写客运监察证使用区间的自至站名，必须与填写的铁路乘车证区间自至站名相一致。客运监察证的编号由国铁集团统一编制。

客运监察在执行公务时原则上不得少于2名，须出示客运监察证，客运监察必须做到廉洁自律、秉公执法、办事公正。对滥用职权者，被检查单位或个人有权向上级举报，受理部门要认真调查处理。

表6.1　客运监察证注册登记请领单　　　[297×210 mm（A4）]

序号	姓名	性别	出生年月	职务	单位	分管工作	办公电话	住宅电话	有效期	备注

请领单位（公章）_____领导审批签字_____日期：　　年　　月　　日请领人签字_____

三、客运监察的职责与权利

1. 客运监察的职责

（1）监督监察旅客运输工作中执行国家政策、法规的情况。

（2）监督监察旅客运输部门、单位、个人执行规章制度、文电、命令、办法、标准等情况。

（3）监督监察客运服务质量：

① 车站售票，旅客候车，检票，旅客进出站、上下车和行包托运、交付等服务的质量；

② 旅客列车验票、旅客乘降、行包运输、列车服务的质量；

③ 站、车环境卫生，饮食供应、治安秩序、广播宣传的情况；

④ 客运职工职业道德、职业纪律、文明服务、礼仪规范、作业标准等情况。

（4）客运服务设备、设施、备品质量和运用情况。

（5）对与国家铁路办理直通运输业务的其他铁路旅客运输企业进行服务质量监督、指导。

（6）受理、查处旅客、货主对铁路旅客运输服务质量的投诉。

（7）负责查处上级和新闻媒体及有关部门提出的铁路旅客运输服务质量问题。

2. 客运监察的权利

（1）听取被检查单位负责人和有关人员的情况介绍，参加或组织召开与客运服务质量有关的会议。

（2）查阅各级客运职能部门和站、段及相关部门的有关文件、档案、案卷、记录、票据等资料。

（3）对违章违纪和影响旅客运输服务质量的单位、个人，给予通报批评，责令限期改进，予以经济处罚及建议给予行政处分。

（4）对工作质量优良的单位和个人，给予通报表扬或建议嘉奖。

（5）上级客运职能部门可调用下级客运监察对本级管辖范围内的旅客运输服务质量进行监督监察。

（6）各单位要为客运职能部门和客运监察提供必要的办公条件和设备。

客运监察对铁路旅客运输服务质量进行检查时，要填发《客运服务质量监督监察记录》，如图 6.2 所示。对存在"服务质量严重问题"及以上问题的还要填发《客运服务质量问题处罚决定书》，如图 6.3 所示。

客运服务质量监督监察记录

编号 No_____

时间：_____年____月___日至_____年____月___日

地点：_____站（车次）区间_____站至_____站

被检查单位：_____

主要内容：_____

....

....

....

....

....

....

....

....

被检查单位负责人：_____签字（盖章）客运监察：_____、签字（盖章）

注：本记录一式两份。一份交被检查单位，一份自存。

图 6.2　客运服务质量监督监察记录式样[210 mm × 297 mm（A4）]

客运服务质量问题处罚决定书

编号№_____

_____站、客运（列车）段、客运公司、分公司：

_____年___月__日，_____客运监察，在_____站（车次）_____站至_____站区间，对你站（单位当的）_____次列车进行了检查，发现存在如下问题：

处罚决定：对上述问题，依据铁道部《铁路旅客运输服务质量监督监察办法》第_____条之规定，定你单位_____一件，处以罚款_____元，并建议对责任者给予_____处分，追究有关领导责任。

请于_____年____月____日前将上述款项汇交至运营财务账户上。户名：_____开户行：_____；账号：_____。

逾期不交时，财务部门可直接划扣，逾期每日按罚款数额的3％加处罚款。

如对本处罚决定不服，可在15日内，向上级客运职能部门提出复查，复查期间，本决定照常执行。

查处部门或客运监察　　　　　　签字（盖章）

签发日期　　年　月　日

注：本决定书一式四份。一份交责任单位，一份自存，一份交同级财务部门，一份交责任单位上级客运职能部门。填制本决定书时，对无用项划掉。

图6.3　客运服务质量问题处罚决定书式样[210 mm × 297 mm（A4）]

四、服务质量问题分类与定性

1. 服务质量问题分类

（1）服务质量不良反映。
（2）服务质量一般问题。
（3）服务质量严重问题。
（4）服务质量重大问题。

2. 服务质量问题性质

（1）服务质量不良反映（以下简称不良反映）：未构成服务质量一般问题的不良反映。

（2）服务质量一般问题（以下简称一般问题）：
① 旅客、货主投诉或新闻媒体曝光，在社会上造成不良影响的；
② 站、车的设备、设施、备品未达到规定标准，影响服务质量或旅客、货主提出批评意见的；
③ 站、车各项工作标准、基础管理未达到规定要求影响服务质量的；
④ 未按国家或国铁集团有关规定对运价、杂费、商品实行明码标价的；
⑤ 站、车存在安全隐患，但尚未发生旅客、货主伤害和责任事故的；
⑥ 站、车治安秩序差，但尚未发生旅客、货主伤害事故的；
⑦ 站、车环境卫生、饮食卫生差，但尚未发生旅客伤害事故的；
⑧ 站、车工作人员在工作中与旅客、货主发生争执造成不良影响的；
⑨ 责任造成旅客10人以下漏乘、误乘、误降、坐过站的；
⑩ 责任造成旅客列车晚点的；
⑪ 责任造成旅客、货主财产损坏、丢失、被盗价值在500元以下的。

（3）服务质量严重问题（以下简称严重问题）：
① 旅客、货主投诉或新闻媒体曝光，在社会上造成较坏不良影响的；
② 责任造成旅客、货主轻伤的；
③ 站、车设备、设施、备品故障、缺损，严重影响服务质量，旅客、货主反映强烈或给旅客、货主造成人身伤害或带来经济损失的；
④ 利用职权运输无票人员、货物，勒卡、索要旅客、货主钱物，价值在200元以下的；
⑤ 责任发生食物中毒事故未造成人员死亡的；
⑥ 站、车工作人员在工作中刁难、打骂旅客、货主造成较大影响的；
⑦ 责任造成旅客10人及以上漏乘、误乘、误降、坐过站的；
⑧ 责任造成旅客、货主财产损坏、丢失、被盗价值在500元及以上不足1 000元的；
⑨ 违反国家和铁路有关收费标准、规定，乱收费、乱加价造成较大不良影响的。

（4）服务质量重大问题（以下简称重大问题）：
① 旅客、货主投诉或新闻媒体曝光，在社会上造成严重不良影响的；
② 责任造成旅客、货主重伤及以上伤害的；
③ 利用职权运输无票人员、货物，勒卡、索要旅客、货主钱物，价值在200元及以上的；
④ 责任发生食物中毒事故造成人员死亡的；
⑤ 站、车工作人员在工作中殴打旅客、货主造成严重影响或轻伤及以上伤害的；
⑥ 责任造成旅客、货主财产损坏、丢失、被盗价值在1 000元及以上的；
⑦ 违反国家和铁路有关收费标准、规定，乱收费、乱加价造成严重不良影响的。

五、处罚原则

对服务质量问题的处罚，坚持实事求是、惩前毖后、治病救人的原则。

处罚种类分为：通报批评；罚款；行政处分。

（1）通报批评。对发生服务质量问题的单位和个人予以通报批评。

（2）罚款。发生"服务质量严重问题"之一的，能够确定款额的对责任者处以发生款额的1～2倍罚款，责任单位处以2～4倍罚款；不能确定款额的对责任者处以1 000～2 000元罚款，责任单位处以 4 000～10 000元罚款。发生"服务质量重大问题"之一的，能够确定款额的对责任者处以发生款额的1～2倍罚款，责任单位处以2～4倍罚款；不能确定款额的对责任者处以 2 000～4 000元罚款，对责任单位处以 8 000～20 000元罚款。两名以上责任者可累计处罚。

（3）行政处分。分为警告、记过、记大过、降级、撤职、留用察看、开除。发生"服务质量严重问题"的，根据情节轻重对责任者可给予警告至撤职处分；发生"服务质量重大问题"的，根据情节轻重对责任者可给予记过至开除处分。对发生服务质量问题的责任单位要追究领导责任。

（4）对发生"服务质量严重问题""服务质量重大问题"，涉及无票运输人员、货物的，对责任单位和责任者的经济处罚、行政处分按《铁道部关于违反铁路运输收入纪律的处罚规定》（铁财〔1999〕76号）的规定执行。

（5）对发生"服务质量严重问题""服务质量重大问题"，涉及乱收费、乱加价、敲诈勒索、以票谋私的，对责任单位和责任者的经济处罚、行政处分按铁道部《违反铁路路风管理办法的行政处分规定》（铁监〔1998〕16号）的规定执行。

（6）对发生"服务质量严重问题"及以上问题的责任者给予行政处分的同时，可给予一次性罚款。

（7）对隐瞒事实、出具伪证、包庇纵容、阻挠妨碍客运监察执行公务或对举报、执行公务人员进行打击报复的，一经查实从严处理。

对涉嫌触犯刑律的，移交司法机关依法处理。

六、监察与处理程序

（1）各级客运职能部门应建立健全客运服务质量监督监察和问题查处档案，对客运服务质量情况定期进行分析、通报。

（2）填发《客运服务质量监督监察记录》，一式两份。一份交被检查单位，一份自存。被检查单位现场负责人和客运监察均要在《客运服务质量监督监察记录》上签字或加盖名章。

（3）填发《客运服务质量问题处罚决定书》，一式四份。一份交责任单位，一份自存，一份交同级财务部门，一份交责任单位上级（路局）客运职能部门。责任单位（责任者所在单位）要在15日内按本办法要求逐级上报查处结果和整改措施至实施检查部门，并将罚款按照"处罚决定书"要求汇交财务部门运营财务账户，财务部门收到罚款后列"营业外收入"。对逾期不交的，财务部门可按照《客运服务质量问题处罚决定书》所列款项直接划扣，逾期每日按罚款数额的3%加处罚款。检查进入本局管辖内外单位担当的旅客列车时，发现构成"服务质量严重问题"及以上问题时，应编制《客运服务质量监督监察记录》，注明存在的问题，提出处理意见，交责任单位及其所属的上级客运职能部门。责任单位应在规定的期限内做出处理，并将处理结果反馈实施检查的客运职能部门。实施检查的客运职能部门认为责任单位的处理结果不符合本办法的处理标准时，可向铁道部客运职能部门报告，要求做出进一步处理。

（4）被查处的单位或个人对本处罚决定不服，可在接到《客运服务质量问题处罚决定书》

15日内，向上级客运职能部门提出复查申请，上级客运职能部门应当认真审查，发现处罚有错误的，应当主动改正。

（5）逐级批转查处：各级客运职能部门对旅客、货主投诉，上级领导批示（含口头指示），新闻媒体刊载和播发及其他部门、方式转来的反映服务质量的问题，应填发《客运服务质量问题查处通知单》（见图 6.4），将《客运服务质量问题查处通知单》和反映的服务质量问题一并逐级批转至问题发生单位，责成其进行调查处理。接到《客运服务质量问题查处通知单》和反映的服务质量问题的单位，应按上级要求以书面形式逐级报送查处结果。各级客运职能部门对查实的问题，依据本办法予以定性处理。必要时上级客运职能部门可直接对服务质量问题进行查处，并有权对下级单位、部门查处结果提出质疑和纠正。

客运服务质量问题查处通知单[　]号

_____

　转去_____。

情况简要和处理意见：_____

_____

_____

　请按下列第_____项处理。

1. 请阅处。

2. 请查处后答复投诉人。

3. 请将查处结果_____年___月___日前报_____。

4. 请不要将转去信件交责任单位和个人。

　　填发人（单位）：　　　　　签字（盖章）

　　　　　　　　　　　　　　　　年　　月　　日

图6.4　客运服务质量问题查处通知单式样[130 mm × 182 mm（A4）]

（6）责任单位报送查处结果按下述程序办理：向铁路局客运职能部门报送，应由站段负责人签字并加盖公章，向国铁集团客运职能部门报送，应由铁路局客运职能部门负责人签字并加盖部门公章。对国铁集团、国铁集团运输局领导批示要求报查处结果的，由铁路局领导签字并加盖铁路局公章。

（7）各单位因故不能按上级要求时限报送查处结果时，应向上级客运职能部门提出延期查处客运服务质量问题报告，逾期不报的，上级客运职能部门可直接定性处理，并通报批评。

七、其他规定

各单位根据本办法规定自行查处的"服务质量严重问题"及以上问题，要及时将查处结果报上级客运职能部门备案。

国家铁路单位和个人因服务质量问题需要给予经济处罚的，由国家铁路各级客运职能部门负责，地方铁路、合资铁路单位和个人因服务质量问题需要给予经济处罚的，分别由地方铁路、合资铁路客运职能部门负责，在铁路站、车内从事经营活动的单位、个人并与铁路单位签订合同的,因服务质量问题需要给予经济处罚的,分别由国家铁路、地方铁路、合资铁路客运职能部门对其签订合同的铁路单位给予处罚。个人因服务质量问题需要给予行政处分的,按人事任免权限办理。

任务三　安全专业管理考核评价

为构建全路客运安全专业管理体系,实现安全生产持续改进,铁路客运系统安全专业管理应按铁路总公司 2014 年 1 月 1 日起施行的《客运系统安全专业管理考核评价办法》进行考核。

在安全专业考核评价中,铁路局(公司)客运主管部门提报的数据及相关资料、情况,应准确、真实、有效,不得故意瞒报、虚报,确保考核评价的质量。

一、考核评价内容

(1)客运系统安全专业管理考核评价由减分项目和加分项目两部分组成。具体考核内容详见表 6.2 所示《客运系统安全专业管理考核评价表》(以下简称考核表)。

表 6.2　客运系统安全专业管理考核评价表

路局(公司):　　　　　　　　　　　　　　　年度:　　　年___半年度

序号	项目	考核内容	考核项目	自我评价		专业评审	
				增减分	原因	增减分	原因
1	减分项目	发生责任特别重大、重大、较大事故	扣 100 分				
2		发生责任一般 B 类及以上事故	按照全部或主要、重要或次要等责任,分别扣 20、15 分				
3		发生责任一般 C 类事故	按照全部或主要、重要或次要等责任,分别扣 15、10 分				
4		发生责任一般 D 类事故	按照全部或主要、重要或次要等责任,分别扣 10、5 分				
5		发生交通事故以外的责任火灾、爆炸事故	按照全部或主要、重要或次要等责任,分别扣 20、15 分				
6	减分项目	红旗列车或文明车站被取消	发生一次扣 15 分				
7		责任造成旅客 10 人及以上漏乘、误乘、误降、越站等	发生一次扣 15 分				
8		应急处置明显不当,或造成次生事故	发生一次扣 5 分				
9		发生红线问题	发生一起扣 5 分				

续表

序号	项目	考核内容	考核项目	自我评价		专业评审	
				增减分	原因	增减分	原因
10		旅客人身伤害件数同比增加5%以上	增加5%扣2分，超过5%的，每增加5%扣0.5分				
11		专题通报批评	通报一个站/车次扣3分				
12		客运站车推诿扯皮，延误事件处置	发生一起各扣3分				
13		安全管理规章制度有漏项，内容不明确	发现一次扣2分				
14		实名制信息、客票系统基础数据流失、客票系统故障，造成不良影响	发生一起扣3分				
15		未按规定超员率执行	发生一起扣2分				
16		设备设施维保机制不健全，维保单位不明确	发生一起扣2分				
17		发生客服系统Ⅰ类故障	发生一起扣3分				
18		未按期完成总公司布置的任务	发现一次扣2分				
19	加分项目	防止事故	一次加10分				
20		典型经验推广	一次加3分				
21		专题通报表扬	一次加3分				
		考核得分					
		考核排序					

客运主管部门负责人： 主管局长：

（2）《客运系统安全专业管理考核评价表》中铁路交通事故依据《铁路交通事故调查处理规则》定性。客运安全红线问题，详见表6.3所示。

表6.3 客运安全红线问题表

客运安全红线问题表		
项目	序号	具体问题
车门管理	1	运行中车门漏锁
	2	站停时开背面车门组织旅客乘降
防火防爆	3	煤采暖锅炉、茶炉干烧
	4	违规使用大功率电器，在列车上私拉电线
	5	餐车油垢长时间未清理，明显积垢

续表

客运安全红线问题表		
项目	序号	具体问题
乘降组织	6	钻车，攀爬车顶、飞乘飞降等违反劳动安全行为，但未造成人员伤亡的
乘降组织	7	责任造成旅客10人以下漏乘、误乘、误降、越站等
乘降组织	8	广播、引导系统功能不完整、显示不正常，影响乘降组织或造成社会不良影响的
乘降组织	9	站车进出站、上下车、候车检票、站台清理等环节组织不当，造成旅客严重拥堵、踩踏、追车、扒车、跳车、掉下站台等
关键环节	10	上水管漏拔
关键环节	11	列车抛物造成人员伤害或设备损坏
关键环节	12	站台车辆、装卸的行李货物等掉入股道
食品安全	13	所售预包装食品存在"三无"现象
食品安全	14	餐料、自制品或饭菜存在腐烂、异味等明显变质现象
食品安全	15	责任造成食物中毒
票据安全	16	票据、现金、行包发生丢失
作业纪律	17	当班期间喝酒、打牌
作业纪律	18	看车人员在车内抽烟、使用明火，非看车人员在车内留宿
安全基础	19	瞒报、漏报、谎报、迟报事故和相关事件
安全基础	20	关键岗位不具备任职资格

二、考核评价内容

（1）考核周期：每半年考核一次。

（2）考核程序：自我评价、专业评审、考评排序3个程序。

（3）自我评价：由铁路局（公司）客运主管部门按照考核内容和考核标准，逐项进行自我评分，填写考核表中自我评价栏的增、减分与具体原因。分别于每年7月5日和1月5日由客运处长和主管局长签字后，上报国铁集团。

（4）专业评审：国铁集团运输局营运部对铁路局（公司）提报的考核表进行审核，填写考核表中专业考核栏的增、减分与具体原因。

（5）考评排序：每年7月20日和1月20日前，根据专业评审的考核得分进行排序（得分值相同时，按照安全管理、质量管理、营销管理、设备管理和基础管理的顺序，根据每个方面扣分多少排序），考评结果发文公布。

三、考核评分与运用

（1）考核评价基础分为100分。考核得分=100分-考核项目减分+考核项目增分。

（2）构成两个及以上考核项点，按照"就高不就低"的原则扣分，不重复扣分。

（3）考核期内有防止事故、国铁集团专题通报表扬以及典型经验推广等情况时，给予增分。其中防止事故以安监部门核定为准，典型经验须在国铁集团级推广。

（4）发生考核表中无明确规定的事故或事件，由国铁集团运输局营运部根据其性质严重程度、影响大小以及损失情况确定核减分数。

（5）考核评价结果按考核得分排序，排名前三的，全路通报表扬，连续两次排名最后一名的，与铁路局（公司）客运主管部门主要领导进行谈话，并组织帮促整改。铁路局（公司）应将考核评价结果纳入客运主管部门工作业绩考核。

四、其他相关要求

铁路局（公司）客运主管部门应指定一个电子邮箱用来接收国铁集团发布的通话记录等，及时查收，按规定上报信息。

发生火灾爆炸、旅客死亡（自身疾病除外）、群体性事件等严重问题时，铁路局（公司）客运主管部门半小时之内必须将简要情况报告总公司客管处。

附录一　列车移动补票机指导书（无线 POS 终端）

任务一　列车移动补票机的构造及使用方法

一、开机/关机

（1）开机：短按 POS 机左侧开关机按钮 2~3 s，POS 机开机启动。
（2）关机：在开机状态下按住开关机按钮，屏幕显示"关机""重启""飞机模式""静音模式"，选择"关机"，出现"您的智能终端将会关机〈取消〉〈确定〉"画面，此时按下"确定"键完成关机。

注意事项：
（1）无法开机的原因：① 电池没电；② 电池没装；③ 交流电源没插好；④ 电池故障。
（2）排除方法：① 连接交流电源；② 确认电池是否安装好；③ 检查交流电源是否插好；④ 更换电池。

二、磁卡条

刷卡时，请将磁卡的磁条朝向设备内侧从磁道划过，可双向刷卡，刷卡过程应平稳、均速。

注意事项：
（1）若磁条的磁道被损坏或刷卡方式不正确，将有可能引起交易失败。
（2）经常提示"刷卡错误，请冲刷"，原因是磁头有脏物、磁卡污损或退磁、刷卡的方式不对。
（3）排除的方法是：
① 可以使用一块硬度适中的硬纸片，放在读卡槽中轻轻地横向与纵向拖动几下，擦掉磁头的脏物。
② 用软纸擦除磁卡磁面的脏物，若是磁卡退磁或磁卡自身问题，建议到发卡行更换磁卡。
③ 刷卡注意磁面的方向，以及刷卡的速度要基本均匀。

三、接触式 IC 卡

（1）IC 卡槽位于机器键盘下方，插卡时，手持 IC 卡不带芯片的一端，芯片面朝上，对准卡槽插入 IC 卡并推到底，在整个交易过程中，应该保持 IC 卡在卡槽中。
（1）非接触式 IC 卡。刷卡时，请将 IC 卡靠近屏幕的正中央，停留 1 s 左右，听到"嘀"的一声时，提示刷卡成功，可将卡片移开。

注意事项：

若 IC 卡的芯片接触点损坏或氧化，将有可能引起交易失败。

四、电子签字

当界面提示"请签字"时，请顾客用专用的手写笔在空白区签名，签名完毕后按"确认"键，可预览顾客的签名结果。

任务二　出乘前的准备工作

（1）查电池电量：确保电池电量充足才能出乘，确保列车移动补票机的正常使用。以免因电池电量不足造成收入漏收问题的发生。

（2）检查本趟乘务票卷携带的数量，票纸携带的数量必须与当前的客流量情况相符，避免因客流突涨携带票卷数量不足而造成运输收入的漏收和收入事故的发生。

（3）检查系统时间：确保系统时间与当前时间一致性。

（4）检查存根是否被清除：确保存根条数为 0，如果不为 0 说明上次的补票记录没有清除，请与地面工作人员联系清除。

（5）除列车移动补票机外，列车值班员必须携带代用票和客运运价杂费收据，作为备用票使用，当列车遇有特殊情况时使用。以保证运输收入不漏收。代用票的样式如附图 1.1 所示，客运运价杂费收据的样式如附图 1.2 所示。

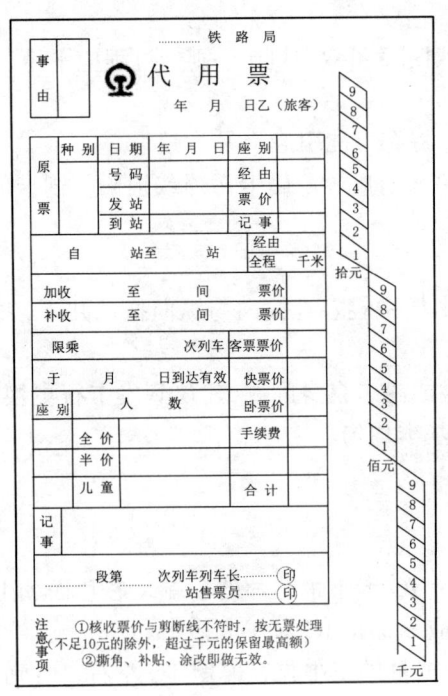

附图 1.1

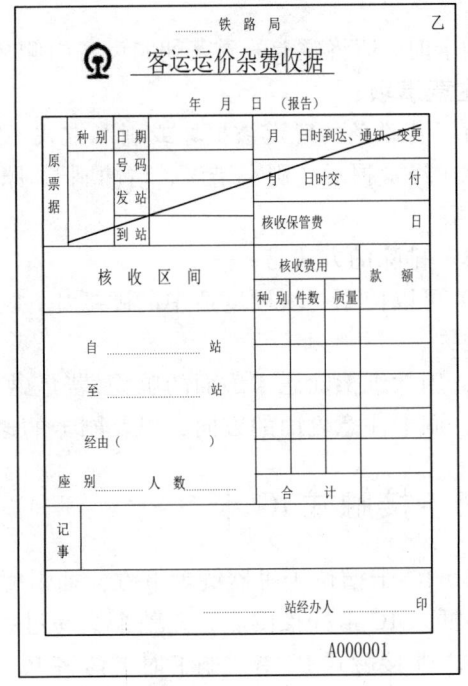

附图 1.2

注意事项：
（1）机器无法充电时，装上电池，连接适配器接通电源后，屏幕上显示红色的电池图标。
（2）锂电池放置过久导致电池过放，低于充电阀值电压，激活后可恢复正常。
（3）当见到屏幕显示红色电池图标，继续保持充电 15 min，可看到电池图标变绿，进度条开始走动，充满电后即可正常使用。

任务三　身份认证

一、列车移动补票机的作用

列车移动补票机必须要使用 IC 卡进行认证后才能使用，其作用是：
（1）为防止无关人员随意操作补票机。
（2）补票员使用各自的 IC 卡进行补票，作为统计各自补票量的依据。
注意事项：
使用 IC 卡登录进入补票系统后就可将 IC 卡收好，以免折断或丢失。

二、身份认证

（1）输入工号如附图 1.3 所示。如果输入错误可以按"清除"键删除后重输，输入完成后按"确认"继续下一步。

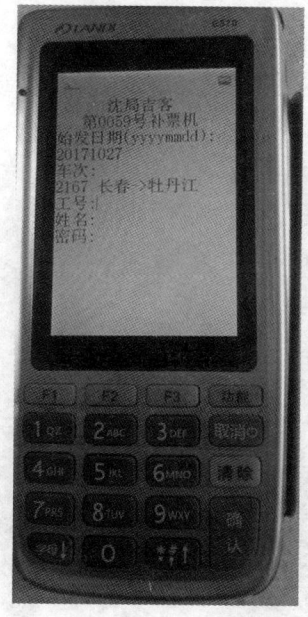

附图 1.3

（2）输入姓名如附图 1.4 所示。

(3)输入密码如附图 1.5 所示。如果输入正确票机会显示补票员的信息。

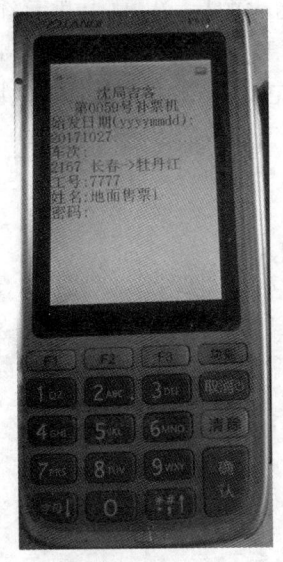
附图 1.4

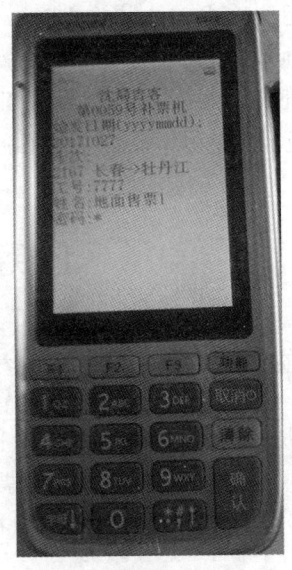
附图 1.5

任务四　登录及补票、正常票的操作

一、登录

开机后点击移动售票终端界面显示如附图 1.6 所示。

（1）出乘日期的选择。根据本趟乘务的实际乘车日期进行选择，如果需要办理其他日期的补票业务时，可以选择日期，如附图 1.7 所示。

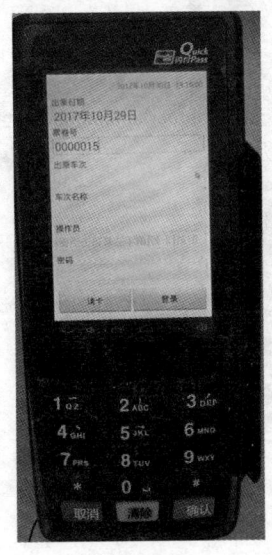
附图 1.6

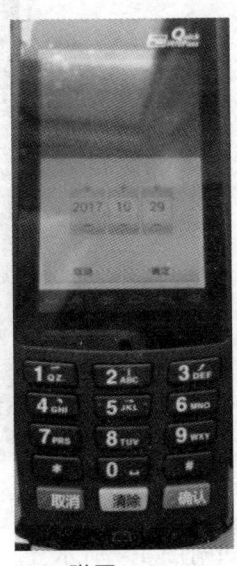
附图 1.7

（2）车次名称的选择。点击出乘车次下方的空白栏，界面显示如附图1.8所示，根据乘务车次进行选择。

（3）操作员和密码的选择。点击操作员和密码下方的空白栏页面显示如附图1.9和附图1.10所示，根据具体设定填记。注：操作员选择先点击最下方左侧的"读卡"按钮。

（4）日期、票卷号、车次、操作员和密码选择完毕后，点击最下方的"登录"按钮，页面显示如附图1.11所示。

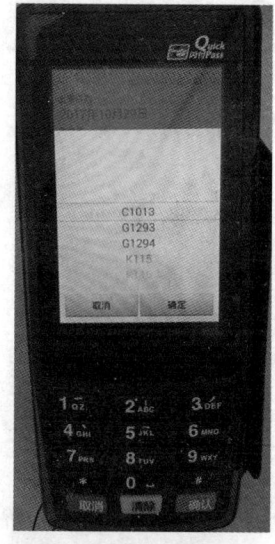

附图1.8

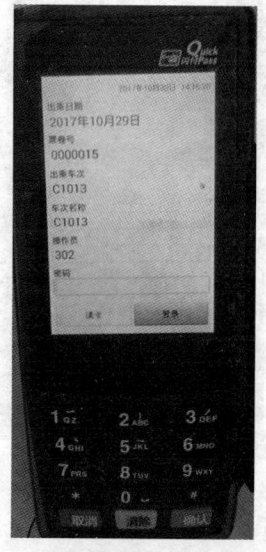

附图1.9

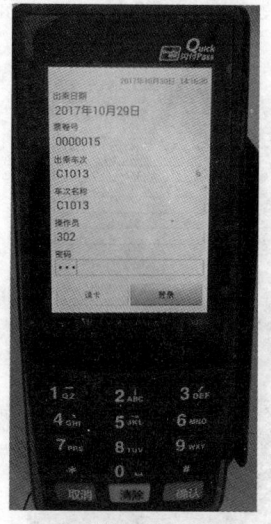

附图1.10

附图1.11

二、补票的操作

点击"补票操作"按钮，界面自动弹出如附图1.12所示。

页面显示内容：① 正常票；② 变更座席；③ 越站；④ 越站变席；⑤ 减价不符；⑥ 越席；⑦ 非本车票；⑧ 公免签证；⑨ 无票加罚。

三、正常票的操作

（1）点击"正常票"栏最右端箭头，界面自动弹出如附图1.13所示。

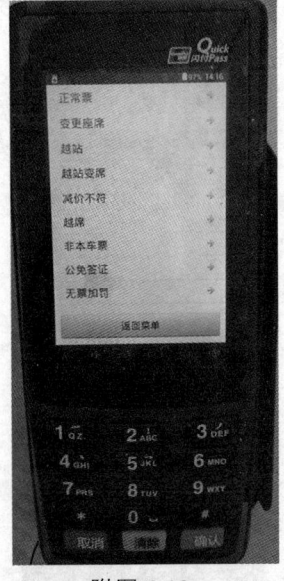 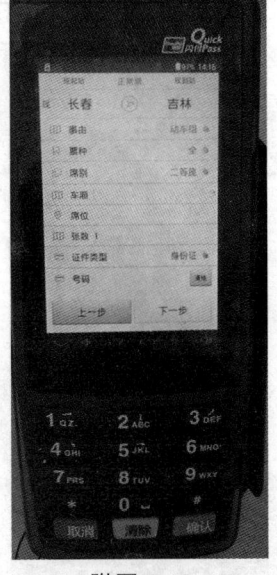

附图1.12　　　　　　　　附图1.13

（2）点击"事由"栏最右侧的图标，界面自动弹出如附图1.14所示。界面显示内容："动车组""丢失原票""补签""补剪""车票丢失"。

（3）点击"票种"栏最右侧的图标，页面自动弹出如附图1.15所示。页面显示内容："全""孩""学""军"。

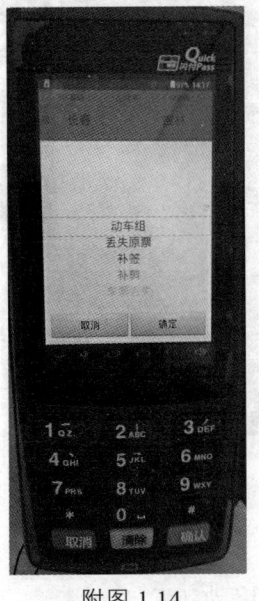 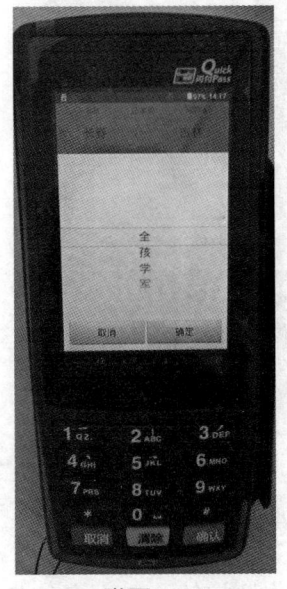

附图1.14　　　　　　　　附图1.15

（4）点击"席别"栏最右侧的图标，页面自动弹出如附图1.16所示。页面显示内容："二等座""一等座""特等座""商务座"。

（5）车厢和席位的选择，点击空白处，界面自动弹出一个键盘，输入选择的车厢号码和席位号即可，张数是固定的，所以张数显示"1"，如附图1.17所示。

（6）点击"证件类型"右侧的图标，界面自动弹出如附图1.18所示。

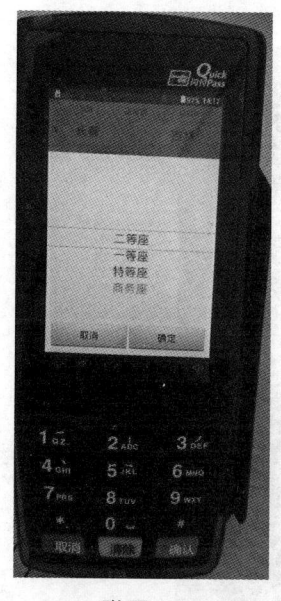 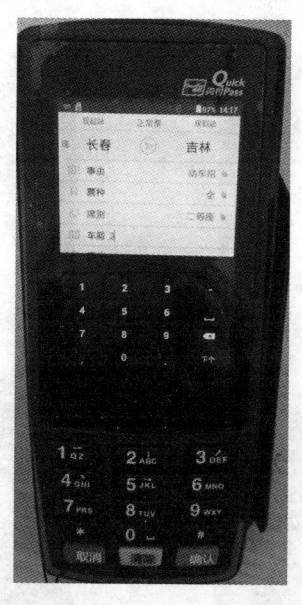 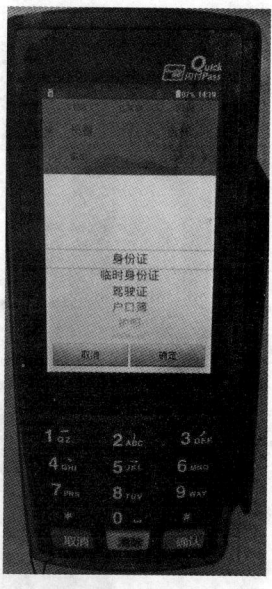

附图1.16　　　　　　　　附图1.17　　　　　　　　附图1.18

页面显示内容："身份证""临时身份证""驾驶证""户口簿""护照""学生证""港澳通行证""台湾通行证""其他有效证件"。选择完毕后输入证件号码，点击"下一步"，界面自动弹出如附图1.19、1.20所示。

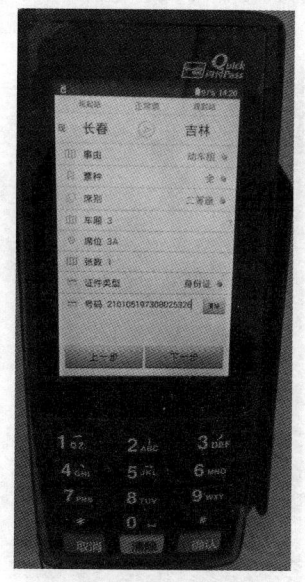 

附图1.19　　　　　　　　附图1.20

任务五 变更座席

（1）点击【变更座席】最右端箭头，页面自动弹出如附图 1.21 所示。
（2）点击"票种"栏最右侧的图标，界面自动弹出如附图 1.22 所示。界面显示内容："全""孩""学""军"。

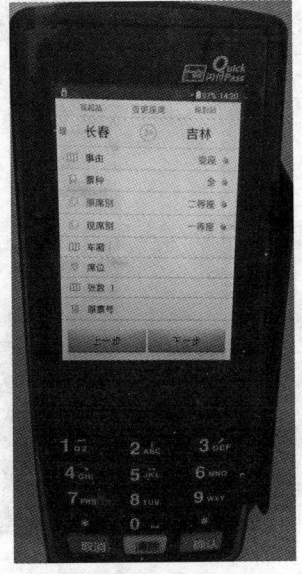
附图 1.21

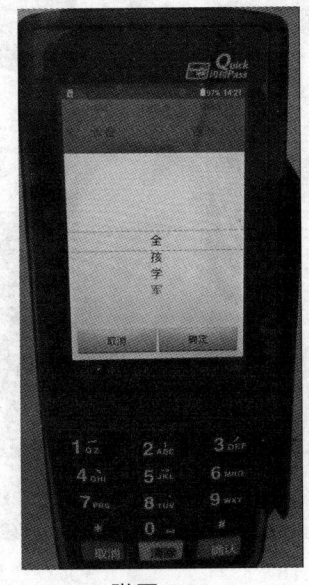
附图 1.22

（3）点击"原席别"栏最右侧的图标，页面自动弹出如附图 1.23 所示。页面显示内容：二等座、一等座、特等座、商务座。
（4）点击"现席别"栏最右侧的图标，页面自动弹出如附图 1.24 所示。页面显示内容："一等座""特等座""商务座"。

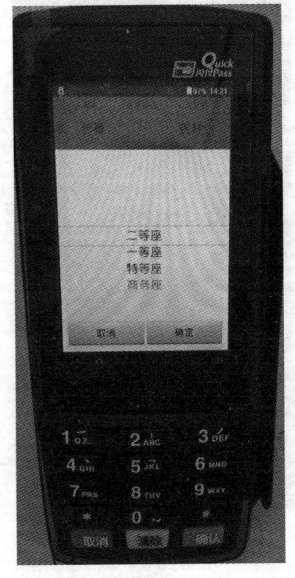
附图 1.23

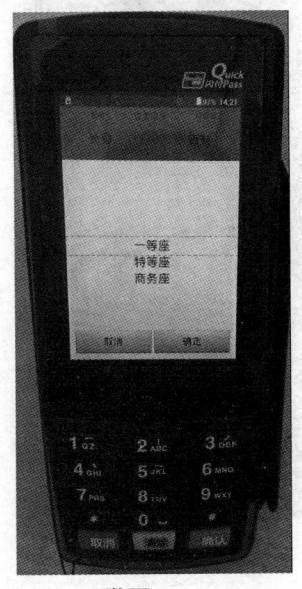
附图 1.24

（5）车厢和席位的选择，点击空白处，页面自动弹出一个键盘，输入选择的车厢号码和席位号即可，张数是固定的，所以张数显示为"1"，如附图1.25所示。

（6）点击栏"原票号"栏空白处，页面自动弹出键盘，输入原票号，如附图1.26所示。

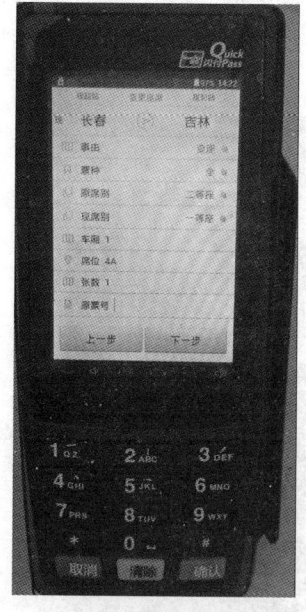
附图 1.25

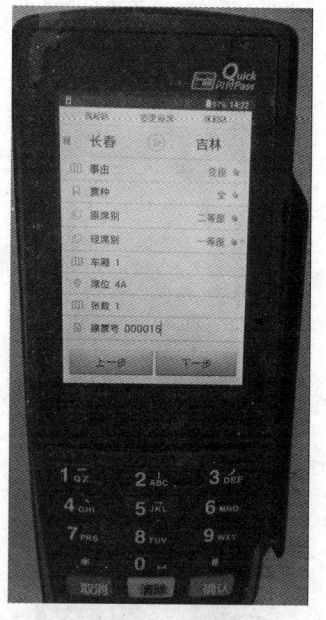
附图 1.26

（7）输入原票号后，点击页面最下方右侧的"下一步"，界面自动弹出如附图1.27所示。

附图 1.27

任务六 越 站

（1）点击【越站】最右端箭头，页面自动弹出如附图 1.1 所示。

（2）点击"现到站"栏最右侧的图标，界面自动弹出如附图 1.29 所示。界面显示内容："较河西""延吉西""图们北""珲春"。根据旅客越站的实际到站选择到站，选择完毕后点击右下角"确认"键即可。

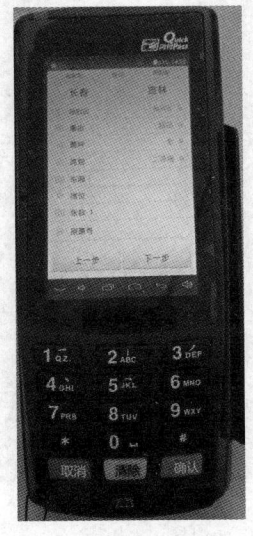 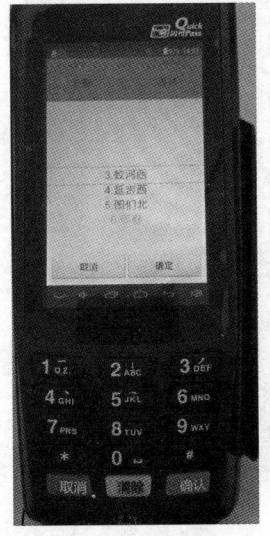

附图 1.28　　　　　　　　附图 1.29

（3）点击"票种"栏最右侧的图标，界面自动弹出如附图 1.30 所示。界面显示内容："全""孩""学""军"。

（4）点击"席别"栏最右侧的图标，界面自动弹出如附图 1.31 所示。界面显示内容："一等座""特等座""商务座"。

 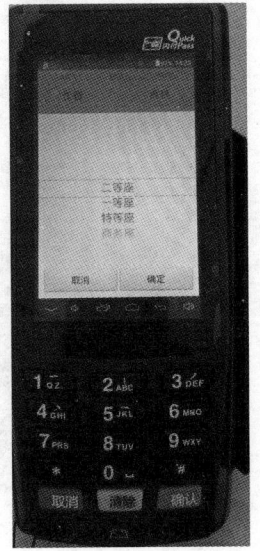

附图 1.30　　　　　　　　附图 1.31

（5）车厢和席位的选择，点击空白处，界面自动弹出一个键盘，输入选择的车厢号码和席位号即可，张数是固定的，所以张数显示为"1"，如附图1.32所示。

（6）点击栏"原票号"栏空白处，界面自动弹出键盘，输入原票号，如附图1.33所示。

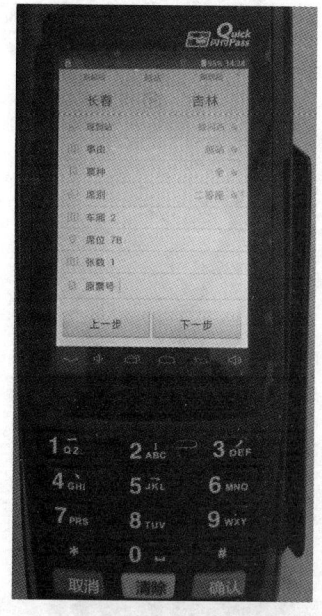 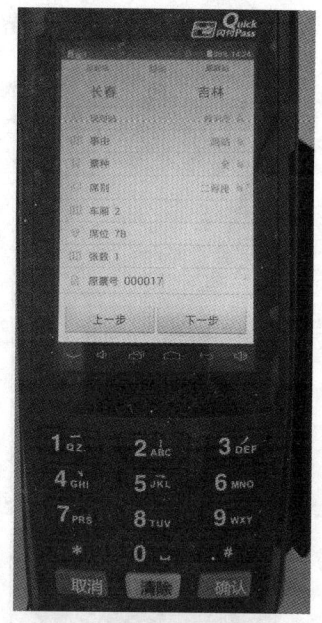

附图 1.32　　　　　　　　　　　附图 1.33

（7）输入原票号后，点击页面最下方右侧的下一步，界面自动弹出如附图1.34所示。

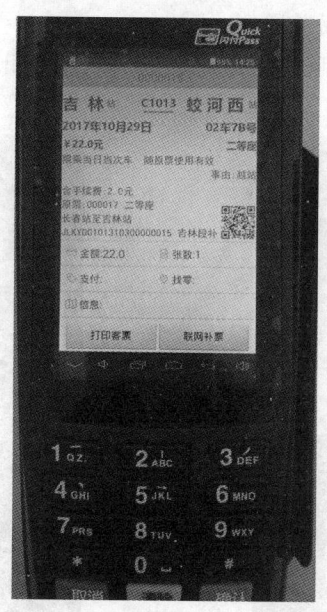

附图 1.34

任务七　越站变席

（1）点击"越站变席"最右端箭头，界面自动弹出如附图1.35所示。
（2）点击"票种"栏最右侧的图标，界面自动弹出如附图1.36所示。界面显示内容："全""孩""学""军"。

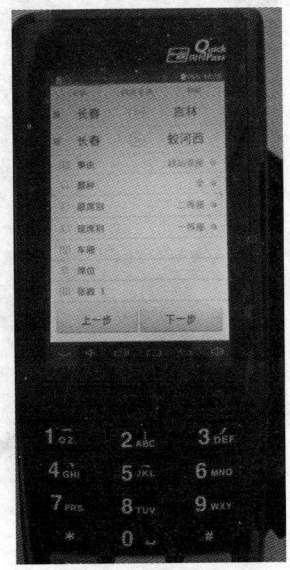
附图 1.35

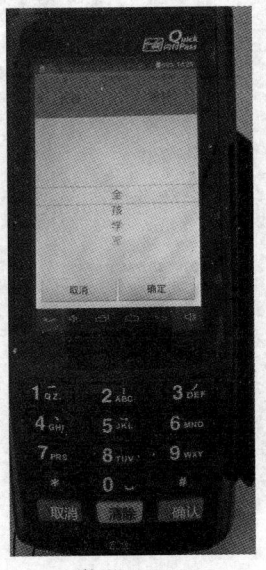
附图 1.36

（3）点击"原席别"栏最右侧的图标，界面自动弹出如附图1.37所示。界面显示内容："二等座""一等座""特等座""商务座"。
（4）点击"现席别"栏最右侧的图标，界面自动弹出如附图1.38所示。界面显示内容："一等座""特等座""商务座"。

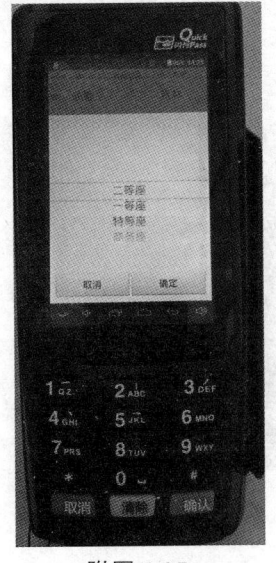
附图 1.37

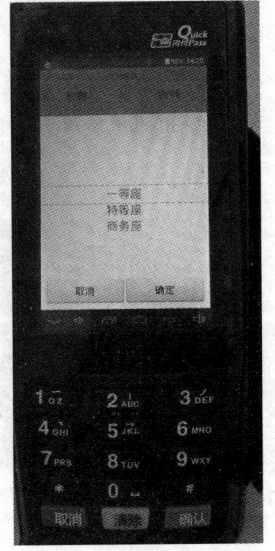
附图 1.38

（5）车厢和席位的选择，点击空白处，界面自动弹出一个键盘，输入选择的车厢号码和席位号即可，张数是固定的，所以张数显示为"1"，如附图1.39所示。

（6）点击栏"原票号"栏空白处，界面自动弹出键盘，输入原票号，如附图1.40所示。

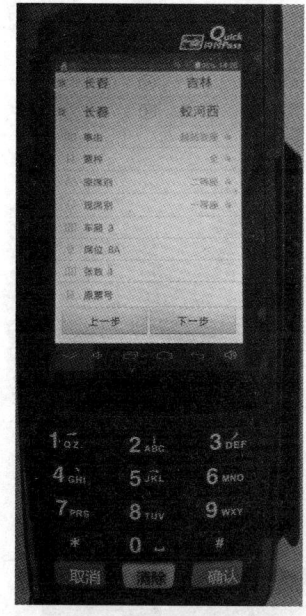 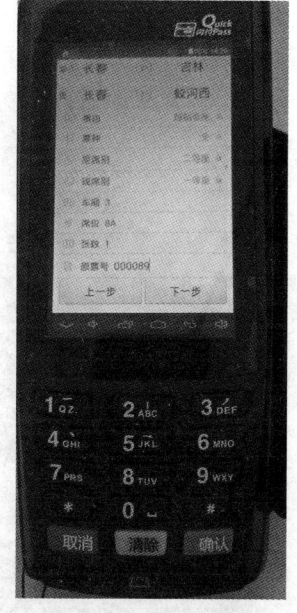

附图 1.39　　　　　　　　　附图 1.40

（7）输入原票号后，点击界面最下方右侧的下一步，界面自动弹出如附图1.41所示。

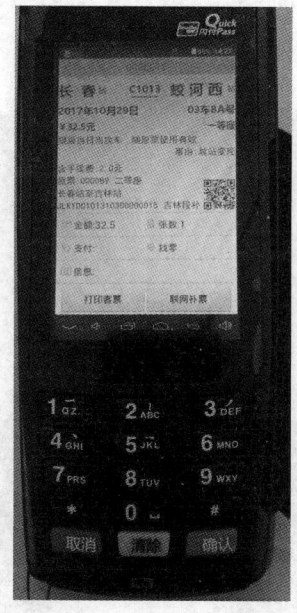

附图 1.41

任务八 减价不符

（1）点击"减价不符"最右端箭头，界面自动弹出如附图1.42所示。

（2）点击"事由"栏最右侧的图标，界面自动弹出如附图1.43所示。界面显示内容："减价不符""补差"。根据具体情况选择完毕后，点击"确认"键。

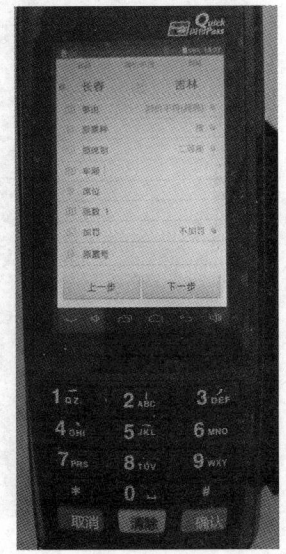

附图1.42

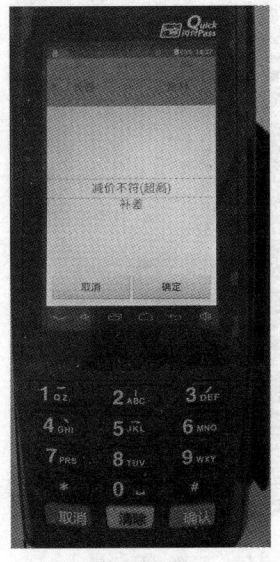

附图1.43

（3）点击"原席别"栏最右侧的图标，界面自动弹出如附图1.44所示。界面显示内容："二等座""一等座""特等座""商务座"。

（4）点击"原票种"栏最右侧的图标，界面自动弹出如附图1.45所示。页面显示内容："孩""学""军"。

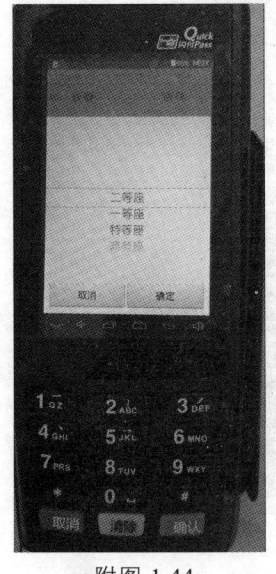

附图1.44

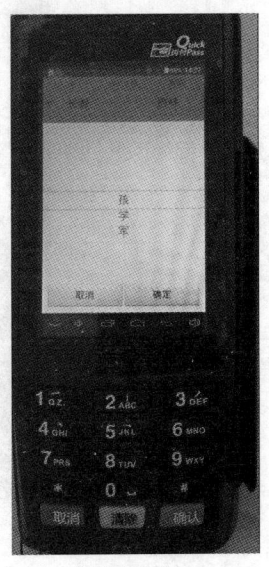

附图1.45

（5）车厢和席位的选择，点击空白处，界面自动弹出一个键盘，输入选择的车厢号码和席位号即可，张数是固定的，所以张数显示为"1"，如附图1.46所示。

（6）点击栏"原票号"栏空白处，界面自动弹出键盘，输入原票号，如附图1.47所示。

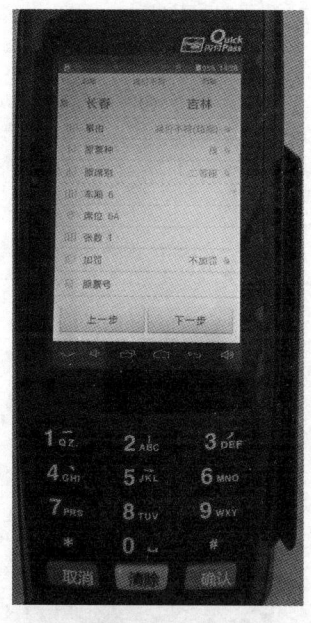 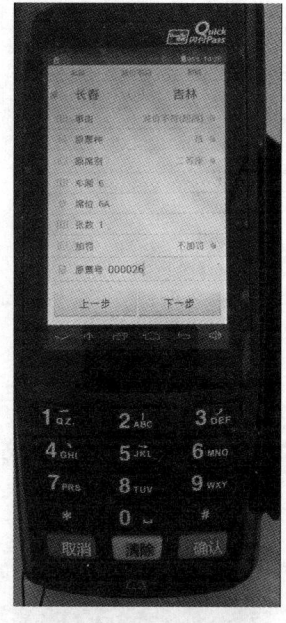

附图1.46　　　　　　　　附图1.47

（7）输入原票号后，点击界面最下方右侧的下一步，界面自动弹出如附图1.48所示。

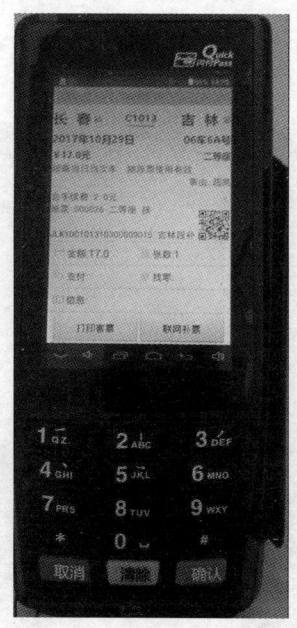

附图1.48

任务九　越　席

（1）点击"越席"最右端箭头，界面自动弹出如附图1.49所示。
（2）点击"原票种"栏最右侧的图标，界面自动弹出如附图1.50所示。界面显示内容："全""孩""学""军"。

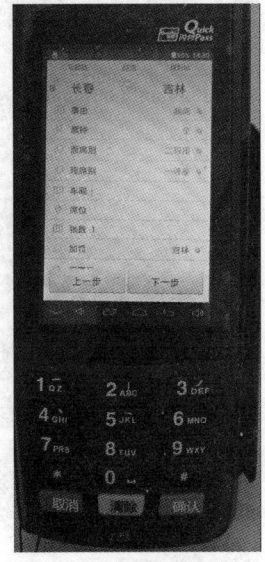
附图 1.49

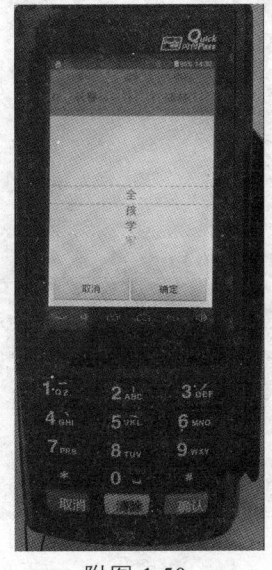
附图 1.50

（3）点击"原席别"栏最右侧的图标，界面自动弹出如附图1.51所示。界面显示内容："二等座""一等座""特等座""商务座"。
（4）点击"现席别"栏最右侧的图标，界面自动弹出如附图1.52所示。界面显示内容："一等座""特等座""商务座"。

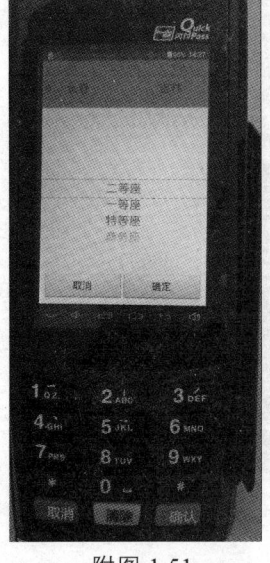
附图 1.51

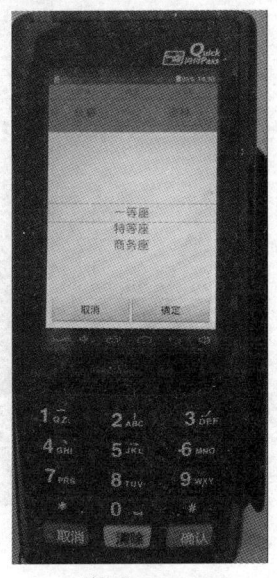
附图 1.52

（5）车厢和席位的选择，点击空白处，界面自动弹出一个键盘，输入选择的车厢号码和席位号即可，张数是固定的，所以张数显示为"1"，如附图 1.53 所示。

（6）点击栏"原票号"栏空白处，界面自动弹出键盘，输入原票号。输入原票号后，点击界面最下方右侧的下一步，界面自动弹出如附图 1.54 所示。

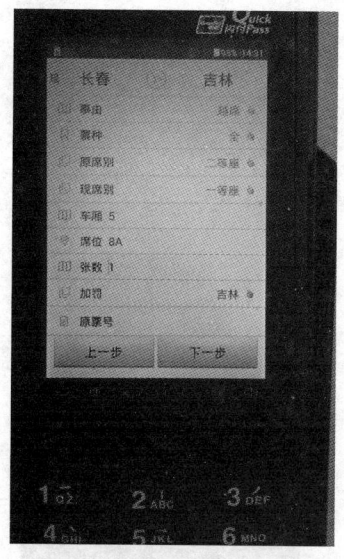
附图 1.53

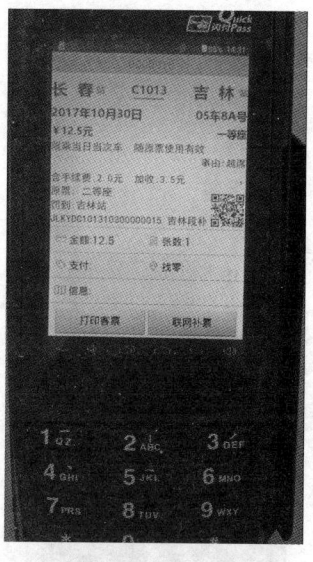
附图 1.54

任务十　非本车票

（1）点击"非本车票"最右端箭头，界面自动弹出如附图 1.55 所示。

（2）点击"票种"栏最右侧的图标，界面自动弹出如附图 1.56 所示。界面显示内容："全""孩""学""军"。

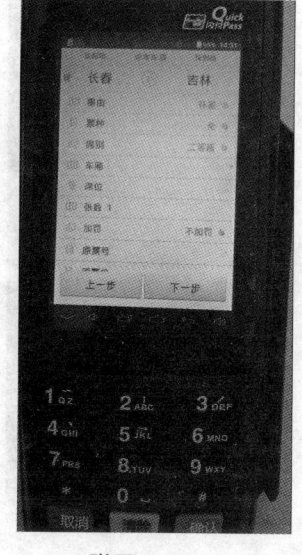
附图 1.55

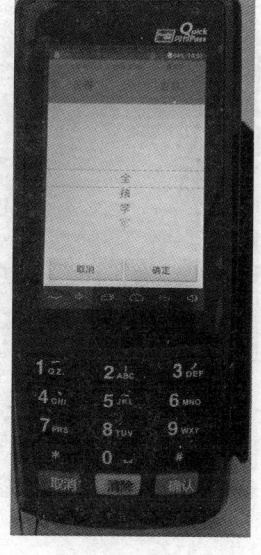
附图 1.56

（3）点击【席别】栏最右侧的图标，界面自动弹出如附图1.57所示。页面显示内容："二等座""一等座""特等座""商务座"。

（4）车厢和席位的选择，点击空白处，界面自动弹出一个键盘，输入选择的车厢号码和席位号即可，张数是固定的，所以张数显示为"1"，如附图1.58所示。

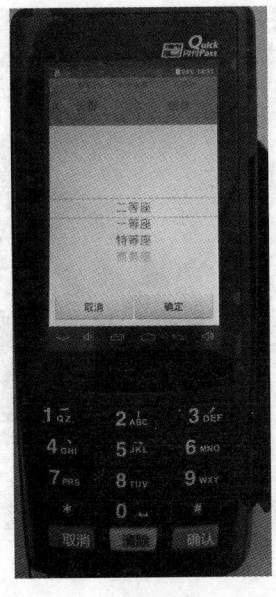
附图1.57

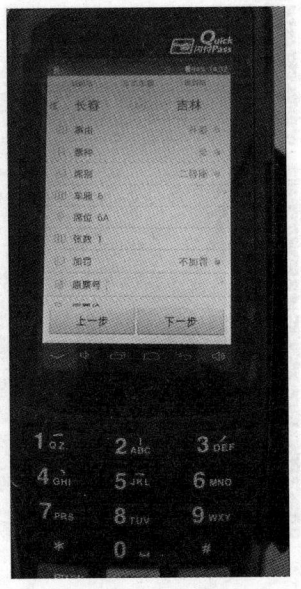
附图1.58

（5）点击栏"原票号"和"原票价"栏空白处，界面自动弹出键盘，输入原票号和原票价，如附图1.59所示。

（6）输入原票号后，点击页面最下方右侧的下一步，界面自动弹出如附图1.60所示。

附图1.59

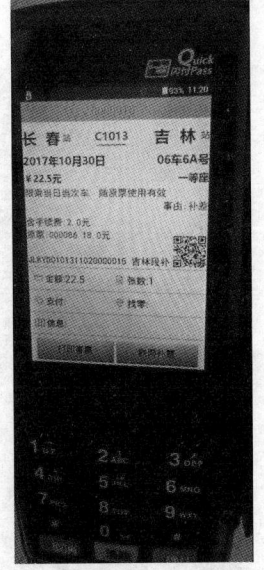
附图1.60

任务十一 免签证

(1) 点击"公免签证"最右端箭头,界面自动弹出如附图 1.61 所示。

(2) 点击"票种"栏最右侧的图标,界面自动弹出如附图 1.62 所示。界面显示内容:"探亲""硬席公免""软席公免"。

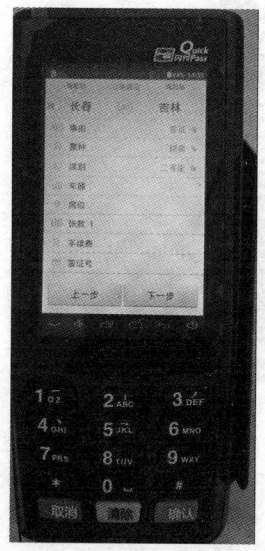
附图 1.61

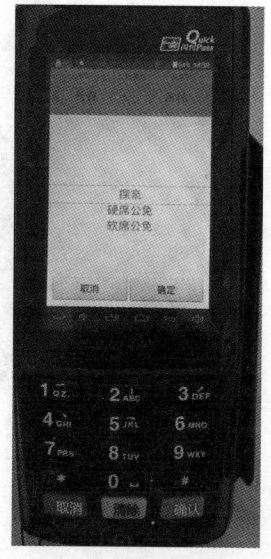
附图 1.62

(3) 点击"席别"栏最右侧的图标,界面自动弹出如附图 1.63 所示。界面显示内容:"二等座""一等座""特等座""商务座"。

(4) 车厢、席位、手续费、签证号的选择,点击空白处,界面自动弹出一个键盘,输入选择的车厢号码和席位号即可,张数是固定的,所以张数显示为"1",如附图 1.64 所示。

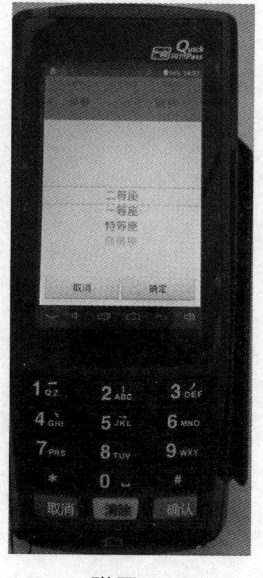
附图 1.63

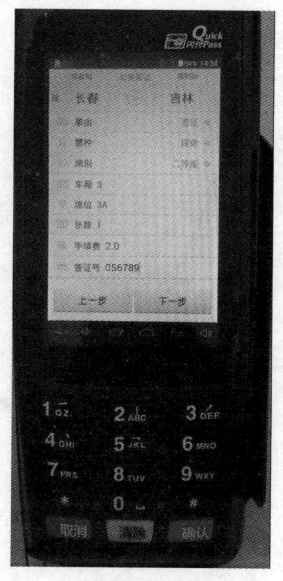
附图 1.64

（5）点击界面最下方右侧的下一步，界面自动弹出如附图 1.65 所示。

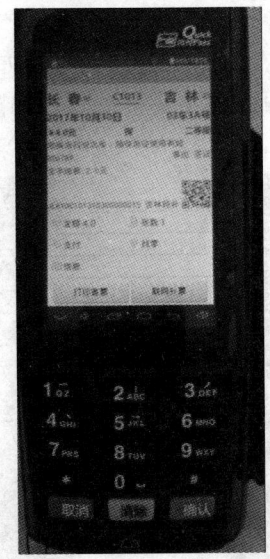

附图 1.65

附录二　铁路客运站车无线交互系统手持终端机指导书

任务一　开关机及界面显示内容

一、开关机

开关机按钮在铁路客运站车无线交互系统右侧边缘，开关机的注意事项：
（1）开机时要长按开关按钮，直到界面显示内容时，将手松开。
（2）坚决杜绝未关机直接取出电池，应按照关机的程序进行关机。

二、界面显示内容

点击站车系统进入主界面，主界面分为3个区域：上方为系统显示区、中间为业务功能区、下方为系统功能区。
（1）上方系统显示区分别包括：时间、电量、信号强度。
（2）中间业务功能区，绿色文字表示该功能按钮在当前状态下可以使用，灰色文字表示在当前状态下不可以使用。当前页面绿色模块有：登乘、退出；灰色模块有：席位统计、席位管理、数据下载、车次信息、查验车票、行程冲突、在线补签、余票查询、乘车证查询、重点人员、客运记录、保险查询、席位置换、退乘。
（3）下方功能区以图标方式列出5项系统的功能：业务功能、基础数据、业务数据、版本更新、系统设置，如附图2.1所示。
注：底纹绿色的为可使用按钮，灰色为不可使用按钮。

任务二　登乘功能

一、始发日期的登录

（1）点击"选择"按钮，显示登录时间的界面，在年、月、日的上方显示"+"，表示年、月、日的增加，根据出乘的实际日期进行选择，如附图2.2所示。
（2）在下方显示"−"，表示年、月、日的减少，根据出乘的实际日期进行选择，选择完毕后点击"确定"按钮，本趟乘务的日期自动生成，如附图 2.3 所示。

附图 2.1

附图 2.2

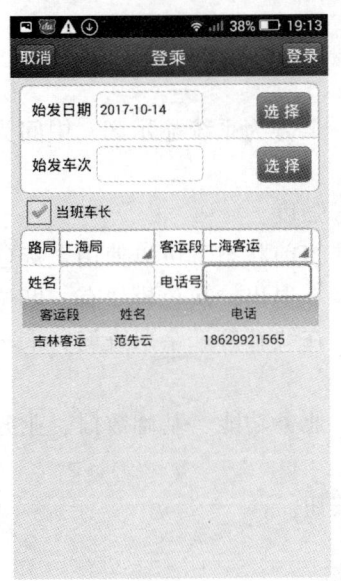

附图 2.3

附图 2.4

二、车次的登录

（1）点击始发车次空白栏，界面如附图 2.4 所示，根据实际担当列车的始发车次，通过键盘进行输入。

（2）输入车次完毕之后点击"选择"按钮，界面如附图 2.5 所示，点击"确定"按钮，车次选择完毕。

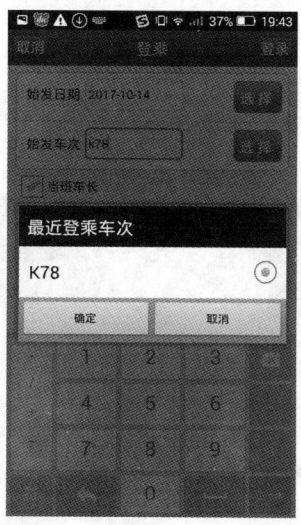

附图 2.5

注意事项：
（1）系统登录的车次必须是始发列车担当的车次。
（2）系统登录必须在列车始发之前进行登录。

三、车长信息登录操作

（1）点击"路局"空白格右下角三角，界面自动弹出 18 个铁路局的局名，根据担当列车所属铁路局选择铁路局名称，如附图 2.6 所示。

（2）局名选择完毕后，点击"客运段"空白格右下角，界面自动弹出"客运段"的名称，例如：大连客运、长春客运、丹东站、锦州客运、吉林客运、沈阳客运、吉林车务。根据担当列车所属客运段选择客运段名称，如附图 2.7 所示。

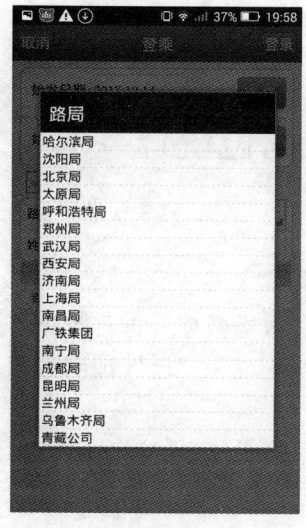

附图 2.6

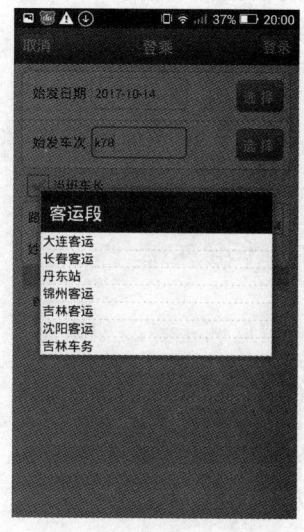

附图 2.7

（3）点击"当班车长"和"电话号"空白栏处，输入列车长姓名和电话号码，如附图2.8所示。

（4）输入完毕后，点击右上角"登录"按钮，页面显示如附图2.9所示，点击"是"按钮，登乘完毕。

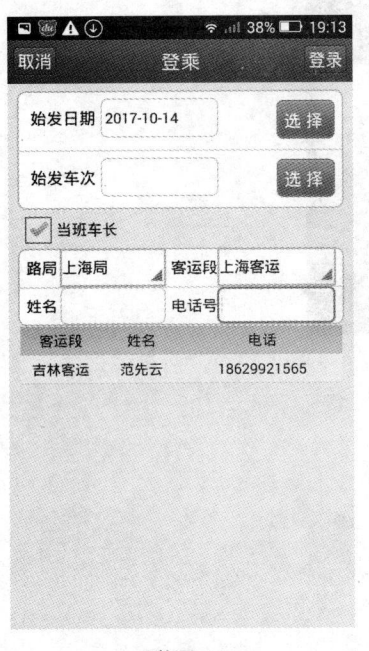

附图2.8

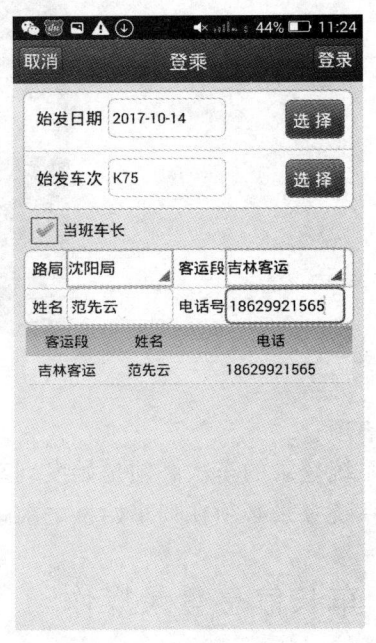

附图2.9

四、登乘的注意事项

登乘过程中会出现"正在登乘"，存在的原因是：

（1）处于密闭环境，无线网络覆盖较差导致终端机信号不强，重复点击下载按钮。

（2）终端机处于电话关机状态，该情况下应启用将电话功能。

任务三　数据下载及席位统计

一、基础数据下载

（1）按返回键返回主界面如附图2.10所示，点击"数据数据"进行数据下载，界面自动弹出如附图2.11所示。绿色底纹全部为可使用按钮。页面显示"已"证明数据下载完毕，可使用。

（2）基础数据包括：① 车次信息；② 停靠站信息；③ 定员信息；④ 席位预览信息。

点击最下方功能区按钮中的"基础数据"按钮，界面自动弹出如附图2.12所示。

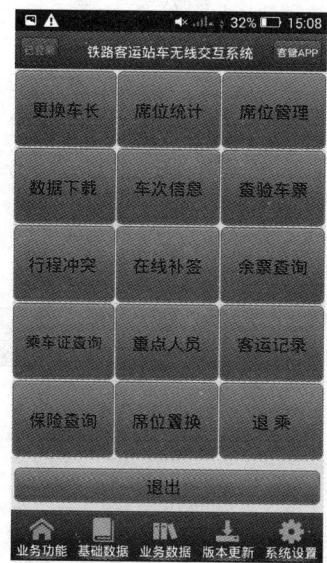
附图 2.10

附图 2.11

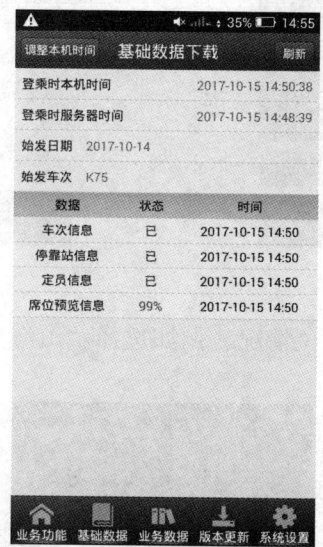
附图 2.12

二、异常处理

列车运行过程中终端软件自动下载过程中可能会出现短时间内无法及时自动下载的情况，原因有以下几个方面：

（1）列车高速运行或处于无线网络覆盖较差的区域，导致终端的无线信号不强或通道稳定性较差；该情况下不需要手工干预，等待列车运行至无线网络信号良好的区域中，系统会自动重试下载流程。

（2）终端由于电量较低，导致电话处于关机状态；该情况下应先将设备充电并启用电话功能。

三、席位统计

（1）基础数据下载完毕后，点击"业务功能"按钮，页面显示如附图 2.13 所示。

（2）点击"席位统计"按钮，界面自动弹出如附图 2.14 所示，显示列车所经车站的席位统计情况。如长春至宁波，经由九台、吉林、烟筒山、明城、磐石、朝阳镇、梅河口、清原、抚顺北、沈阳、绥中北、山海关、秦皇岛、滦县、唐山、天津、杨柳青、静海、沧州、泊头、平原等，显示其席位情况。

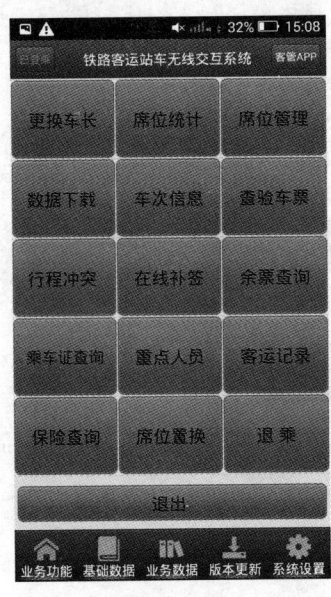

附图 2.13

附图 2.14

① 如果想查询某一个车站席位情况，例如选择"山海关"，界面自动弹出通知单，如附图 2.15 所示。

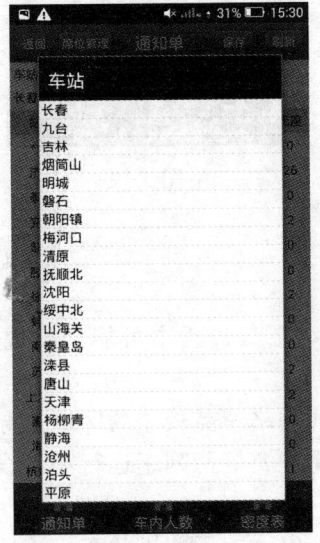

附图 2.15

通知单是每个车站购买车票的旅客到各个车站的人数情况，例如：查询"山海关"通知单使用的是十字交叉的方法，可显示：山海关站到滦县站乘坐硬座车厢旅客共计 7 人，山海关站到泰山站乘坐硬卧车厢的旅客共计 2 人。

② 查询车内人数，点击页面最下方功能区"车内人数"，界面自动弹出如附图 2.16、2.17 所示。例如：吉林站开车车内人数 415 人，其中硬座 148 人，硬卧 248 人，软卧 4 人、无座 15 人，共计 415 人。

附图 2.16

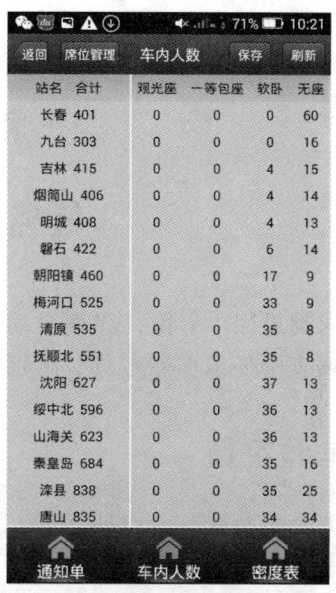

附图 2.17

③ 查询下车人数，点击界面最下方功能区"密度表"，界面自动弹出如附图 2.18、2.19、2.20 所示。

附图 2.18

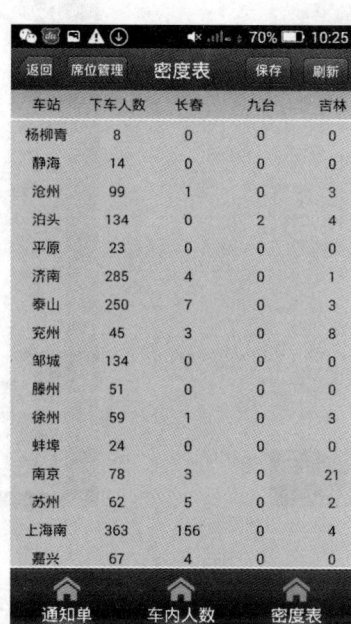

附图 2.19

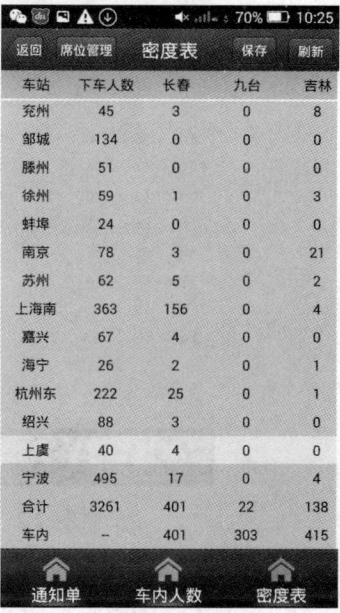

附图 2.20

查询下车人数使用的也是十字交叉方法，例如：长春站到吉林站下车旅客 16 人，九台站到吉林站下车旅客 10 人，则到吉林站下车旅客共计为 26 人。

（3）操作说明。

① 固定提供信息区域内的信息为登录后的车次详细相关信息，包括车站、车次和时间等不可更改的信息。

② 当数据区域内的表格信息超出屏幕显示的范围时，可以通过拖动或点击数据区域内的滚动条进行对数据的完整查看。

③ 通知单是按车次沿途发站进行数据统计，可以通过选择车站下拉菜单进行切换并查看其通知单信息。

任务四　席位管理

点击返回键返回主界面，界面自动弹出，点击"席位管理"按钮，界面自动弹出如附图 2.21 所示，列表中显示车厢定员、席别定员的统计信息。

一、车厢定员

（1）点击"当前站"空白处右下三角选出一个车站，如：当前站为吉林站，界面弹出如附图 2.22 所示。

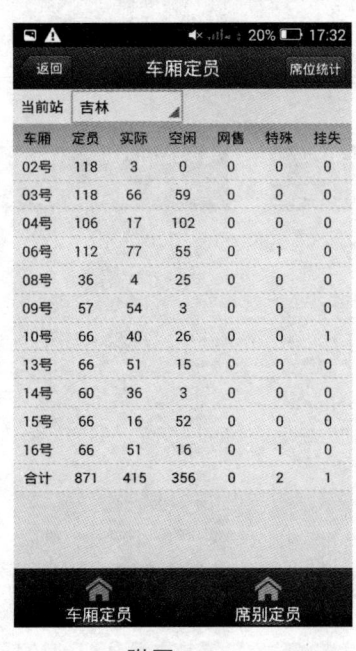

附图 2.21

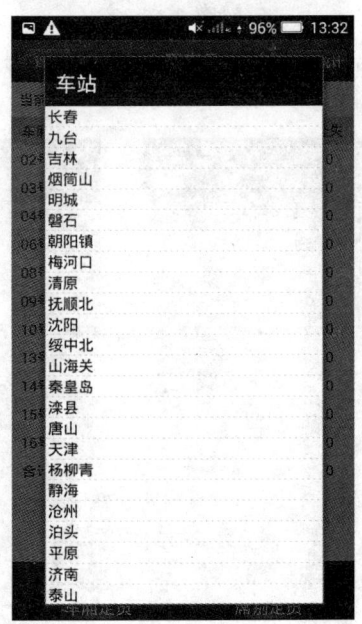

附图 2.22

（2）点击"02 号"，界面自动弹出如附图 2.23 所示，显示车站车票售出情况。

（3）点击"秦皇岛"，界面弹出如附图 2.24 所示，红色表示 2 号车厢 005 号座位，车站可以出售的是秦皇岛至沧州、沧州至宁波的硬座车票。

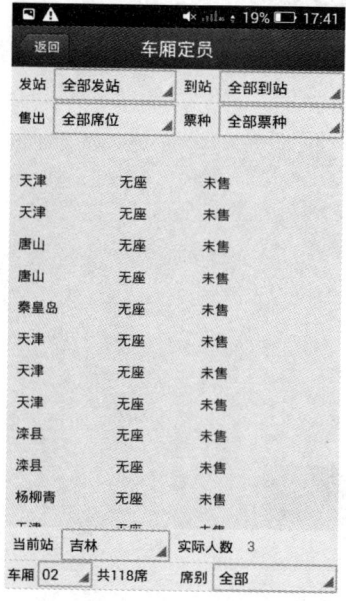

附图 2.23

附图 2.24

（4）点击"上海南站"，界面自动弹出如附图 2.25 所示，表明车站发售吉林站至上海南站的硬座车票，但是没有座位，车票票面显示 2 车无座，如附图 2.26 所示。

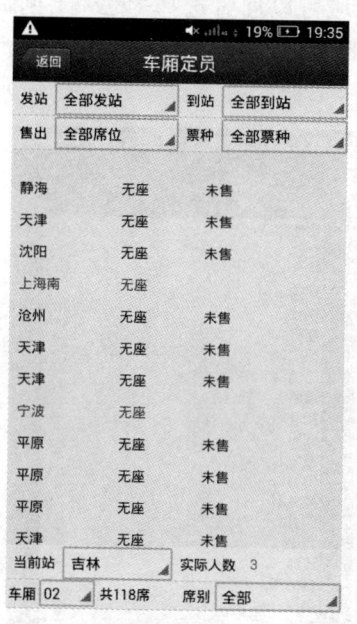

附图 2.25

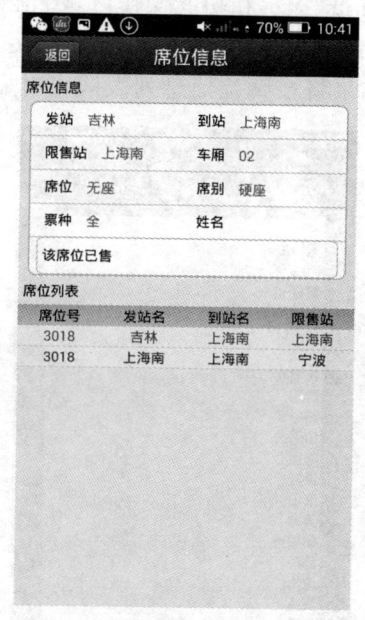

附图 2.26

（5）点击"席别定员"，界面自动弹出如附图 2.27 所示，要想查询某个车站开车后各个车种内车厢人数，点击"当前站"空白格右下角三角，点击所要查找的车站，即可查出车内硬座、硬卧、软卧等人数。

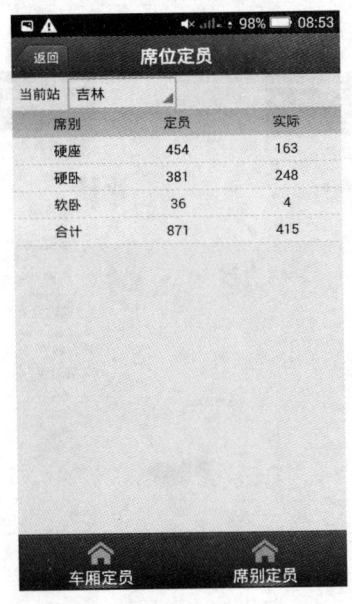

附图 2.27

二、操作说明

（1）席位浏览界面分为 3 个区域：上方为席位信息查询条件区域、中间为席位信息列表区、下方为信息提示和功能操作区域。信息查询条件区域可以通过选择"发站"（见附图 2.28）、"到站"（见附图 2.29）、"售出"（见附图 2.30）、"票种"（见附图 2.31）等条件进行席位的筛选，操作结果将在席位信息列表区实时显示。

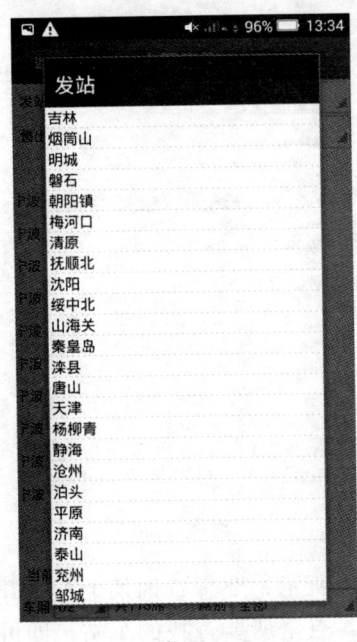

附图 2.28

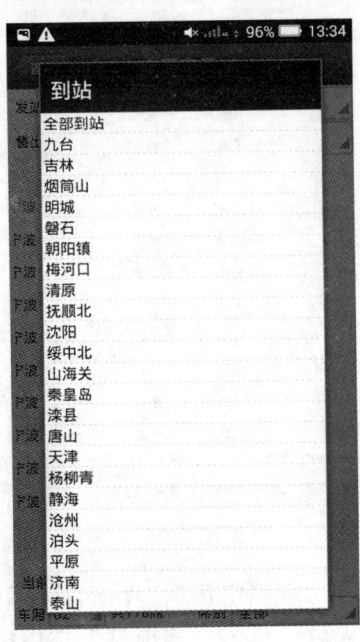

附图 2.29

(2)当有电子票时,在席位信息最后以"网"字标识。
(3)当需要查看其他车厢时,可从车厢下拉菜单中进行选择。

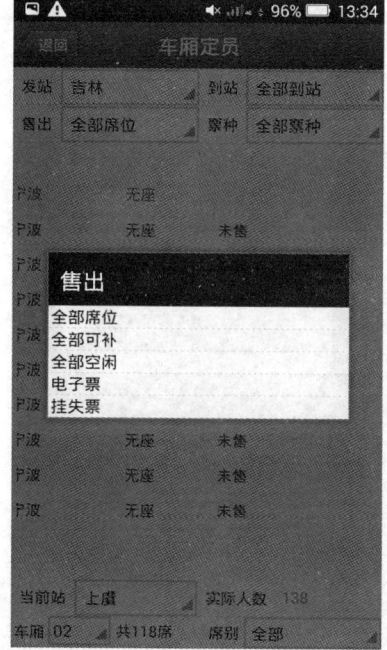

附图 2.30

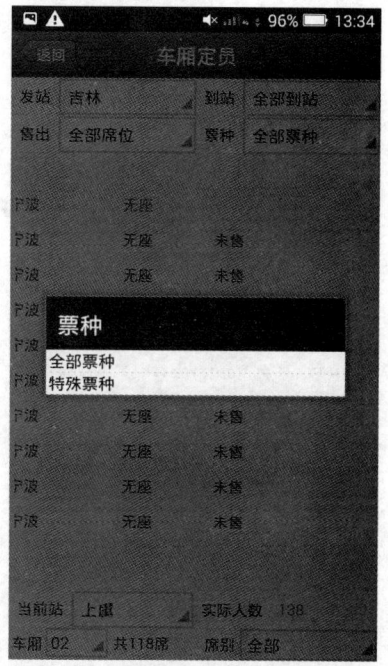

附图 2.31

任务五 车次查询功能

一、车次查询功能

(1)显示了该次列车的停靠站、到点、发点、行车天数及晚点时间信息。
(2)为终端系统按停靠站及发点自动下载相关业务数据提供了依据。
(3)在列车晚点的情况下,显示晚点时间。

二、界面介绍

(1)进入"车次信息"界面,屏幕显示分为:固定提示信息显示区域和利用表格显示停靠站信息区域,如附图 2.32 所示。
(2)其中停靠站信息区按停靠站显示了站名、站序、到点、发点、行车天数和晚点时间。
(3)点击其中的一个站名,界面自动弹出如附图 2.33 所示。

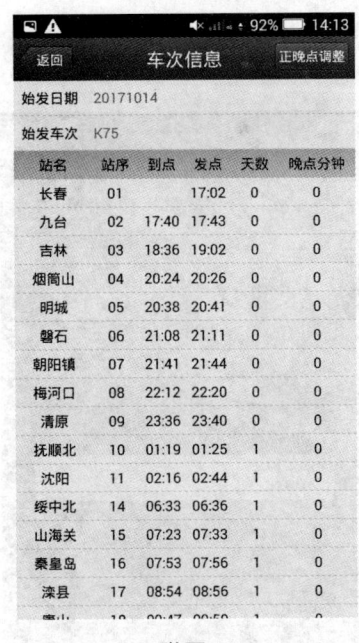

附图 2.32

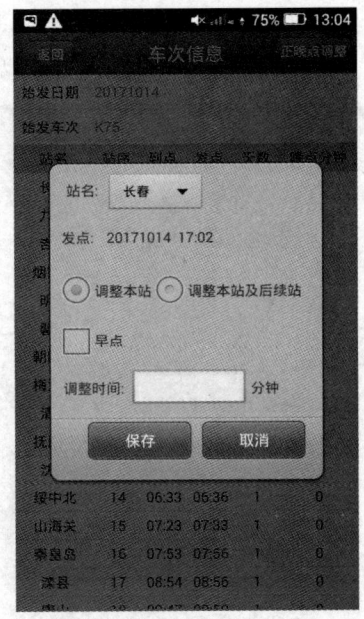

附图 2.33

三、操作说明

（1）固定提示信息区域内显示的信息为登乘后车次相关信息，包括始发日期、始发车次等信息，不可更改和操作。

（2）当停靠站信息区域的表格信息超出屏幕显示范围时，可以通过拖动或者点击数据区域的滚动条进行对数据的完整查看。

（3）正晚点调整，先点击选择需要调整的车站，之后点击"正晚点调整"。

（4）对于选择的车站进行正晚点调整有两种方式：① 调整该站的下载时间；② 调整该站及后续所有站的下载时间。

任务六　查验车票

一、查验车票功能

查验车票功能为车上业务人员提供了便捷的查验纸质及电子票的方式，辅助列车上的日常验票作业。操作时点击返回键返回主界面，点击主界面"查验车票"按钮。

（1）离线电子票查询。点击"查验车票"按钮，界面进入"离线电子票"，如附图 2.34 所示，在"证件号"空白栏输入二代身份证后 6 位；车厢号为全列车的所有车厢号，如附图 2.35 所示；"发站"为该旅客所持车票的上车站，如附图 2.36 所示。

（2）离线挂失补车票查询。点击下方业务功能区"挂失补"按钮，界面自动弹出如附图 2.37 所示，输入旅客身份证号码；在选择车厢号空白栏下拉菜单处选择挂失补车票旅客的车厢，如附图 2.38 所示。

（3）联网电子票查询。点击下方业务功能区"联网电子票"按钮，界面自动弹出如附图 2.39 所示，在"证件号"的空白栏内输入证件号码；乘车日期根据旅客的实际乘车日期进行选择，如附图 2.40 所示；证件号和乘车日期输入和选择完毕后进行查询。

（4）联网中铁银通卡的查询。点击下方业务功能区"银通卡"按钮，界面自动弹出如附图 2.41 所示，在乘车日期空白栏根据旅客的实际乘车日期进行选择；进站名是旅客乘坐该趟列车进入车站的站名，如附图 2.42 所示。

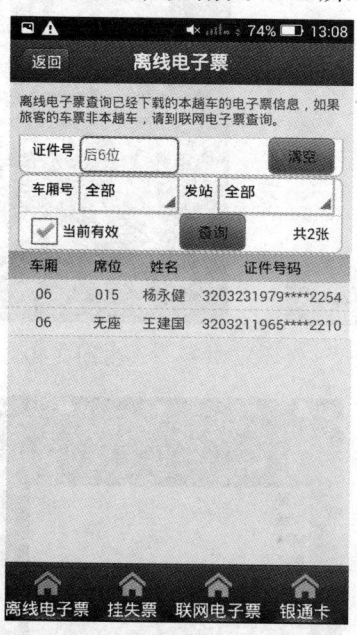

附图 2.34

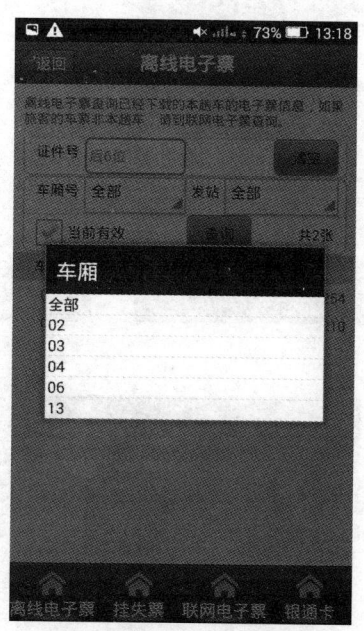

附图 2.35

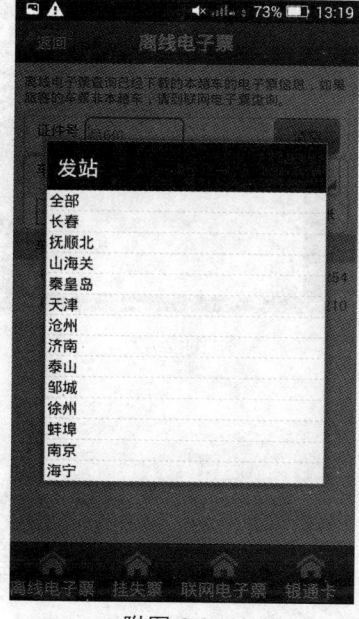

附图 2.36

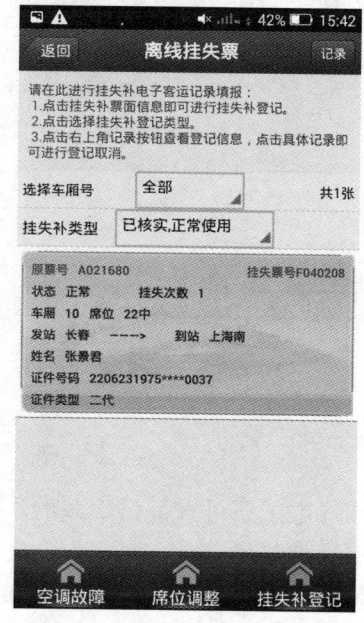

附图 2.37

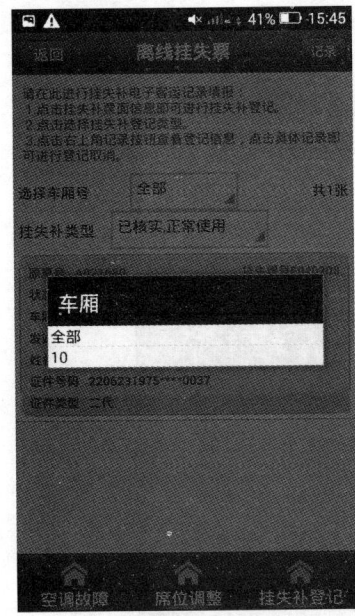
附图 2.38

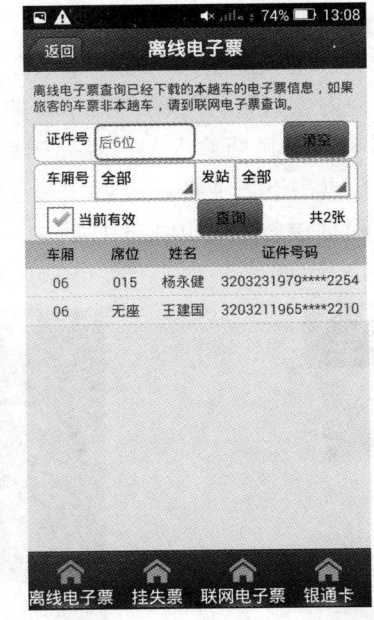
附图 2.39

附图 2.40

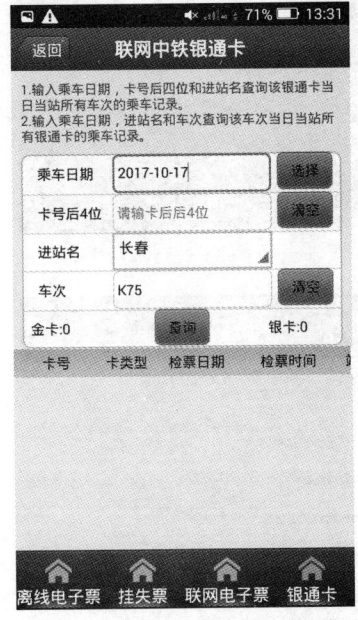
附图 2.41

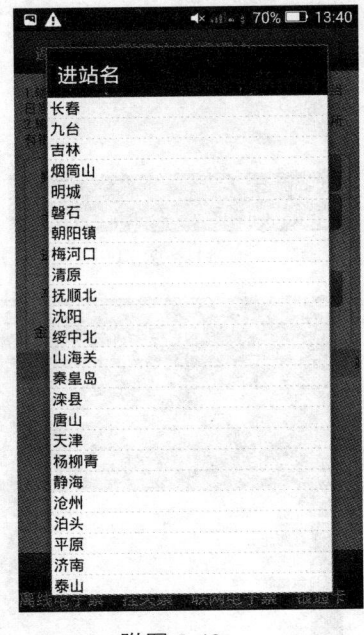
附图 2.42

二、操作说明

（1）离线电子票可查询已下载的本趟车电子票信息，如果旅客的车票非本趟列车，请到联网电子票查询。

（2）输入乘车日期、卡号后四位和进站名查询该车次当日当站所有银通卡的乘车记录。

（3）输入乘车日期、进站名和车次查询该车次当日当站所有银通卡的乘车记录。

任务七 行程冲突

2015年1月20日站车无线交互系统升级后,增加行程冲突查询功能。

返回主界面,点击"行程冲突"按钮,界面自动弹出如附图2.43所示,界面显示始发日期和乘车站进行选择查询。"始发日期"空白栏输入该旅客的始发日期,如附图2.44所示;"乘车站"空白栏下拉菜单是旅客根据自己乘车的车站进行选择,如附图2.45所示,完毕之后进行查询,查看车票是否存在行程冲突。

附图 2.43

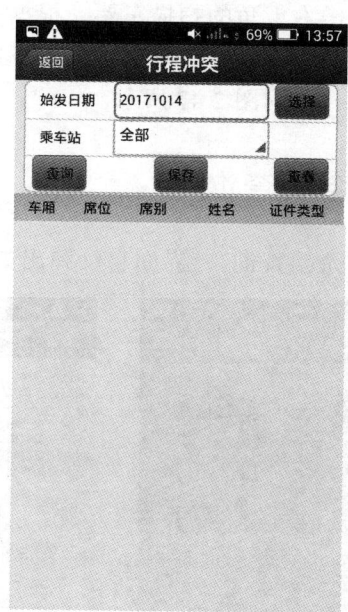

附图 2.44

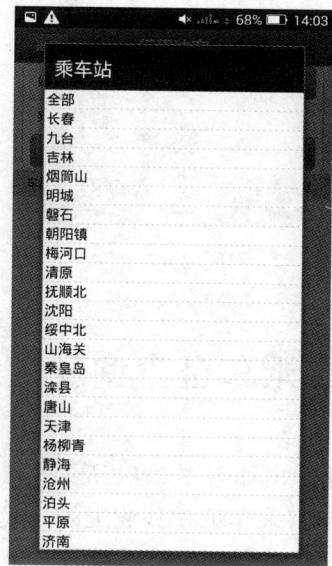

附图 2.45

任务八 在线补签及余票查询

一、在线补签

点击返回键返回主界面，界面弹出如附图2.46所示，点击"在线补签"按钮，自动弹出如附图2.47所示的界面，可以对旅客进行实名核验和车上补签，如果是本趟车只进行实名核验，如果非本趟车则需要进行车上补签。

（1）点击右上角的扫描车票，根据扫描结果对旅客进行实名核验和车上补签。

（2）输入证件号码、乘车日期、车次查询购票信息，根据查询结果对旅客进行实名核验和车上补签，如附图2.47所示。

二、余票查询

点击"余票查询"，界面自动弹出如附图2.48所示，显示乘车日期、出发站和到达站。

附图2.46

附图2.47

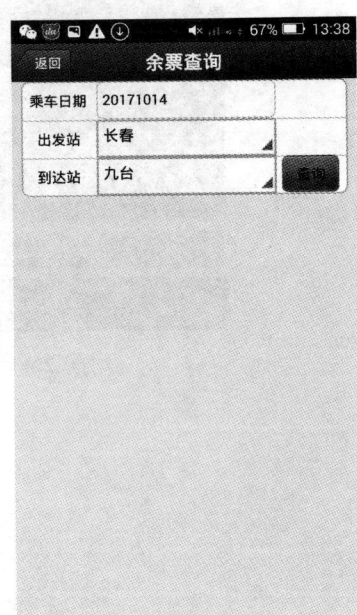

附图2.48

任务九 乘车证查询及重点人员

点击返回键返回主界面，界面弹出如附图2.49所示，点击"乘车证查询"按钮，自动弹出如附图2.50所示的界面，输入持有乘车证铁路职工的二代身份证号后，在页面的最下端绿色词条上点击"查询"即可查出该铁路职工所持的铁路乘车证是否真假。

点击返回键返回主界面，点击"重点人员"按钮，界面自动弹出如附图2.51所示，页面

- 198 -

显示始发日期、始发车次、人员类型（重点人员）、证件号码后 6 位，全部输入完毕之后，在页面的最下端绿色词条上点击"查询"即可，界面自动弹出该旅客的车厢号、席位、姓名、证件类型、证件号码、乘车日期、发站、到站。

附图 2.49

附图 2.50

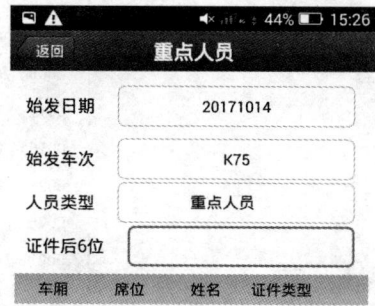

附图 2.51

注意事项：
（1）铁路乘车证的种类为 9 种，分为软席全年定期乘车证、硬席全年定期乘车证、硬席临时定期乘车证、软席乘车证、硬席乘车证、探亲乘车证、就医乘车证、便乘证、通勤乘车证。

（2）重点旅客是指"老、幼、病、残、孕旅客"。

任务十 客运记录

一、空调故障客运记录

（1）点击返回键返回主界面，点击"客运记录"按钮，界面自动弹出如附图2.52所示，输入旅客所持车票的车厢、故障区间、席位、备注。确认无误后，点击"上报"按钮。席位选择如附图2.53所示。

（2）注意事项：

① 多张无座席位，只选择一次无座席位即可。

② 备注信息请限定在20字以内。

③ 点击右上角"记录"按钮查看登记信息，点击具体记录即可进行登记取消。

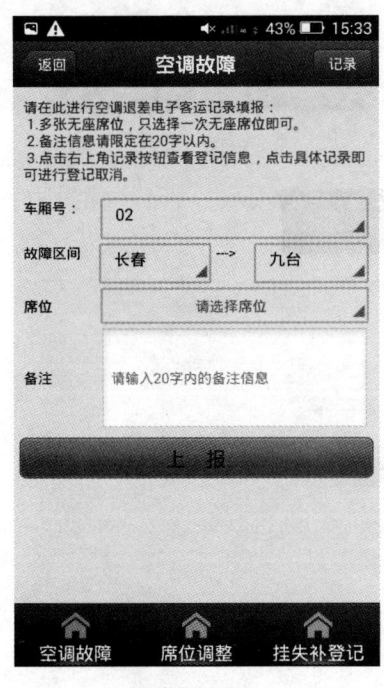
附图 2.52

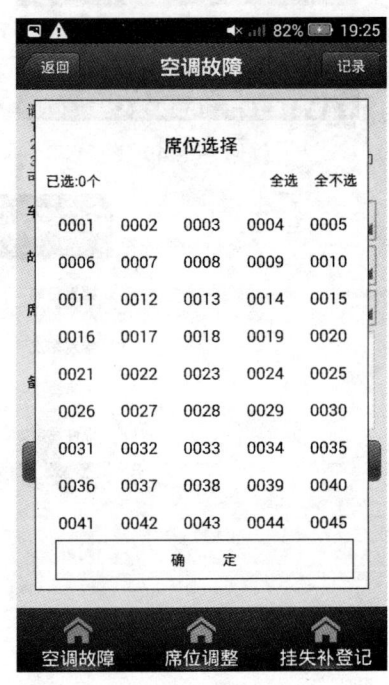
附图 2.53

二、席位调整客运记录

点击系统下方功能区"席位调整"按钮，界面自动弹出如附图2.54所示，输入车厢、故障区间、席别、席位、备注、空调故障。确认无误后，点击"上报"按钮。备注如附图2.55所示。

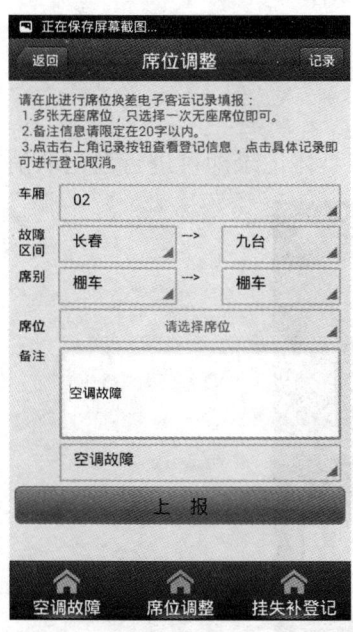

附图 2.54

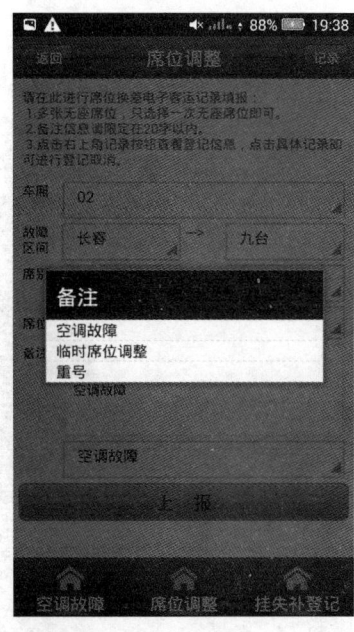

附图 2.55

三、挂失补客运记录

（1）点击系统下方功能区"挂失补登记"按钮，界面自动弹出如附图 2.56 所示；在"选择车厢号"空白栏右下三角，显示挂失补车票车厢号，如附图 2.57 所示；在"挂失补类型"空白栏右下三角选择挂失补车票的类型，如附图 2.58 所示。

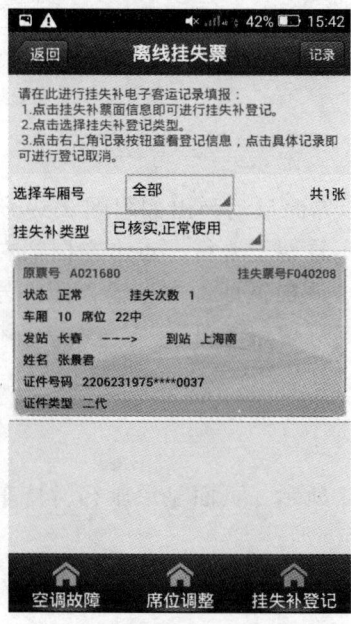

附图 2.56

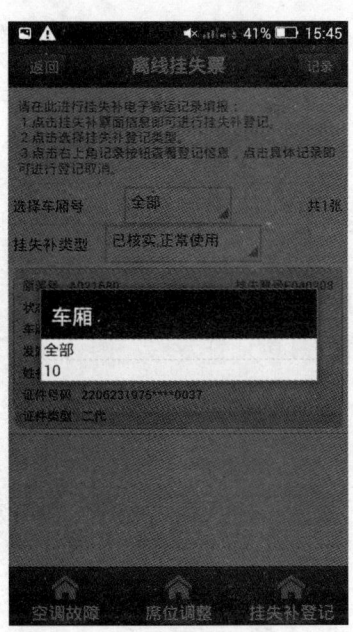

附图 2.57

（2）挂失补电子客运记录填报：
① 点击挂失补票面信息即可进行挂失补登记；
② 点击选择挂失补登记类型；
③ 点击右上角"记录"按钮查看登记信息，点击具体记录即可进行登记取消。

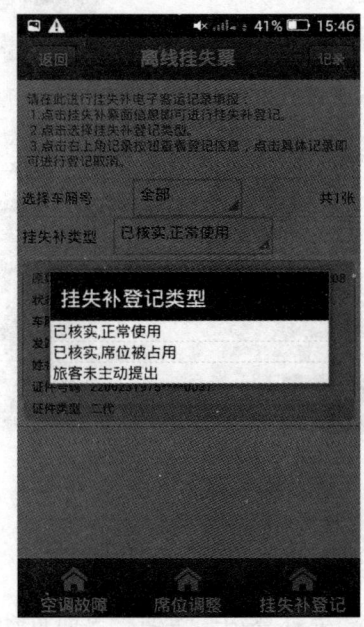

附图 2.58

任务十一　保险查询、席位置换和退乘

一、保险查询

点击返回键返回主界面，点击"保险查询"按钮，界面自动弹出如附图 2.59 所示，页面显示乘意险，输入该旅客的乘车日期和证件类型，乘车日期下一行，点击空白栏右下三角，显示旅客可以使用的证件类型，如附图 2.60 所示，在"请根据证件类型输入证件号"栏处输入该旅客所持身份证件号码。确认无误后，点击"查询"按钮即可。

二、席位置换

点击"席位置换"按钮，界面自动弹出如附图 2.61 所示，页面显示旅客所持车票的始发日期、始发车次。确认无误后，点击"查询"按钮即可。

三、退　乘

当一次列车作业完成后，通过退乘操作终端系统自动清理本次操作的相关数据，并与地面系统交互完成退出释放相关资源，为下次业务开始做准备。操作时点击"退乘"按钮，如附图 2.62 所示，退乘成功后将进入系统初始状态。

附图 2.59

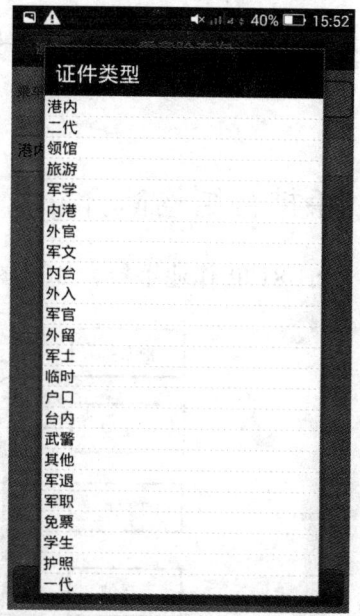

附图 2.60

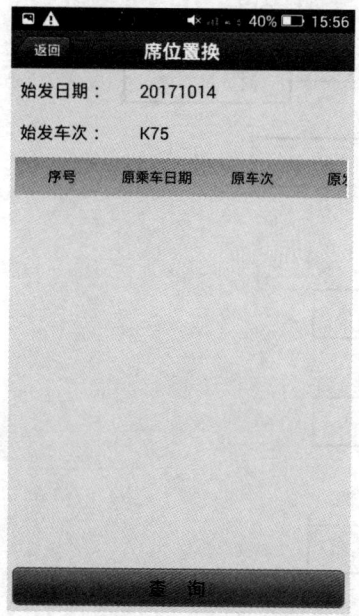

附图 2.61

附图 2.62

附录三　桑达 OPH-810R 作业手持台操作方法

一、手持台结构简介

桑达 OPH-810R 作业手持台如附图 3.1 所示。

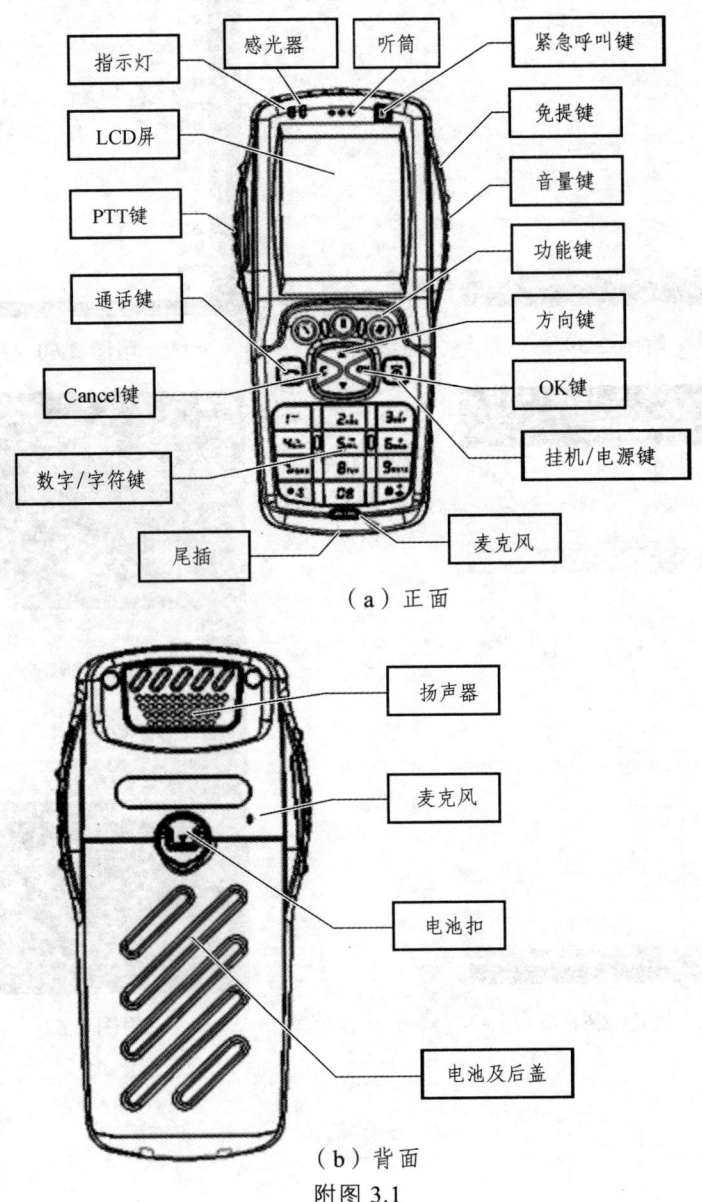

(a) 正面

(b) 背面
附图 3.1

二、功能键介绍

（1）C 键的功能主要为删除或者退出：当输入字符错误时，可以按 C 键删除字符；当要退出某一菜单时，可以按 C 键退出。

（2）OK 键的功能主要为确认或者进入下一步操作，屏幕处于主页面状态时，直接按 OK 键可以进入主菜单操作。

（3）▲键和▼键可以实现上下移动或者是左右移动。

（4）3 个圆形的功能键"Ⅰ"键、"Ⅱ"键和"Ⅲ"键在电话呼叫中分别对应屏幕上方的组呼、广播和点对点的呼叫，在进行某些菜单操作（例如功能号注册）时，按功能键"Ⅰ"键可以实现调出选项菜单的功能。

（5）"PTT"键在组呼呼叫中使用，长按 PTT 键可以抢占话语权，或者在占据话语权后进行持续的说话。

（6）紧急呼叫键"！"为一个红色的内陷按钮，长按紧急呼叫键可发起紧急呼叫，切断组呼区域内的所有正在进行的通话用户，所以无紧急情况不要发起紧急呼叫，切勿随意触碰该按钮。

三、使用准备

（1）安装 SIM 卡和电池如附图 3.2 所示。

将电池扣扣手打开，逆时针旋转电池扣使其箭头指向"UNLOCK"，从靠近电池扣的那端将电池取出，然后将 CIM 卡插入卡槽，再装上电函合上后盖。

 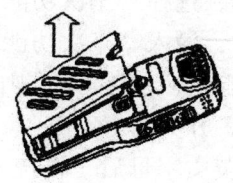

附图 3.2

（2）电池充电如附图 3.3 所示。

使用旅行充电器充电：
将充电器的充电插头插入手机底部的尾插，确保充电器上标有"SED"的一面与手机正面一致。将充电器电源插头插入电源插座。
当手机提示充电完成后，将充电器插头从手机上取出，然后将另一端插头从电源插座上取出。

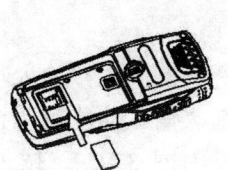  

附图 3.3

四、功能号的注册

根据用户担当的职能角色和功能定义相应的功能号,开机后根据自己的职能正确注册功能号,注册方法如下:

(1)开机后,点击"OK"键,选择"GSM-R 功能"选项(见附图 3.4)。
(2)点击"OK"键,选择"功能号管理"选项(见附图 3.5)。
(3)点击"OK"键,选择"注册"选项(见附图 3.6)。

附图 3.4　　　　　　　　附图 3.5　　　　　　　　附图 3.6

(4)点击"OK"键,选择"功能号注册向导"选项(见附图 3.7)。
(5)点击"OK"键,选择"车次功能号"选项(见附图 3.8)。
(6)点击"OK"键,输入"车次功能号"(见附图 3.9)。

若输入的"车次功能号"为纯数字,则直接按键输入(界面下部显示为"123"数字输入)若输入的"车次功能号"开头为大写字母,则按右下角"#"键,切换输入法至"Abc"大写英文字母输入法,输入英文字母后,再按"#"键,切换回"123"数字输入,输入数字。

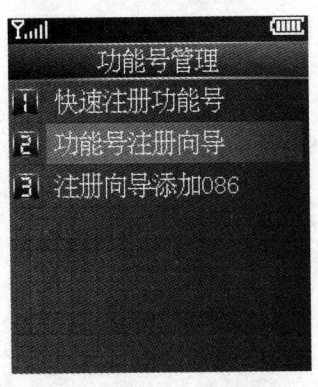 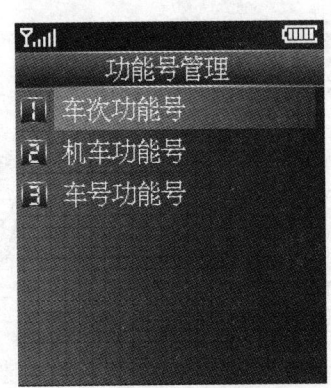 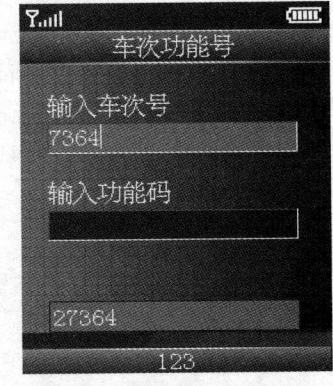

附图 3.7　　　　　　　　附图 3.8　　　　　　　　附图 3.9

(7)整个"车次功能号"输入完毕后按向下方向键▼,进入"输入功能码"输入框,按功能键 I,选择具体职能(见附图 3.10),按 OK 键,则"输入功能码"框出现具体的功能码(见附图 3.11),再次按 OK 键,选择"确认注册"(见附图 3.12),按 OK 键注册成功后结束(见附图 3.13)。

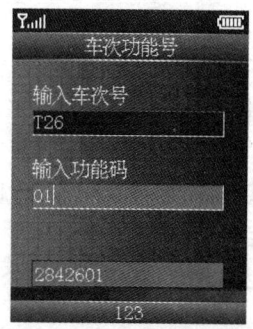

附图 3.10　　　　　　附图 3.11

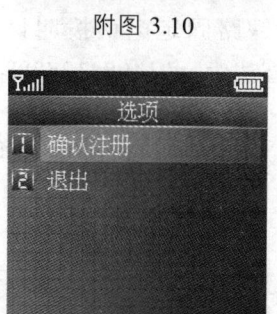

附图 3.12　　　　　　附图 3.13

说明：进入"3.9"选择用户职能时，要根据本人职能进行正确选择。

五、功能号的注销

手动注销功能号的过程如下：按"OK"键→选择"GSM-R 功能"→按"OK"键进入→选择"功能号管理"→按"OK"键进入→选择"注销"（见附图 3.14）→按"OK"键进入→选择要注销的功能号（见附图 3.15）→按"OK"键（见附图 3.16）→再次按"OK"键确认（见附图 3.17）。

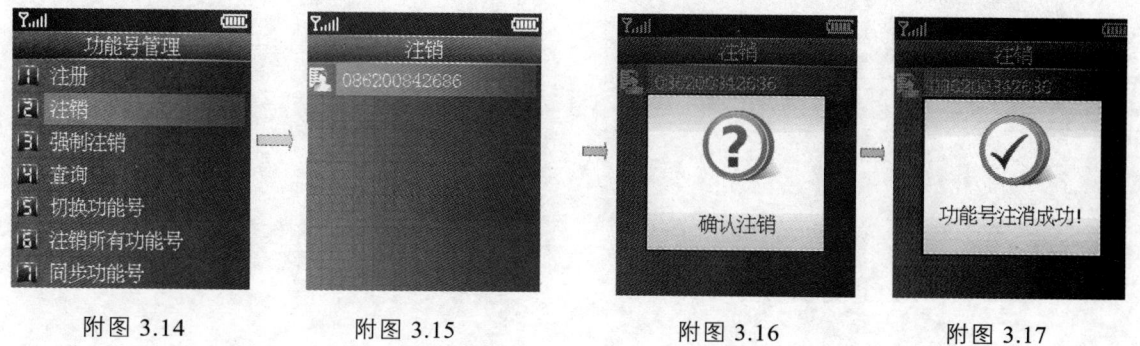

附图 3.14　　　　附图 3.15　　　　附图 3.16　　　　附图 3.17

六、机车功能号、车号功能号

功能号的注册与注销过程与车次功能号相同，用户根据自己担当的职责自行选择。

七、呼叫通话方法

（1）手机呼叫铁路固定电话：

901＋铁路区号＋路电5位号码

举例：沈阳某铁路电话号码为23199，用手机拨叫该电话方式为：901-03723199。

（2）铁路固定电话呼叫GSM-R手机：

沈阳本地固定电话：直接拨打GSM-R手机号码。局内除沈阳固定电话：0＋GSM-R手机号码。

举例：一部手机号码为14983128888，用沈阳铁路固定电话拨叫该手机的方法为：14983128888。用非沈阳铁路固定电话拨叫该手机的方法为：014983128888。

（3）短号码呼叫：

举例：直接拨1200呼叫当前调度区段的列车调度员。直接拨1300呼叫当前最近的车站值班员。

（4）功能码对照表（见附表3.1）：

附表3.1 功能码对照

功能码（FC）	功能描述
01	本务机司机
02～05	补机司机
10	列车长1
11	列车长2
31	乘警长
81	本务机司机手持台
82～85	补机司机手持台
86	运转车长

参考文献

[1] 中华人民共和国铁道部. 铁路客运运价规则[M]. 北京：中国铁道出版社，1997.
[2] 中华人民共和国铁道部. 铁路旅客运输管理规程[M]. 北京：中国铁道出版社，2011.
[3] 中华人民共和国铁道部. 铁路旅客运输办理细则[M]. 北京：中国铁道出版社，1997.
[4] 中华人民共和国铁道部. 铁路旅客运输管理规则[M]. 北京：中国铁道出版社，1994.
[5] 谢立宏，王建军. 铁路客运组织[M]. 成都：西南交通大学出版社，2013.
[6] 铁路职工岗位培训教材编审委员会. 动车组列车员（长）[M]. 北京：中国铁道出版社，2013.
[7] 梁伟. 高速铁路客运英语口语[M]. 北京：中国铁道出版社，2013.